总　序

连锁经营作为一种现代流通业的新的企业组织形式和经营方式，近几年来，在全世界都得到了快速发展。中国也不例外。2001—2005年，是中国连锁业发展最快的几年，在这几年间，中国百强连锁企业的平均年店铺增长率达51%，年销售增长率达38%。连锁行业调查显示，连锁经营继续保持快速发展的势头，2007年“中国连锁百强”销售规模突破10 000亿元，达到10 022亿元，同比增长21%，高于社会消费品零售总额16.8%的增幅。门店总数达到105 191个，同比增长58%。

随着连锁经营的快速发展，人才需求也急剧增加，尤其是对中高层管理人员、营销及策划人员、培训师的需求量更大。目前，北京市已将高级连锁经营管理作为紧缺人才岗位培训项目，有计划地培养连锁经营人才；上海市商业职业技术学院的连锁经营管理专业的毕业生供不应求，不少在校生已纷纷被预定；而根据浙江连锁业的发展目标，连锁业至少缺口30万人，为此，杭州特意举办大型的连锁经营人才交流大会，浙江省连锁经营协会组织东西部高用工企业与高校对接，并进场招人。

人才需求的增加也促进了高等院校连锁经营管理专业的发展。自1997年上海商学院开设全国第一个连锁经营管理专业以来，到2007年，开设连锁经营管理专业的高职院校已有百余所，对连锁经营业的快速发展起到很大的促进和人才保障作用。

然而，连锁经营管理专业是在近几年内高校根据人才需求设立的新专业，在课程体系、内容建设、授课形式、与实际工作岗位的对接上，都还有待进一步提高。学生在校所学的知识和技能，与毕业后实际所从事的工作岗位所需技能，还存在着一定的差距。这一方面反映了教学与实践的结合度还不高；另一方面反映了教材建设上存在着不足，大多数教材还是以理论指导为主，对岗位技能的训练重视不够；而且，教学中普遍缺乏对学生的职业指导。比如，尽管连锁经营人才缺乏，尤其缺乏中高级管理人才，但学生刚毕业时，还不能直接走上管理岗位，而要从基层工作做起，很多学生常常接受不了自己受过高等教育仍然从基层岗位做起的现实，而失去了锻炼和提高的机会。事实上，学生们如果沉下心来做两三年，未来的发展将会有一个很大的提升。

为此，电子工业出版社在广泛深入调查研究的基础上，从当前连锁经营业态对人才知识结构要求出发，根据教学实际需要和工学结合的教学改革方向策划了本套教材。本套教材的一个重要编写原则是职业能力导向，在理论够用的基础上，加强学生的岗位技能训练，力图使学生了解实务界的真实运作情况和较新发展，在学到连锁经营管理原理和方法的同时，掌握实际工作岗位必备的技能。

为了使理论与实务更好地结合起来，本套教材在作者选择上采用学校教师与实务界专业人士合作编写的模式，部分主编教师有着丰富的从业经验；在院校的选择上，也秉承开设时间较早、办学经验丰富的原则；在内容的规划上，每本书都配有实训内容，并设有职业指导栏目，为学生提供职业素质培养、职业规划等方面的指导。

虽然我们做了很多努力，但鉴于连锁经营业态及学科的快速发展，本套教材肯定还会有一些错漏和不尽如人意的地方，希望广大师生和从业人员提出宝贵意见和建议，以便我们在再版时改进。

裴亮

零距离上岗 · 高职高专

连锁经营管理专业系列规划教材

连锁企业配送管理

（第2版）

LIANSUO QIYE PEISONG GUANLI

周　蕾　主　编

司银霞　胡小江　副主编

陈新玲　主　审

電子工業出版社

Publishing House of Electronics Industry

北京 · BEIJING

未经许可，不得以任何方式复制或抄袭本书之部分或全部内容。
版权所有，侵权必究。

图书在版编目（CIP）数据

连锁企业配送管理 / 周蕾主编. —2 版. —北京：电子工业出版社，2014.1
（零距离上岗）
高职高专连锁经营管理专业系列规划教材
ISBN 978-7-121-22102-6

Ⅰ. ①连… Ⅱ. ①周… Ⅲ. ①连锁企业－物资配送－物资管理－高等职业教育－教材
Ⅳ. ①F717.6

中国版本图书馆 CIP 数据核字(2013)第 294952 号

责任编辑：王莞朕
印　　刷：北京虎彩文化传播有限公司
装　　订：北京虎彩文化传播有限公司
出版发行：电子工业出版社
　　　　　北京市海淀区万寿路 173 信箱　邮编 100036
开　　本：787×980　1/16　印张：16　字数：369 千字
印　　次：2021 年 7 月第 5 次印刷
定　　价：34.00 元

凡所购买电子工业出版社图书有缺损问题，请向购买书店调换。若书店售缺，请与本社发行部联系，联系及邮购电话：（010）88254888。
质量投诉请发邮件至 zlts@phei.com.cn，盗版侵权举报请发邮件至 dbqq@phei.com.cn。
服务热线：（010）88258888。

第2版前言

以连锁化、信息化和规模化为特征的零售业发展很快，已成为当今社会经济的支柱产业。目前，就销售额而言，零售企业已超过制造、金融服务、信息等类型的企业而成为世界第一。现代连锁经营作为一种先进的管理模式，在国民经济和社会发展中发挥着重要作用，连锁经营业已成为最具活力的经济增长点之一。

本教材以连锁企业物流配送员工的岗位实际需要为出发点和落脚点，紧贴高等职业教育人才培养目标，以素质教育、创新教育为基础，以培养学生职业能力为导向，从理论与实践相结合的角度，加强对物流配送问题的研究。本书运用大量最新的国内外连锁企业配送管理实例，以实务操作为主旨，经实务与教学第一线的人员多次讨论定稿，突出可读性、知识性、实用性；体现了观念新、可操作和创新性的特点，是一本非常实用的入门教材。

本教材的编写贯彻"识读为主"的思路，注意将实际案例与理论应用相结合，既加强必要的理论基础，又注重基本原理的具体应用。在具体的编写过程中，突出以下几点：

第一，依托行业组织，增加"双师型"编者比例，增强教材实用性。本教材在中国连锁经营协会的指导下，增加"双师型"编者的比例，邀请生产一线技术专家审稿，更好地体现教材的实用性、先进性和技术性。

第二，采用模块式编写思路。由于高职学生水平参差不齐、来源不同，学生的学习能力有很大差距。采用模块式的编写思路，对于以前学过的模块内容，有些学生就可以免修，留出时间学习其他感兴趣的知识，使学生的学习更具主动性，同时也避免了资源浪费。另外，不少职业技术岗位又是高度专门化的，必须给予针对性较强的专业指导和训练。

第三，实训部分的编写紧密结合职业要求。本教材的实训部分站在专业的最前沿，与生产实际紧密相连，与相关专业的市场接轨，同时突出专业特色，渗透职业素质的培养。实训部分在内容上注意与专业理论衔接和照应，把握两者之间的内在联系，突出各自的侧重点。学完理论课后，通过实习实训，训练学生的实践技能。

第四，教材具有前瞻性。本教材以介绍成熟稳定的、在实践中广泛应用的技术和国家标准为主，同时介绍新技术、新设备，并适当介绍科技发展的趋势，使学生能够适应未来技术进步的需要。本教材编写人员经常与对口的企业保持联系，了解一线的第一手资料，第2版删除了第1版教材中已经过时的内容，增加了市场迫切要求的新知识，使学生在毕业时能够适合企业的要求。

本教材由浙江经贸职业技术学院周蕾负责编写大纲和统稿，并编写第1、2、7、8章；司银霞编写第3、4、5章；胡小江编写第6章。全书由周蕾修订；胡苗苗参与修订了第1章；刘玥伶参与修订了第5章。

在本书的编写过程中，编者所参阅的文献除了在参考书目中列出的一部分外，还有大量的相关报刊文章、网上查到的资料、编者多年教学积累的资料等，在此无法将其全部列出，谨向所有使本书编者受益的前人致以真诚的谢意。正是他们的无私奉献，才使我们在正确的道路上不断前行。同时，感谢浙江经贸职业技术学院各级领导的大力支持，尤其是郭伟刚老师，是他对教育事业的无私奉献一直感动、鞭策着我们，并促使我们努力编写出一本高质量的教材。

感谢出版社和编辑一丝不苟的工作，使本书得以顺利出版。

本书既适合用做应用型本科、高职高专经济管理专业学生的教材，同时也可供希望从事连锁配送作业的管理人员和非物流行业的管理人员使用。希望本书能对读者有所帮助，同时希望广大读者能对本书的不足之处给予指正，以使我们能及时对教材进行修订完善。

目　录

第 1 章 连锁配送概述

引导案例

双汇集团引入连锁配送管理

双汇集团是一家以肉类加工为主，跨行业、跨地区、跨国经营的特大型食品集团，是国务院确定的 520 家重点企业和中华人民共和国农业部等八部委确定的 151 家农业产业化重点龙头企业之一，是中国最大的肉类加工基地之一。

双汇集团已经在河南、河北、四川、湖北等省开设了 200 多家连锁店，这对配送的时效性提出了严格要求，也给管理增加了难度。故此，双汇集团决定进行物流信息化建设工作，并通过组建双汇软件公司来实施。

双汇集团以销售双汇生鲜肉及肉制品为主，引进国外先进的连锁经营模式，结合中国肉类市场现状，主要销售渠道为双汇连锁店。连锁店的出现改变了中国传统的沿街串巷、设摊买卖的肉类经营方式，为中国肉类加工业注入了新的生机和活力，正在引发中国肉类工业的一场产业革命。

本章学习目标

通过本章的学习，学生应该掌握以下几个方面的内容：

1. 了解现代流通与连锁经营的关系；
2. 掌握连锁企业配送的特点；
3. 了解连锁企业配送中心的规划要素。

学习导航

- 连锁配送概述
  - 现代流通与连锁经营
    - 连锁经营的概念
    - 现代流通过程中的“四流”
  - 连锁企业配送概述
    - 连锁企业配送的特点
    - 统一配送在连锁经营中的重要作用
    - 连锁企业配送的基本流程
    - 连锁企业配送的基本形式
    - 连锁企业配送的发展趋势
  - 连锁企业配送中心
    - 配送中心的功能
    - 配送中心的分类
    - 连锁企业配送中心规划的要素
    - 国内外具有代表性的连锁企业配送中心

职业指导

在行业的需求上，最缺乏的是中高级物流策划管理与营销人才。行业要求人才既懂营销管理，又懂策划，还懂如何运用现代技术改善原有物流操作模式。虽然刚毕业的大学生在工作经验上难以适应这些岗位，不过，经验总是需要积累才能有的，我们可以通过在操作岗位及低级别管理岗位上的锻炼提高水平。职业通路模式：操作人员→中层管理人员→高级管理人才。

1.1 现代流通与连锁经营

1.1.1 连锁经营的概念

随着我国连锁企业的发展，越来越多的商家希望通过连锁经营这一现代经营模式获得规模经济优势，实现服务质量的提高和综合成本的下降。

连锁经营是近年来出现的现代流通崭新的组织形式。所谓连锁经营，是指在流通领域中，若干同业商店以统一的店名、统一的标志、统一的经营方式、统一的管理手段连接起来，共同进货、分散销售、共享规模效益的一种现代组织形式和经营方式。其实质是把现代化大生产的原理应用于商业流通领域，达到提高协调运作能力和规模效益的目的。这种组织形式把原来垂直链条型的组织结构转变为扁平网络型的组织结构，通过直营连锁、特许经营连锁和自由连锁三种形式，实现了流通组织结构的网络化和低成本扩张企业规模，加速了资本和资源的集中过程，大大提高了流通企业的组织化和集约化程度，实现了规模化经营、科学化管理和标准化服务。

连锁经营企业凭借连锁的组织形式无限扩张，而流通效率和效益却大幅度提升。据调查，美国已经有近 60 个行业采取连锁经营的组织形式，包括商店的连锁、医院的连锁、旅店的连锁、学校的连锁等。连锁化已经成为现代流通企业普遍采用的企业组织形式。

沃尔玛在全球拥有的各种连锁店铺超过 4 800 家，2012 财年第三季度净销售额就已达到 1 095.16 亿美元。著名的连锁便利店 7-11 在全球的店铺网点超过 5 万个。星巴克咖啡在中国的门店数量到 2013 年 9 月已经突破 1 000 家。目前，全世界销售额前 20 名的流通企业无一例外地都是连锁企业。

1.1.2　现代流通过程中的“四流”

1．“四流”的含义

通常，人们在提到物流时，常常将其与商流、信息流和资金流联系在一起，这是因为物流、商流、信息流和资金流是流通过程中的四大关联部分，这“四流”构成了一个完整的流通过程。“四流”互相依存，密不可分，相互作用。它们既有独立存在的一面，又有互动的一面。

（1）物流。物流是指实物从供给方向需求方的转移，这种转移既要通过运输或搬运来解决空间位置的变化，又要通过储存保管来调节双方在时间节奏方面的差别。

（2）商流。商流是物资在由供应者向需求者转移时物资社会实体的流动，主要表现为物资与其等价物的交换运动和物资所有权的转移运动。具体的商流活动包括买卖交易活动及商情信息活动。商流活动可以创造物资的所有权效用。

（3）信息流。信息流是指商品信息的提供、促销行销、技术支持、售后服务等内容，也包括询价报价单、付款通知单、转账通知单等贸易单证，还包括交易各方的支付能力、支付信誉等。

（4）资金流。资金流主要是指资金的转移过程，包括付款、转账等过程，是整个流通活动的目的。

2．商品流通的二重性内容

广义商品流通具有二重性内容。一方面是指商流，即商品从生产者到消费者之间不断转卖的价值形态转化过程；就由若干次买卖所组成的序列而言，这是商品所有权在不同的所有者之间转移的过程。另一方面是指物流，即由商流所带动的商品实体从生产者手中向消费者手中的转移过程，即流通领域的物质运动，也就是流通领域的物流。投入物流的劳动是生产性劳动，因为它是生产过程在流通过程延续的劳动。虽然商品以转卖带动着商品体的转移，但商品体的物质运动有其独立运动过程。商品二因素的对立统一是商流与物流分离的前提条件和基础。商流是指价值运动，物流是指使用价值的物质运动。

物流与商流的分离是商品流通发展的产物，随着产销矛盾的发展，商流与物流必然会在时间上、空间上、规模上发生各种分离。商流与物流的互相分离，一般地说有以下几种情况。

（1）商流在前，物流在后。物流是在商流之后完成的。商品的预购就是如此，实行商品预购，首先是买卖双方的一系列交易活动，如商务谈判、签订合同，交付订金或预付货款等。这时商品可能还没有生产出来，当然也不会有物流。经过一定的时间，等商品生产出来以后，才从产地运送到销地的购买者手里，这时也有商品的包装、装卸、运输、保管等物流活动。

（2）物流在前，商流在后。商品的赊销就属于这种情况。在商品赊销的条件下，买者不先付货款，而先取得商品。商品实体首先发生包装、装卸、运输、储运等物流活动。过一个时期，才实行付款和结算，商流是在物流之后完成的。

（3）商流迂回，物流直达。如在商流中，产品的所有权多次易手，但产品实体可能从最初的售卖者直接送达最终的购买者。在这种场合，商流曲线迂回地进行，但物流则不需要迂回进行，而是直达供货。

（4）只有商流，没有物流。如商品的投机活动。在投机活动中，由商品变为货币和由货币变为商品可以进行多次，由一个投机者手里转移到另一个投机者手里，商流不断地进行，但商品却可以沉睡在仓库里。这就是只有商流而没有物流。

在商品流通过程中，商流和物流都属于流通领域，是商品流通的两种不同形式，在功能上互相补充。通常先发生商流后发生物流，在商流完成以后再进行物流。它们都是从供应者到需求者的流动，具有相同的出发点和归宿。

两者之间的区别在于：① 流动的实体不同。物流是物资的物质实体的流动，商流是物资的社会实体的流动。② 功能不同。物流创造物资的空间效用、时间效用、形质效用，而商流创造物资的所有权效用。③ 发生的先后和路径不同。在特殊情况下，没有物流的商流和没有商流的物流都是可能存在的。

总之，一般来说，先有商流，然后才有物流。商流是物流的上游，没有上游就没有下游，所以要靠商流带动物流。但是如果没有物流，商流也无从实现。商流越兴旺，则物流越发达，反之，如果物流服务滞后，也会影响商流的发展。因此，两者之间是相辅相成，相互促进的。

3．“四流”之间的关系

在物流系统中，信息流用于识别各种需求在物流系统内所处的具体位置，信息流与物流之间的关系极为紧密，它们互为存在之前提和基础。从传递内容来看，信息流是一种非实物化的传递方式，而在大多数情况下，物流转移的则是实物化的物质。

在商品交易流通过程中，商流是物流、资金流和信息流的起点，也可以说是后“三流”的前提，没有商流，一般不可能发生物流、资金流和信息流。反过来，没有物流、资金流和信息流的匹配和支撑，商流也不可能达到目的。物流是商流的继续，是商流最终实现的保证。而在整个商务活动过程中，信息流贯穿始终，引导着商务活动的发展。商品交易的最终目的则需要通过资金流得以实现。因此，“四流”之间有时互为因果关系。例如，A 企业与 B 企业经过商谈，达成了一笔供货协议，确定了商品价格、品种、数量、供货时间、交货地点、运输方式等，并签订了合同，商流活动就开始了。要认真履行这份合同，自然要进入物流过程，将货物进行包装、装卸、保管和运输，同时伴随着信息传递活动。如果商流和物流都顺利进行了，接下来就是付款和结算，即进入资金流的过程。

无论是买卖交易（商流），还是物流和资金流，这三大过程都离不开信息的传递和交换，没有及时的信息流，就没有顺畅的商流、物流和资金流。另外，没有资金支付，商流不会成立，物流也不会发生。

因此，商流是商品流通的动机和目的，资金流是条件，信息流是手段，物流是终结和归宿。在整个流通过程中，物流只是其中的一个重要环节，除了物流之外，还包括商流、资金流、信息流。

1.2 连锁企业配送概述

配送最早出现在第二次世界大战后的日本，由于当时的流通问题与高速增长的经济不相协调，政府在筹划建立物流中心和物流节点的同时，提出了“共同配送制度”，经过不断变革，这种被日本业界称为“配送”的物流体制便应运而生。从某种程度上讲，配送是在仓库业的基础上经过变革与发展开展起来的，它可以看做仓储功能的扩大化，是由传统的送货逐渐发展演变而来的。

物流活动中，人们通常把面向城市内和区域范围内的需求者进行少批量货物末端运输的过程称为“配送”。这是广义上的理解。随着经济和物流活动的发展，市场在不断变化，人们对配送的概念和认识也在发生着变化。

我们把“配送”进行分解，可以看出，其包含两层含义：一是“配”，即根据客户的要求，对货物进行配货；二是“送”，即卖方或第三方根据买方市场客户的要求将配好的货物进行运输，交到客户指定的地点。配送在英文中用“Delivery”或“Distribution”表示，有分配、发送的意思。

配送在物流活动中处于直接接触消费者的环节，是最末端的物流活动，因此，配送的好坏直接反映供应链和物流的服务水平。作为物流的末端环节和市场营销的辅助手段，配送越来越受到人们的重视和关注。

1.2.1 连锁企业配送的特点

连锁企业的运营机制决定了物流活动的有效管理在企业运营中的重要地位。连锁企业可以充分利用现代化的物流配送中心进行商品集中运输，汇集连锁门店的订货信息进行采购，从供货商手中接收大量的多品种商品，并进行储存保管、配货、分拣、流通加工、信息处理，按众多门店的要求，配齐商品，进行补货。它以连锁制为轴心，以广泛的门店网络为市场依托，以物流配送为纽带，集中采购，统一配送，统一价格，从而在根本上实现了“决策权向连锁企业总部集中，物流活动向商品配送中心集中，一套资金、一套库存”的集中优势。满意的服务和迅速、及时、准确、安全、低成本进行配送，是连锁企业物流配送管理的主要内容。

不同于生产企业或一般商业企业的物流配送活动，连锁企业物流配送的商品种类众多，门店分散，总体来说具有以下特点。

（1）商品种类繁多，配送和仓储要求多样化，并且商品的进货价格变动快。随着人们物质生活水平的提高，企业商品必须多样化，只有这样才能保证足够的客源；而连锁门店经营的快速消费品价格通常会随着市场供需的变化而波动，同时，生产商或零售商的频繁促销也会引起商品价格经常变化。

（2）物流配送作业复杂，时间要求严格。连锁企业处于供应链末端，连锁零售的店铺多，订单频率高，同时有时间要求，有些小型便利店甚至要求一天两次送货。连锁企业直接面对多样化的消费需求，商品理货、配货工作繁重，销售受市场、促销、节日等因素影响，价格容易出现波动，门店配送量变化大。同时，销售门店为了在有限的空间内陈列更多品种的商品，要求高频率配送，而大多数门店的交通环境恶劣，时间要求严格。这些都对连锁企业物流配送提出了更高的要求。

（3）连锁门店分散，配装、配车要求高。连锁企业经营的商品大多属于轻抛货，对运输机具的容积利用率较高，载重利用率低。配送车辆以轻型厢式货车为主。

（4）物流作业速度慢，对员工要求较高。连锁企业经营的商品85%以上有销售条形码，但只有约50%的商品有外包装箱条形码，这就减缓了物流作业速度。供应商大包装供货，配送中心需要按照店铺的订货量进行拆零、分拣，这对物流员工的熟练程度提出了较高要求。

（5）超过90%的商品有严格的保质期，商品周转时间要求短。消费品通常有不同的保质期，需要有针对性的保质期管理。如果生鲜商品配送时间过长，其损耗率将大大提高，这将增加企业的运营成本。

（6）商品销售有明显的周期特征，淡旺季明显。这一特征对物流资源配置、物流计划安排均带来不利影响，物流管理难以做到平衡供给。配送中心还要处理诸如赠品、退货（正品、残次品）等问题，同时商品新增汰换的频率也很高。

1.2.2 统一配送在连锁经营中的重要作用

连锁企业逐步扩大的销售规模使连锁企业在供应链上的作用日益增大，并且对中国的流通现代化产生了巨大的推动作用。连锁企业的实质是五个统一，即统一采购、统一配送、统一核算、统一标识、统一管理。统一配送是连锁企业核心竞争力的一个重要组成部分。

统一配送是指为了提高车辆的运载效率和降低运输成本，对多个企业的商品统一实施有效的配送。随着连锁企业的发展，统一配送在连锁经营中的作用越来越重要。其作用主要体现在以下几个方面。

（1）提高服务质量。为了满足消费者多样化、个性化的需求，同时不产生大量积压库存，连锁经营的许多门店要求供货商或配送中心提供多品种、小批量、周期短的配送服务。统一配送不仅可以实现货物的集运，还可以实现配货和送货等多种功能，同时还能达到货物及时、准确、安全、高效的配送目的，提高企业的服务质量。

（2）增强连锁企业的销售功能。统一配送能够使商品以恰当的时间和方式送到各个门店，保证门店不缺货，最大限度地满足企业的顾客需求，使顾客能够及时买到新鲜的货物，同时还可以降低各个门店的库存量，减少运营成本，强化销售能力。

（3）提高运营效率和效益。统一配送使仓库得到了充分的利用，也使车辆、劳动力的工作效率大大提高。因此，我们说统一配送是提高运营效率和效益新的利润源泉。

根据对我国台湾地区 11 家超市的调查情况，生鲜物流的配送多由生鲜中心接手操作，如顶好惠康、台北农产运销公司、惠阳超市、远东百货超市、兴农生鲜超市、美村生鲜超市、丸九生鲜超市等；只有少数几家由厂商负责配送，如顶好、裕毛屋生鲜超市、大统超市等。

至于干货和低温配送方面，除了有物流中心、统仓、生鲜中心在做配送外，厂商配送扮演了举足轻重的角色；尤其是低温物流配送，除了惠康以外，几乎都由厂商配送。由此可见，生鲜中心在超市业态里占有相当重要的地位。

在配送频率方面，生鲜全都是 1 周配送 7 天，甚至有 1 日配送 3～4 次的情形。而干货部分，多则 1 周配送 7 天，少则 1 周配送 1 天，平均 1 周配送 3～4 次。至于低温配送，有要求 1 周配送 1～4 次的，但仍以 1 周配送 7 天的比例最高。牛奶属于鲜度要求严格的商品，几乎都是天天配送。

1.2.3　连锁企业配送的基本流程

连锁企业配送的基本流程是指连锁企业进行配送活动时所形成的基本工作顺序。不同配送模式的配送基本流程有所不同。

1. 连锁企业配送的一般流程

连锁企业的配送作业流程根据具体情况存在一定差别。一般而言，连锁配送的基本流程可以描述为以下几个步骤，如图 1-1 所示。

（1）计划。制定配送计划，配送的业务都按照配送计划执行。

（2）准备。运输、财务等部门下达配送任务，各部门做好配送准备工作，包括人员准备、设备和相关信息的准备。

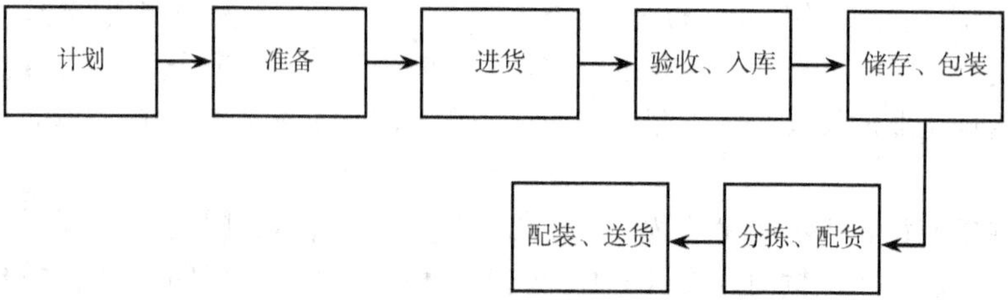

图 1-1　连锁企业配送的一般流程

（3）进货，即组织货源。货源有两种组织形式，一种是订货或购货，表现为配送中心向生产商订购货物，由后者供货；另一种是集货或接货，表现为由配送主体自己收集货物。

（4）验收、入库。对进货到达的货物进行质量、数量与包装的检验，并执行入库作业，使商品进入存储位置。

（5）储存、包装。按照用户的要求并依据配送计划对订购或收集的货物进行保管和保养，以备拣选和配货。

（6）分拣、配货。指按照客户要求，将各门店所需的各种货物进行分货及配货，然后进行适当包装并详细标明门店名称、地址、送达时间及货物明细。这两个经济活动往往同时进行。随着高新技术的发展，分拣、配货作业大多采用机械化的方式操作。

（7）配装、送货。按计划将各门店货物组合、装车，运输部门按指定的路线运送至各门店，完成配送工作。如果门店有退货、调货的要求，送货时应将退调商品随车带回，并完成有关单证手续。

2．日用品配送基本流程

日用品配送往往是小批量、多品种的配送，并且具有包装形式，因此可以对其进行集装、混装、混载，并且很少需要流通加工。所以，从整个配送过程看，日用品配送的基本流程如图 1-2 所示。

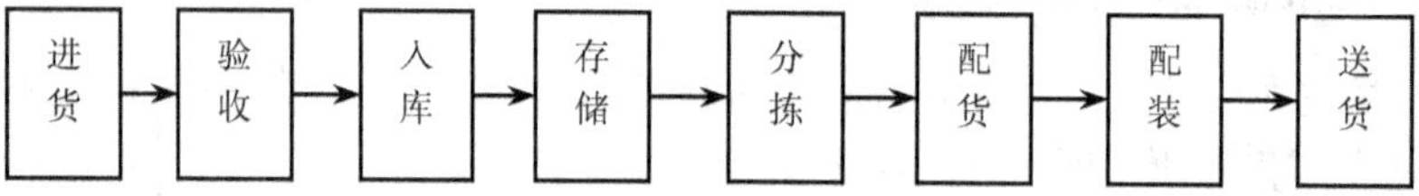

图 1-2　日用品配送基本流程

3．食品配送基本流程

食品规格多样、形状各异，又受保质期限的限制，所以其配送流程也呈现出多样性。下面是食品配送常用的几种配送流程。

（1）没有储存工序的食品配送。这类配送往往适用于保质期短和保鲜要求高的商品，一般要求快速配送。其基本流程如图 1-3 所示。

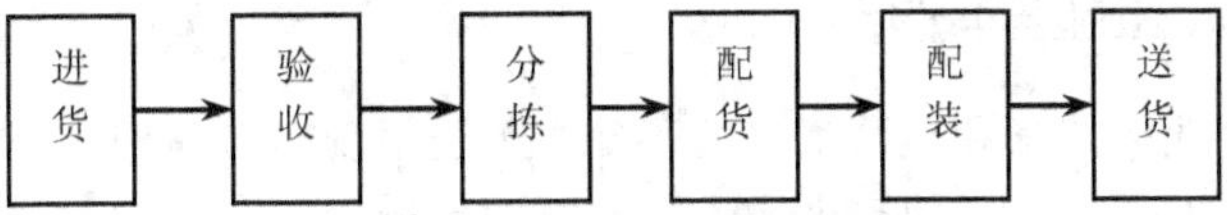

图 1-3　没有储存工序的食品配送基本流程

（2）有储存工序的食品配送。这类配送往往适用于保质期较长、销量比较大的食品。它需要先组织进货，并进行储存，再根据订单为各门店进行配货、配装、送货。其基本流程如图 1-4 所示。

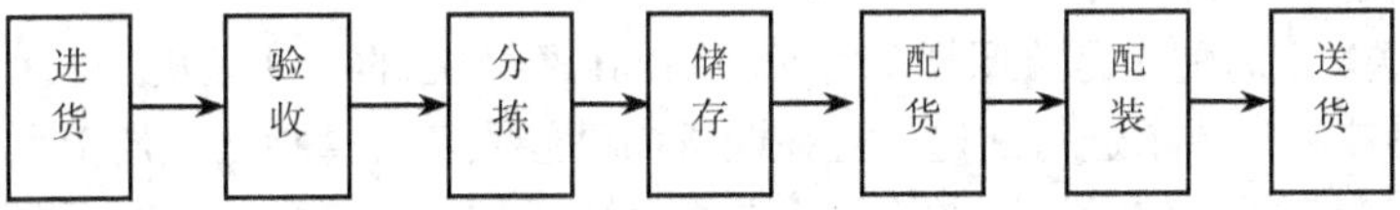

图 1-4　有储存工序的食品配送基本流程

（3）带有加工工序的食品配送。这类配送适用于多数需要二次加工再销售的商品的配送，如更改包装、冷冻货物、去除杂质、配制半成品等。其基本流程如图 1-5 所示。

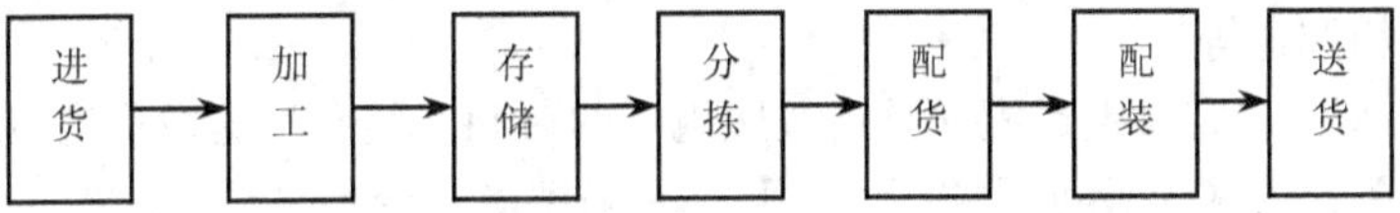

图 1-5　带有加工工序的食品配送基本流程

4．连锁经营企业配送中心的工作流程

规范化的连锁经营企业配送中心的工作流程可根据商品的不同情况分为以下三种。

（1）配送中心根据各连锁分店提出的要货信息，从供应商处组织货源，然后依次经过集货、储运、加工整理、选拣分拣、配货送货等程序，最后送达连锁分店。这是由于各分店所处的位置不同、周边消费者消费水平和需求偏好不同所带来的各分店经营的各类商品销售的不均衡决定的。这种形式是连锁经营企业为了更大限度地发挥各分店的经营优势、提高商品营销率、减少商品积压，从而实现连锁企业最佳经济效益而采取的一种配送流程。这种情况突出代表了连锁经营的特征。

（2）对于一些销售较均衡、能反映本企业经营特点及销售频率较高的商品，配送中心直接从供应商处整批组织货源，集中保管，然后按各分店的要货要求，依次经过储存、加工整理、拣选和分类、配装送货等程序，最后送达各分店店铺，保证各分店销售业务的开展。通常，连锁经营企业为了保证企业不断发展，必须根据市场的变化和生产企业新产品的上市情况等，选择有潜力的新商品，不断充实和调整经营业务范围内的商品。

（3）一些本地生产的商品或供应商可以代替连锁企业将商品直接送达各分店店铺的商品可不经连锁企业的配送系统，而是利用社会供应力量，直接由供应商对各分店店铺提供此类服务，这样可以在一定程度上减轻配送中心的压力，节省流动资金，降低经营费用。

1.2.4 连锁企业配送的基本形式

由于连锁零售企业的扩张和经营策略的改变，配送呈现出多品种、小批量、高配送频率、多配送点、快速配送的局面，这使整个物流活动更加复杂。

1．连锁配送模式的类型

根据相关统计和专家分析，按照连锁零售企业的供应主体和配送时间进行划分，连锁配送模式主要有以下几种类型。

（1）按照配送时间划分。

1）定时配送。定时配送是按照规定的时间间隔进行配送的一种形式。每次配送的物品种类和数量按照计划或客户要求进行配送，且在配送前已经固定。这种方式便于人员、车辆的计划安排和门店的库存安排。定时配送在连锁企业中又可以细分为日配和准时配两种。其中日配是城市内常用的配送方式，即当天配送的意思，一般适用于新鲜的食品、用户是小型商店及受条件制约无法保持较长时间库存的企业的配送。

2）定量配送。定量配送是指按照规定的送货批量在规定的运送时间内进行配送，如整车的运输配送、集装箱配送等。

3）定时定量配送。定时定量配送是指按照规定的时间间隔和配送数量进行配送，与前两种方式相比，这种配送形式比较难以控制，因此企业采用得较少。

4）定时定路线配送。定时定路线配送是指在规定的运行线路上制定到达的时间表，按运行的时间表进行配送。这种配送方式便于安排车辆和工作人员的任务，适合路线较远的门店运输。连锁经营配送中心可以采用这种方式进行配送。

5）即时配送。即时配送是指完全按照用户要求提出的配送时间和数量进行配送的方式。这种方式基本上可以做到用户随时提出供货要求，随时提供高服务质量的配送。该方式具有很高的灵活性，但是配送成本往往比较高，实施的难度比较大，一般不经常使用，可以作为一种应急的配送方式。

（2）按照供应主体划分。

1）自建配送中心。自建配送中心初期的固定资本投入较大，所以比较适合规模庞大的连锁企业采用。配送中心与店铺面积之间应该有一个合适的比例关系。自建配送中心的优势是方便企业的物流活动，提高物流效率。但是，自建配送中心往往投资大，信息化和机械化程度低，这使其不太普及。另外，目前国内连锁企业发展很快，配送能力扩展的速度往往跟不上企业规模扩大的速度，造成管理脱节。

从世界连锁业发展的实践看，一个便利连锁企业在拥有 20 个店、总面积达到 4 000 平方米时，就可以考虑建立配送中心；一个超市连锁企业在拥有 10 个店、总面积达到 5 000 平方米时，就有建立配送中心的必要。一些大型连锁公司都拥有自己的配送中心，如沃尔玛公司拥有 25 个大型配送中心，2.3 万辆集装箱卡车，其芝加哥配送中心建筑面积达到 10 万平方米，可同时接纳 168 辆集装箱卡车进行装卸作业；日本规模较大的零售商大荣、西友、伊藤洋华堂等也都有自己的配送中心。

2）供应商进行配送。这种配送模式应用比较少，主要适用于店铺数量少但规模很大的企业。供应商直接配送的前提是该企业销售量较大。这种模式下，连锁企业将成本转嫁给供应商，两者容易产生矛盾；另外，这种模式需要连锁企业建立一套与供应商进行信息沟通和传递的系统，这也是很大的一笔投入。

3）共同配送。共同配送是指零售商委托某一特定供应商统一在某一地区建立配送中心，收集各个供应商生产的同类产品，并向自己所辖区域进行集中配送。共同配送中心是在供应链整合的前提下发展起来的，适应供应商与连锁零售商之间密切联系的要求。但是，共同配送要求零售商有很强的信息处理能力及对供应商的驾驭能力。此外，共同配送往往是企业间长期合作、彼此约束、共同承担风险而形成的一种模式。

4）第三方配送。第三方配送又叫社会化配送，它是借助第三方物流企业的配送中心将商品送到零售连锁商的配送中心或区域中心的一种配送形式。国际流通业竞争越来越激烈，一些大型零售企业正在尝试立足主业经营、走专业化发展的道路，将企业的物流配送业务委托给社会上的专业物流配送企业。第三方物流可以实现对物流配送环节的专业化管理，节约连锁企业的经营成本。我国目前零售行业采用第三方物流的趋势越来越明显，世界上一些国家的企业也选择第三方物流为自己服务。例如，日本的 7-11 便利店和伊藤洋华堂、美国众多的单体超市等，出于竞争的需要，这些零售店主要依靠第三方物流进行商品配送；欧洲的主要连锁零售商发货的业务中，除 30%由零售商自有的配送中心发货外，61%都控制在第三方专业性配送公司的手里，即将连锁配送活动交给社会化的物流配送中心。

随着科技的进步，生产的分工越来越细，国外已经出现了许多专门承担配送任务的公司，一些连锁企业不再自建配送中心，而是依托第三方的配送中心实现商品运输。

2．连锁配送模式的选择

连锁企业可以根据矩阵图法进行配送模式的选择。矩阵图法是指先将连锁企业按照对配送中心的经营管理能力和对配送中心的要求程度划分为四类，再针对不同的类型选择不同的配送模式。连锁企业的矩阵图如图 1-6 所示。

A 类企业：这类企业对配送中心要求程度高，企业自身的经营管理水平也高，一般是具有一定影响力的大型连锁企业。这类企业往往选择自建配送中心，满足连锁企业更高的服务水平，如沃尔玛的配送中心就是自营配送中心。

B 类企业：这类企业对配送中心要求高，但其自身经营能力较低，因此适合选择合建配送中心或第三方配送业务的模式。

C 类企业：这类企业往往对配送中心的要求不高，且自身的经营能力也较低，因此适合选择第三方配送中心或不使用配送中心。

D 类企业：这类企业往往对配送中心的要求程度较低，但自身经营管理能力较强，适合选择自建配送中心或合建配送中心。

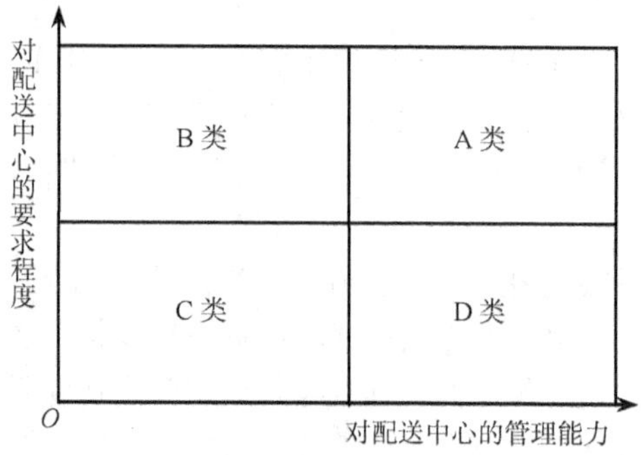

图 1-6　配送模式选择矩阵图

以上这种企业的分类形式具有一定的模糊性和相对性，并且连锁企业在不断发展变化，其在矩阵中的位置也会不断变动。因此，要选择适合自己的配送模式，企业就必须分析自身的条件，结合企业的目标进行科学的选择，最终确定一个合适的配送模式。

我国目前连锁店的规模普遍较小，自建配送中心不能取得规模效应，从而导致所得收益不足以补偿建设费用，所以在当前我国企业内部管理能力较差的情况下，选择专职配送中心完成配送任务有利于提高配送效率，还能促进配送业的发展。很多以前承担单一运输和仓储的企业可以借助其资源开展物流配送服务，使社会资源得到整合。

我国许多连锁店需要的商品具有品种繁多、批次不一的特点，且多品种、小批量的趋势越来越明显，而利用第三方物流企业或社会化的物流配送中心可以将同一区域有相同需求的各连锁分店大量分散的共同货物或商品集中运送，最大限度地提高人员、物资、金钱、时间等物流资源的效率，达到集约化经营，节省物流成本。可见，综合性的第三方配送中心比较适合我国的连锁企业应用。

1.2.5　连锁企业配送的发展趋势

据预测，在未来几年内，随着连锁经营不断向多业态、多业种、多地域和多形式拓展，以及信息技术在连锁经营企业应用日益广泛，连锁企业配送将呈现出以下新的趋势。

（1）冷冻生鲜品的配送将备受关注。一方面，连锁企业的配送中心将增加或加强冷冻生鲜食品的配送功能。这主要是因为随着零售市场竞争加剧，居民生活水平提高，人们对快速食品、生鲜半成品和冷冻食品的需求增加，大型零售企业设立食品加工中心和配送中心是物流配送的一个趋势。另一方面，以批发为主导型的食品配送中心将会出现。一些实力较强的食品批发企业面向独立经营的单体超市门店开展以食品为主的配送服务，这将是我国专业化物流配送中心建设发展的一个趋势。例如，伴随着消费者生活水平和对商品质量要求的提高，专门经营肉类、蛋类、菜类、牛奶、面包、冰激凌等新鲜食品的物流配送企业，会逐步转变为集物流、常温仓储、冷藏、包装、流通加工、配送为一体的多功能物流中心。

（2）第三方物流的发展将加快，连锁企业引入第三方物流将是一个发展趋势。在日本，大约有 30%的连锁企业在很大程度上依靠社会化的专业配送企业。随着专业化物流企业的兴起和成熟，将商品的配送业务部分甚至全部交给专业物流企业完成，将会成为连锁企业日益增加的选择。相对而言，一些具有自身物流配送中心的连锁企业，也将开始利用自身较强的物流配送能力，开展社会化的物流配送。

（3）信息技术的应用将提升企业物流的现代化水平。与连锁企业物流相关的信息系统，主要包括企业内部的管理信息系统，以及与供应商进行数据交换的系统 EDI，或电子订货系统（EOS）。目前来看，企业内部的管理信息系统已经相对成熟，连锁企业基本上应用了覆盖进销存的管理信息系统，有的甚至引入了商业分析智能管理及与供应商进行数据共享的供应链管理系统。随着信息技术的普及和推广，零售企业特别是连锁企业开始了网上数据传送和订货的应用，利用互联网与物流配送中心、上游供应商共享商品的销售、库存信息，在电子订货、商品验收、退货、促销、变价、结算、付款等环节提供协同支持。例如，无线手持终端技术可以实时记录库房收货、订仓、补货、移库等信息，及时准确记录仓位品种和存量变化，有效支撑仓管系统实时化管理。DPS 数字分拣线能实时、准确地接收和回传分拣数据，同一时间自动拆零分拣 2 000 余个品种，使 100 余台车辆同时配货。

（4）工业、物资企业对商业物流的介入将进一步深入。一是生产企业物流向连锁商业物流扩张。在商品竞争激烈的行业，如家电、服装、化妆品和保健用品等领域，大型生产企业基本上都直接参与了面向消费者的市场活动，一些生产企业的运输部门已经开始从自身配送向社会化物流配送转变，并逐步适应大型连锁企业的要求。二是传统物流企业向连锁企业的第三方物流转变。我国原有的一些储运企业大都从事有关生产资料的运输和保管业务，随着企业改制及物流市场的扩大，他们开始将业务拓展到零售领域。还有一些原隶属于流通部门的运输和仓储部门也从整体业务中剥离出来，独立从事专业的物流服务。目前已经有一些物流企业介入了连锁企业的物流业务，相信会有更多的物流企业转向为连锁企业提供物流服务。

总之，连锁企业的快速发展，不仅要求上游产业，也必然要求整个供应链，特别是物流环节进一步提高组织化和现代化水平，这对提升物流业的管理和服务水平将起到积极的作用。同时，物流企业也将在更广的领域和更深的层次上介入连锁企业的经营活动，促进连锁企业的健康、快速发展。

1.3 连锁企业配送中心

1.3.1 配送中心的功能

配送中心的建设和发展是在社会经济和市场的发展及物流合理化发展要求的基础上不断改进和完善的。随着经济和社会的发展，人们对配送中心的理解和对其功能的限定也在不断地发生变化。当然，配送中心的定义也在不断发生改变。

我国对配送中心的定义是："配送中心是从事货物配备（集货、加工、分拣、配货）和组织对用户进行送货，以高水平实现销售和供应服务的现代流通设施。”配送中心很好地解决了用户小批量多样化需求和厂商大批量专业化生产的矛盾，逐渐成为现代物流的标志。

《物流手册》中配送中心的定义是：“配送中心是从供应者手中接收多种大量的货物，进行倒装、分类、保管、流通加工和情报处理等作业，然后按照众多需要者的订货要求备齐货物，以令人满意的服务水平进行配送的设施。”

现代化的配送中心是一个多功能、集约化的物流据点，是专门从事货物配送活动的经济实体，是具有多项功能的物流基地。它提供的是一个综合性的、方便的全方位服务。配送中心的功能可以用图 1-7 表示。

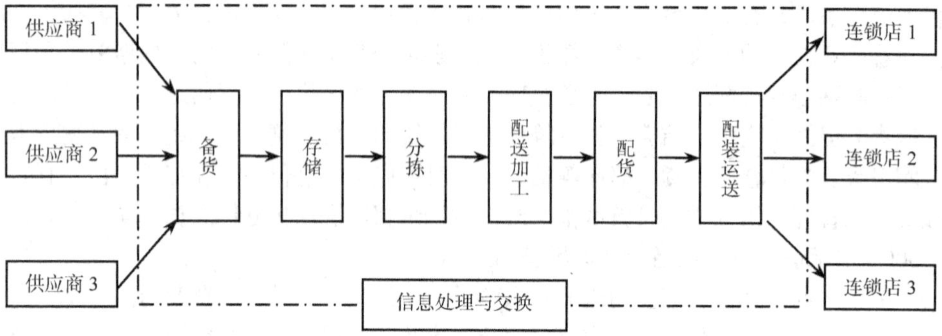

图 1-7　配送中心的功能

（1）备货功能。这是配送的基本工作。配送的优势就是可以集中用户的需求订单进行统一的、规模性的备货。备货是配送的初期工作，其工作质量的高低直接影响企业配送的经济效益。

（2）存储功能。配送中心的存储包括储备和暂存两种形态。不管是哪种形态的存储，它都可以有效地组织货源，调节商品的生产与消费、进货与销售之间的时间差，调节配货和送货的节奏。一般情况下，暂存的存储时间短，储备的存储时间长。降低商品的周转期是配送中心获取效益的重要手段之一。

（3）分拣功能。分拣是指将一批相同或不同的货物，按照不同的要求（如配送给不同的连锁门店），分别拣开、集中在一起，进行配送。

（4）配送加工功能。配送加工是指物品从配送中心向消费领域流动之前，为了促进销售、维护产品质量和提高物流效率，根据连锁企业的要求，连锁配送中心对配送的商品实施简单流通加工的过程。配送加工可以提高配送中心的服务水平，扩大服务范围。对连锁企业而言，配送加工提高了商品的品质，节约了成本，提高了连锁企业物流资源的利用率。

（5）配货功能。配货是使用各种拣选设备和传输设备，将存放的物品按客户的要求分拣出来，配备齐全，送达指定地点。储存商品的拣选工作在现代物流中占有重要地位。

（6）配装运送功能。当某一客户的货物运量不能达到车辆的有效载荷时，配送中心要通过搭配货物来充分利用车辆的运力，节省能源，降低运货成本。例如，将连锁企业各门店的需求货物进行统一配装，按照顺序送货，这样不仅可以大大提高连锁配送中心的送货水平，还可以降低运输成本。因此，配装是现代配送中心区别于传统送货中心的重要特点。

运送是运输中的末端运输、支线运输，它和一般运输的区别是短距离、小批量、额度高，多为汽车运输，且要进行线路选择。这些特点决定了配送运输比一般运输复杂，工作的难度也相对较大。

（7）信息处理与交换功能。配送中心有相当完整的信息处理系统，能有效地为整个流通过程的控制、决策和运转提供依据。一般情况下，配送中心的上游是生产企业，下游是消费群体。在商品经济日益发达和消费需求更加多样化的今天，哪种产品更加适合消费者的口味，更加俏销，而哪些商品市场需要，而又无人开发，这对于最贴近消费者的配送中心来说最清楚不过了。如果配送中心能及时地把这些信息传递给生产企业，就可以使生产企业及时调整生产结构，改变生产策略，符合市场需求。对于配送中心下游的用户而言，近期有哪些新产品，其性能特点是什么，所订产品什么时候到货，现在到达什么位置，这些都是它们制定销售推广策略、实施经营管理最想了解的信息；同时，配送中心本身的作业情况也需要及时了解，以便做出适当的调整。因此，配送中心就必须起到沟通并处理上下游企业之间、各作业环节之间各种信息的作用。

总之，配送不仅仅是送货，还有“分货”、“配货”、“配车”等工作，是上述各种活动的有机结合体，同时还和订货系统保持紧密联系。另外，配送完善了输送及整个物流系统，大大提高了物流的作用和经济效益；配送中心的集中库存使连锁企业和商场实现了低库存或零库存；有利于降低供货的缺货率。

1.3.2　配送中心的分类

随着市场经济的发展，流通的规模和流通量逐渐加大，配送中心的地位越来越重要。根据服务对象、服务范围和功能的不同，配送中心有很多类型。从国内外已经构建的配送中心的情况看，具体有如下几种类型。

1．按配送中心的设立者分类

（1）制造商型配送中心。制造商型配送中心是以制造商为主体的配送中心。该类配送中心的服务对象往往以企业自身为主，所以社会化程度较低。

（2）批发商型配送中心。批发商型配送中心是由批发商或代理商所建立的、以批发商为主体的配送中心。批发商的全部进货和出货都是社会配送的，因此社会化程度高。

（3）零售商型配送中心。零售商型配送中心是由零售商向上整合所建立的、以零售业为主体的配送中心，主要为零售店、超级市场、百货商店、建材商场、粮油食品商店、宾馆饭店等服务，其社会化程度介于前两者之间。

（4）专业物流配送中心。专业物流配送中心是以第三方物流企业（包括传统的仓储企业和运输企业）为主体的配送中心，其现代化程度往往较高，业务比较综合，服务对象范围也很大，社会化程度也很高。

2．按配送中心的服务范围分类

（1）城市配送中心。城市配送中心是以城市范围为配送范围的配送中心，往往和零售经营相结合，具有运距短、反应能力强的特点。城市配送中心所服务的对象大多是零售企业、连锁店和生产企业，一般采用和区域配送中心联网的方式运作，实施“日配”的服务方式。城市配送中心多从事多品种、少批量、多用户的配送。目前，国内外绝大多数配送中心都是城市配送中心，如杭州的农产品配送中心。

（2）区域配送中心。区域配送中心是以较强的辐射能力和库存准备，向省（市）际、全国乃至国际范围的用户提供配送服务的配送中心。这种配送中心辐射能力较强，经营规模较大，设施和设备先进，配送的货物批量较大，配送对象大多是大型用户。

加拿大大都会公司（Metro-Richelieu）的食品杂货配送中心占地面积 55 000 平方米，层高约 9 米，固定配货对象有 18 家区域批发商，320 家零售商；配送服务半径为 300 公里，每天发货量 10 万箱；自接到用户的订单起，到用户收到货物，一般不超过 8 小时。

（3）国际配送中心。国际配送中心是区域配送中心的一种，是向国际范围内用户提供配送服务的配送中心。其特点是经营规模大，辐射范围广，配送设施和设备的机械化、自动化程度高，配送方式采用大批量、少批次和集装单元，配送对象主要是超大型用户，存储吞吐能力强。

3．按配送中心的功能分类

（1）储存型配送中心。在买方市场下，企业成品销售需要较大库存的支持，其配送中心可能有较强的储存功能；在卖方市场下，企业原材料、零部件供应需要较大库存的支持，这种供应配送中心也有较强的储存功能。储存型配送中心就是为了保障生产和流通的正常进行而设置的，其特点是储存仓库规模大，库型多，存储量大。

瑞士的 Giba-Geigy 公司的配送中心可储存 40 000 个托盘，其储存规模位居世界前列；美国福来明公司的食品配送中心建筑面积达 70 000 平方米，其中包括 40 000 平方米的冷库和冷藏库、30 000 平方米的杂货库，经营的商品品种达 89 000 个。

（2）流通型配送中心。流通型配送中心包括通过型和转运型两种配送中心，基本上没有长期储存的功能，只以暂存或随进随出的方式运作。其典型方式为大量货物整批进入，按一定批量零出。在进货的同时，货物经过分拣，直接分送至各用户的货位或配送运输工具上，货物在中心滞留时间很短。

（3）加工型配送中心。加工型配送中心是以流通加工为主要业务的配送中心。在配送作业流程中，储存作业和加工作业居主导地位。配送中心行使加工职能的活动主要有分装、改包装、集中下料、套裁、初级加工、组装、剪切、表层处理等。例如，麦当劳、肯德基的配送中心就是进行加工服务后向其连锁店配送的典型。

（4）供应型配送中心。供应型配送中心是向用户供应货物、行使供应职能的配送中心。其服务对象有两类：一是组装、装配型生产企业，供应型配送中心为这些企业供应零部件、原材料或半成品。二是大型商业超级市场、连锁企业及配送网点。其特点是配送的用户稳定，用户的要求范围明确、固定。因此，配送中心集中库存的品种范围固定，进货渠道稳固，都建有大型现代化仓库，占地面积大，采用高效、先进的机械化作业。

英国斯温顿 Honda 汽车配件配送中心占地面积 150 万平方米，总建筑面积 7 000 平方米，经营配件 6 万余种，储存的大型配件达 1 560 货格，小型配件 5 万箱左右。位于美国洛杉矶的 Suzuki 汽车配件中心占地面积 40 000 平方米，总建筑面积 8 200 平方米，经营的汽车配件达 10 000 多种。

（5）销售型配送中心。销售型配送中心是指以配送为手段，以商品销售为目的的配送中心。这类配送中心按其所有权可划分为三种。一是生产企业为了直接将自己的产品销售给消费者，并提高市场占有率而建立的配送中心，如我国的海尔集团所建的配送中心。二是专门从事商品销售的流通企业为扩大销售而自建或合建的配送中心。我国目前拟建或在建的配送中心大多属于这种类型。三是流通企业和生产企业共建的配送中心，这是一种公用型配送中心。这类配送中心的特点是用户不确定，用户多，每个用户购买的数量少，不易实行计划配送，集中库存的库存结构比较复杂。销售型配送中心往往采用共同配送，这样才能取得较好的经营效果。

4．按不同运营主体分类

（1）自用型配送中心。自用型配送中心指连锁企业自己建立的实现对企业内部各门店商品供应的配送中心。它具有灵活性强、成本较高的特点。

（2）第三方配送中心。它是连锁企业和供应商之外的第三方的物流企业专门提供配送服务，满足连锁企业各门店需求的一种方式。

（3）共同配送的配送中心。共同配送的配送中心指由连锁企业与供应商或生产商共同投资建设的配送中心。

5．按配送货物的种类分类

按配送货物的种类划分，配送中心可以分为很多种类，如食品配送中心、医药配送中心、化妆品配送中心、家电配送中心、图书配送中心、服装配送中心、汽车零件配送中心等。

6．按配送中心的自动化程度分类

按配送中心的自动化程度划分，可以将配送中心分为传统手工配送中心、计算机管理配送中心、自动化信息化配送中心和智能化配送中心。

随着科技的不断进步，物流行业的专业化程度越来越高，配送中心的发展也逐渐由以仓库为主体的配送中心向信息化、自动化的整合型配送中心发展。

每个成功的零售企业背后都有一个高效、完善的配送系统的支撑。对于连锁便利店来说更是如此。配送中心系统规划包括多方面的内容，企业应从物流系统规划、信息系统规划和运营系统规划三个方面入手，合理科学地做好项目的可行性研究，以及涉及运营管理的工作。其中，物流系统规划包括设施布置设计、物流设备规划和作业方法设计；信息系统规划也就是对配送中心信息管理与决策支持系统的规划，包括功能规划、流程规划和信息系统设计；运营系统规划包括组织机构、人员配备、作业标准和规范的设计。系统规划的目的是实现配送中心的高效化、信息化、标准化和制度化。

1.3.3 连锁企业配送中心规划的要素

连锁企业配送中心作为一种特殊设施，影响其系统规划的基础数据和背景资料可以概括为“EIQRSTC”。

（1）E——Entry。配送的对象或客户。配送中心的服务对象或客户不同，配送中心的订单形态和出货形态就会有很大不同。

（2）I——Item。配送货品的种类。配送中心所处理的货品品项数不同，其复杂性与困难性也有所不同，其货品储放的储位安排也完全不同。另外，配送中心所处理的货品种类不同，其特性也完全不同。

（3）Q——Quantity。配送货品的数量或库存量。这里的 Q 包含两个方面的含义，一是配送中心的出货数量，二是配送中心的库存量。货品出货数量的多少和随时间的变化趋势会直接影响配送中心的作业能力和设备的配置。配送中心的库存量和库存周期将影响配送中心的面积和空间的需求。

（4）R——Route。配送的通路。物流通路与配送中心的规划有很大关系。规划配送中心之前首先必须了解物流通路的类型，然后根据配送中心在物流通路中的位置和上下游客户的特点进行规划，这样的规划才科学合理。

（5）S——Service。物流服务水平。物流服务水平包括订货交货时间、货品缺货率、增值服务能力等。它应该是合理的物流成本下的服务品质。

（6）T——Time。物流的交货时间。在物流服务品质中，物流的交货时间非常重要，因为交货时间太长或不准时都会严重影响零售商的业务。

（7）C——Cost。配送货品的价值或建造预算。规划配送中心时除了考虑以上的基本要素外，还应该注意研究配送货品的价值和建造预算。首先，配送货品的价值与物流成本有很密切的关系；其次，配送中心的建造费用预算也会直接影响配送中心的规模和自动化水平，没有足够的建设投资，所有理想的规划都无法实现。

1.3.4 国内外具有代表性的连锁企业配送中心

1. 沃尔玛配送中心

沃尔玛公司的总部设在美国阿肯色州的一个小城市——本顿维尔，这个小城市的人口大约是 20 000 人。在不断增长扩大的过程中，沃尔玛建立了一些新的配送中心，但是沃尔玛的总部仍然在阿肯色州本顿维尔市的配送中心附近。

沃尔玛的业务之所以能够迅速增长，并且成为现在非常著名的公司，是因为沃尔玛在节省成本及物流运送、配送系统方面取得了一定的成就，最起码在美国市场上是这样的。

沃尔玛能在零售市场战胜强大对手，迅速脱颖而出，并多年活力不减，最重要的原因是它能真正为顾客节省每分钱，以“低价销售、保证满意”作为经营宗旨，向顾客提供“高品质服务”和“无条件退款”等顾客需要的服务。而沃尔玛之所以能够提供“每日低价”和“最周到的服务”，又是因为它比其他任何竞争对手更有高效节省开支的能力。沃尔玛采取快速高效的现代化供应链管理，通过对信息流、物流、资金流的有效调控，利用最先进的技术和设备，把供应商、分销商和零售商直至最终的用户连成一个整体的功能性网链结构，便于进行更加有效的协调和管理。可以说，沃尔玛是最早尝试现代式企业管理和信息传输技术的传统企业代表。

沃尔玛不仅改变了竞争逻辑，对传统零售企业的经营战略进行了革命性的转变，即绕开中间商，直接从工厂进货，从而大大减少了进货的中间环节，为降低价格提供了更大的空间；它还打破了传统零售行业的存销方式，实行“过站式”物流管理，即“统一定货、统一分配、统一运送”。早在 1970 年，沃尔玛就建立了第一个配送中心，由公司总部负责将统一订购的商品全部送到指定的分店，而那时的分店只是一个纯粹的卖场。

当时，沃尔玛在它的配送中心应用了两项最新的物流技术——“交叉作业”和“电子数据交换”（EDI）。供货商将货物运到配送中心之后，配送中心根据每个分店的需求量对商品进行就地筛选、重新打包。沃尔玛的价格标签和统一产品条形码早已在供货商那里被贴好，货物在配送中心的一侧作业完毕之后，被运送到另一侧，准备送到各个分店。配送中心配有几英里长的激光制导传送带，货物被成箱地送上传送带，在 48 小时以内，装箱的商品从一个卸货处运到另一个卸货处，而不在库房里消耗宝贵的时间，这种类似网络零售商“零库存”的做法使沃尔玛每年都可以节省数百万美元的仓储费用。目前，沃尔玛 85%以上的商品都由公司的配送中心供应，而其竞争对手仅能达到 50%的水平。与行业平均值相比，沃尔玛的销售成本降低了 2%～3%。

然而，这种配送系统的管理是相当烦琐的。为了能够有效地协调各方的要求，沃尔玛通过电子数据交换来自动提示和控制商品库存量，使公司总部能够全面掌握销售情况，以便合理安排进货结构、及时补充库存和不足、降低存货水平，这大大减少了资金成本和库存费用。由于使用了电子数据交换技术，沃尔玛 2007 年的配送成本降至销售额的 2.8%，而其竞争对手的这一比例则高达 4%～5%。

此外，沃尔玛还特别投入 4 亿美元的巨资，委托休斯公司发射了一颗商用卫星，实现了全球联网，以先进的信息技术为其高效的配送系统提供保证。通过全球网络，沃尔玛总部可在 1 小时之内对全球 4 000 多家分店每种商品的库存、上架及销售量进行一次全部盘点。

2．7-11 便利店的配送系统

7-11 便利店是 70 多年前发源于美国商店的全球最大的便利连锁店。它在全球 20 多个国家拥有 2.1 万家左右的连锁店。7-11 便利店的配送系统采用集中的物流配送方案，这一方案大概每年能为 7-11 便利店节约商品原价 10%的费用。

7-11 便利店的物流管理模式先后经历了三个阶段的变革。最初，7-11 便利店并没有自己的配送中心，它的货物配送由批发商完成。对于 7-11 便利店而言，批发商就相当于自己的配送中心，其任务就是把供应商生产的产品迅速有效地运送到 7-11 便利店。为了自身的发展，批发商需要最大限度地扩大自己的经营，尽力为更多的便利店送货，并且要对整个配送和订货系统做出规划，以满足 7-11 便利店的需要。

之后，这种方式无法满足规模日渐扩大的 7-11 便利店的需要，7-11 便利店开始和批发商及合作生产商构建统一的集约化配送系统。有了这种系统，7-11 便利店改变了以往由多家批发商分别向各个便利点送货的方式，由一家在一定区域内的特定批发商统一管理该区域的同类供应商，然后向 7-11 便利店统一配货，这种方式称为集约化配送。集约化配送有效地降低了批发商的数量，减少了配送环节，为 7-11 便利店节省了物流费用。

随着规模和经营水平的不断提升，7-11 便利店开始策划自主经营的共同配送中心，便于在不同的区域统一集货、统一配送。配送中心设有一个计算机网络配送系统，分别与供应商及 7-11 便利店的连锁店铺相连。为了保证不断货，配送中心一般会根据以往的经验保留 4 天左右的库存，同时，中心的计算机系统每天都会定期收到各个店铺发来的库存报告和要货报告，配送中心把这些报告进行集中分析，最后形成一张张向不同供应商订货的订单，再由计算机网络将订单传给供应商，而供应商则会在预定时间之内向中心派送货物。收到所有货物后，7-11 便利店配送中心对各个店铺所需要的货物分别打包，等待发送。第二天一早，运送车就会从配送中心出发，择路向自己管辖区域内的店铺送货。整个配送过程每天这样循环往复，保障 7-11 便利店的顺利运营。

7-11 便利店从批发商手上夺回了配送的主动权，这样它就能随时掌握在途商品、库存货物等数据，也能及时掌握财务信息和供应商的其他信息。

有了自己的配送中心，7-11 便利店就能和供应商商谈价格。7-11 便利店和供应商之间定期会有一次定价谈判，以确定未来一定时间内大部分商品的价格，其中包括供应商的运费和其他费用。一旦确定了价格，7-11 便利店就省去了每次和供应商讨价还价这一环节，少了口舌之争，多了平稳运行，为自己节省了时间和费用。

随着店铺的扩大和商品的增多，7-11 便利店的物流配送越来越复杂，配送时间和配送种类的细分势在必行。以我国台湾地区的 7-11 便利店为例，全省的物流配送细分为出版物、常温食品、低温食品和鲜食食品四个类别的配送，各区域的配送中心需要根据不同商品的特征和需求量每天进行不同频率的配送，确保食品的新鲜度，以此来吸引更多的顾客。新鲜、即时、便利和不缺货是 7-11 便利店配送管理的最大特点，也是各家 7-11 便利店的最大卖点。

日本 7-11 便利店也根据食品的保存温度建立配送体系。日本 7-11 便利店将食品分类为冷冻型（零下 20 摄氏度）、微冷型（5 摄氏度）、恒温型和暖温型（20 摄氏度）。不同类型的食品会用不同的方法和设备配送，如各种保温车和冷藏车。由于冷藏车在上下货时经常开关门，容易引起车厢温度的变化和冷藏食品的变质，7-11 便利店还专门配备了一种两仓式货运车来解决这个问题，一个仓中温度的变化不会影响另一个仓，需冷藏的食品就始终能保持在需要的低温下配送。

除了配送设备，不同食品对配送时间和频率也会有不同要求。对于有特殊要求的食品，如冰激凌，7-11 便利店的做法是绕过配送中心，由配送车分早中晚三次直接从生产商送到各个店铺。对于一般的商品，7-11 便利店实行的是一日三次的配送制度：早上 3 点到 7 点配送前一天晚上生产的一般食品；早上 8 点到 11 点配送前一天晚上生产的特殊食品，如牛奶、新鲜蔬菜等；下午 3 点到 6 点配送当天上午生产的食品。这样一日三次的配送频率在保证商店不缺货的同时，也保证了食品的新鲜度。为了确保各店铺供货的万无一失，配送中心还制定了一个特别配送制度来和一日三次的配送相搭配。如果某个店铺遇到特殊情况造成缺货，这时向配送中心打电话告急，配送中心则会用安全库存对店铺紧急配送，若没有安全库存，中心就会向供应商紧急要货，并且在第一时间将货物送到缺货店铺。

3．英国 Boots 的药品零售配送中心

总部设在英国诺丁汉的 Boots 公司 PLC 是英国历史最悠久的零售连锁店之一。公司成立于 1849 年，提供所有与卫生保健和美容相关的产品和咨询，服务包括美容、配镜、助听器及药品的销售。2006 年，公司在世界各地的员工总数为 8 万人，其中约有 55 000 人在英国的各分店工作。连锁店的年营业额（包括网上销售）超过 53.3 亿英镑。

药品和化妆品的销售是 Boots 业务增长的核心部分，而这一部分由 BTC（Boots the Chemist）负责。拥有 1 400 余家分店和 63 000 多名员工的 BTC 是该行业在英国的“领头羊”，它的每家分店都有自己的配药房，方便为民众提供药品。不过，要快速、可靠地向每家分店提供 4 000 余种处方药绝对是一项具有特殊挑战性的任务。为了巩固现有的市场地位及将来的持续发展，2007 年，Boots 投资 1 400 万欧元，委托 Knapp 公司在诺丁汉兴建了一个全新的、以最新技术武装的、集中式的拣选和配送中心。

（1）配送中心的使命。配送中心需要面向多家企业，所以 Boots 首先考虑的是客户满意度。也就是说，每家分店都必须能够高质量地为客户提供所需物品。要做到这一点，各分店只能依赖于对订单的快速供应，并尽量使货物到达时数量准确，包装完好。如果 Boots 的分店在下午 6 点前发出一个订单，那么配送中心会保证在次日该分店开始营业前将物品送到。要做到配送服务快速流畅，一个决定性的因素就是保证物品在中心仓库内的精确协调和处理。

对于兴建诺丁汉新的“D80 仓库”，公司将目标最终锁定在建立一个独立的中心库上，并建立一个包括以前的 2 个旧中心库和将要兴建的 16 个新的地区配送点的供应系统。该中心库应该具备每周拣选和发出超过 200 万件物品的能力。这是一个蔚为大观的项目，因为它覆盖的是范围极广的敏感药品，并且货物吞吐率极高，而可靠的拣选（拣选准确率达 99.97%）和发货又是其中最为重要的环节。

（2）配送中心解决方案。对于 Boots 来说，质量、可靠性和一个创造性的解决方案是项目实施过程中需要考虑的同等重要的因素。面对高要求，Knapp 运用自己的专业知识设计了一个令人信服的概念性方案，并由此开发出完整的解决方案。Knapp 在一块 7 000 平方米的空地上

安装了一套有效且可靠的物流系统，将客户要求的所有功能囊括进来，完美地满足了客户业务的需要。利用自身的软硬件和最先进的控制与输送系统，Knapp 完成了一套为客户量身定制的、能轻松胜任未来任务的多功能的配送中心。

（3）Boots 配送流程。接收处理是该配送中心进行货物处理的第一步。接着，将货物放入高架货位中暂存，然后进行拣选和出库前的发货准备。

1）接收。码在托盘上的货物进入 3 条入货线的其中 1 条，检验合格后由系统接收，再通过无线网络连接到 Knapp 的仓储管理信息系统（WMS）的手持扫描仪并将它们录入系统中。接着，货物被重新分装到体积更小的、带有条形码的塑料周转箱中，总共有 42 000 个周转箱在系统中循环。然后，用于内部运输的输送机系统将货物输送至高架货架区域及流力货架区域进行储存。

由于尺寸或特殊储存要求等原因而不能由堆垛机处理的少量物品将被存放于独立的储存区。这些物品主要包括瓶装液体和冷藏物品，其失效日期与批次号也会在接收区域记录到 WMS 中。这对于医药行业来说是极为重要的，因为只有通过这种方法才可以保证将合格药品供应到药店，且在必要时能够追踪货品记录。

2）周转箱高架库系统。Boots 的高架库系统设有 4 巷道 35 000 个存储货位。所有存储货位的货物存放、提取操作由 4 台自动堆垛机完成。堆垛机除了负责完成货物的存放与提取任务外，还负责补货、重新分配货位及库存移出盘点等任务。堆垛机在单个循环内最多可以同时处理 2 个周转箱。Knapp 的物流控制系统与智能的 KISoft Motion 软件进行充分互动，保障了货物的储存与提取处理能在最有效的方式下进行。为了充分利用堆垛机的处理能力，储存与拣选处理在不同的时间进行。

3）拣选。拣选以两种不同的方式进行：一种是利用 58 个人工拣选站台进行拣选，另一种是使用 3 条 SD-2000 自动拣选线。

人工拣选站台由流力式货架、一套集成的输送机系统及若干个 RF 终端组成。RF 终端利用无线网络接收传输信息，并为操作者显示信息。拣选站台的工作环境以符合人类工程学的原则设计而成。Knapp 的 SD-2000 自动拣选机进行的拣选是全自动拣选，装在 2 206 条通道中的药品被拣选并输送至系统指定的周转箱中，之后周转箱前往下一环节。

两个不同拣选系统中的药品均由节省空间的流力式货架提供。物流控制系统（WCS）负责将周转箱供应给拣选区域。系统不会把某个周转箱导入没有拣选作业的工作站，因而保证了连续每小时 1 400 个周转箱的吞吐量。周转箱对应的订单处理完毕后，装有已拣选药品的周转箱将通过一系列检查站，之后进行自动贴标、封装及捆扎。最后，它们会到达发货站。

4）出库。订单一旦处理完毕，周转箱自动地被视为发货准备就绪。输送系统确保周转箱按照它们的目的地进行分组。两个自动码盘机械将来自 8 条 Knapp 发货线的周转箱码到准备发货的托盘上，托盘上的货物再用薄膜进行加固，并装载到 Boots 的送货车上。

（4）配送中心优势。“Knapp 的自动化方案满足了我们设定的预算和项目进度”，Boots 在诺丁汉仓库的总负责人肯定地说。新的自动化物流系统的优点是显而易见的。和以前相比，它最大的优点在于减少库存、提高服务水平、精简员工数量，并且由于拣选准确率的大大提高，客户的满意度也大幅提高。另外，系统还为增加利润提供了一个新的源泉。

复习思考题

1 配送中心有哪些类型?

2 连锁企业配送的特点有哪些?

案例分析

花王川崎物流中心的高效率配送作业

花王的大型广域物流配送中心——花王川崎物流中心，是花王构筑广域物流系统的第一阶段成果。“川崎 L/C”自动仓储的储存量为 100 万箱，一天出货量为 6 万箱，其中 40%的小批量订货直接送到各零售店铺，其余 60%用大型卡车送至其他客户处。零售店的订货量分为零星商品和整箱两种，一般没有最小订货单位，按最小订货单位的倍数发货。

“川崎 L/C”实行一天两次接单，截止时间分别是中午 12 点和下午 17 点，要求在接单后的 24 小时内把商品送到客户手中。其作业流程如下。

（1）入库、验收。大型卡车将商品运至物流中心一层的入口处，商品堆装在托盘上入库，同时由条形码读取品名、数量等信息，然后通过自动电梯运至二层、三层的自动仓库。这些程序都由计算机自动控制。

（2）储存。商品储存在高层仓库里。高层仓库的货架高 30 米，一共有 30 列、16 段，一列长 60 米，仓库共拥有 28 800 个货架，可储存 100 万箱货物。

（3）拣选和分货。根据计算机的指示，以托盘为单位从高层货架取出商品，进行拣选和分货。

（4）集货。按照计算机指示的配送路线、配送时间、配送地点，将分好的商品用传送带运至配货流水线上集中，按照配送的顺序进行相反的排列。

（5）装货。将集货流水线上的商品按照不同的分店汇集后，将货装入集装箱，或直接装入卡车。

（6）按照计算机处理安排的配送时间表，用卡车在 24 小时内将商品送至目的地。

问题：请分析花王川崎物流中心是如何实现高效率配送作业的。

实训项目

画出便利店或大型综合超市的流通途径和指定类别商品的流通渠道

实训目的：学生应该掌握主要业态的流通途径和主要商品的流通渠道。为了完成这项课业，学生需要调查一家大型综合超市的采购人员和一家便利店的采购人员，了解有关的流通渠道，并对这些渠道做出分析，提出改进渠道的建议。

实训背景：某公司需要采购某类商品，要求你去调查该商品目前的主要流通渠道，并分析调查的结果。根据你的调查，对该商品的流通渠道进行总体评估，尽可能地提出具有可操作性的建议，并将结果呈交总经理。

实训程序：了解实训项目的目的→收集有关流通渠道的资料→分析有关渠道的合理性→完成对实训项目的评估。

实训任务：

① 了解实训项目的目的。

② 分组。全班 34 人分成四个小组，每组大约 8 个人，每组至少负责四个品种。

③ 确定调研的对象。连锁业态可选择便利店、大型综合超市。商品分为食品与非食品。食品包括生稻米、牛奶、饮料、水产品、化妆品、冰激凌、糕点、酒类、农产品；非食品包括医药品、日化用品、家用电器。以上商品任选四种。

④ 起草调查流通渠道的计划（包括调查目的、范围、目标、内容和方法）。

⑤ 起草会谈和调查的大纲。

⑥ 上网查找第二手资料。

⑦ 准备一份对调查原始记录的复印件。

⑧ 完成对培训结果的详细报告（报告不超过一页，有关资料可放入附件）。

⑨ 陈述。

第 2 章 仓储与库存管理

引导案例

台湾世平国际公司苏州分公司的统仓共配服务

随着大量台资、外资企业进驻苏州工业园区，苏州已经形成了电子元器件、芯片、计算机及计算机配件等硬件产品的庞大的企业生态群落。各企业之间存在着多对多的复杂的供销关系。在这一领域，存在着一个基本规律，那就是龙头企业的迁入，必将带动越来越多的上下游企业来苏州落户，从而使得苏州在IT硬件产品和电子元器件等领域的群体优势越来越明显。

这些企业对物流服务有着特殊的要求，原因在于随着分工的细化，这些电子产品、元器件、原材料和成品种类日益繁多、更新换代周期短、货品单值较高、周转迅速。制造企业为了尽可能降低成本，减少库存对资金的占用，都强调准时生产（JIT）和零库存原则，要求供应商小批量、多批次、配合生产流程地频繁供货。

为了满足上述要求，统仓共配（又称供应商库存管理）应运而生。其特征在于多个供应商共同租用一个公共仓库，面向一家或多家制造企业供货。当制造企业一次向多家供应商采购时，订单可以统一处理，从而在完成多对一的集中拣货和并单运输的同时，实现制造企业和供应商之间一对一的月度结算，由此大大降低了总体运输成本和交易成本，满足了制造企业的准时生产的需求。

台湾世平国际公司是台湾著名的IT渠道或分销商。沿袭业已存在的伙伴关系，满足苏州台资企业的物流需求，世平国际在苏州开展了以统仓共配型仓储为核心的物流服务。世平国际的客户既包括像明基电通、高科（苏州）等在内的大批台资企业，也包括像英特尔、AMD这样的跨国巨头。

世平国际运营的公共仓储是以托盘为存储单元的半自动立体仓。在单据、库位和货品上全面采用了条形码扫描读取技术，并拥有自动化辅助分拣系统。世平国际拥有严谨细致的业务流程和仓库管理规范，并严格按照ISO 9000质量管理体系中的规范进行全面质量管理。标准化程度高，并有很强的持续改进能力。世平国际应用了国外某知名仓储软件企业的软件产品进行信息化管理，相关员工在系统使用上已经相当娴熟。

本章学习目标

通过本章的学习，学生应该掌握以下几个方面的内容：

1. 掌握仓储与库存管理的基本概念；
2. 掌握库存管理的控制方法；
3. 了解仓库的分类，熟悉仓库设置的原则和选址的步骤；
4. 了解仓库总体布局的概念与基本原则；
5. 掌握仓库作业管理的主要业务；
6. 了解如何实现仓储管理的合理化。

学习导航

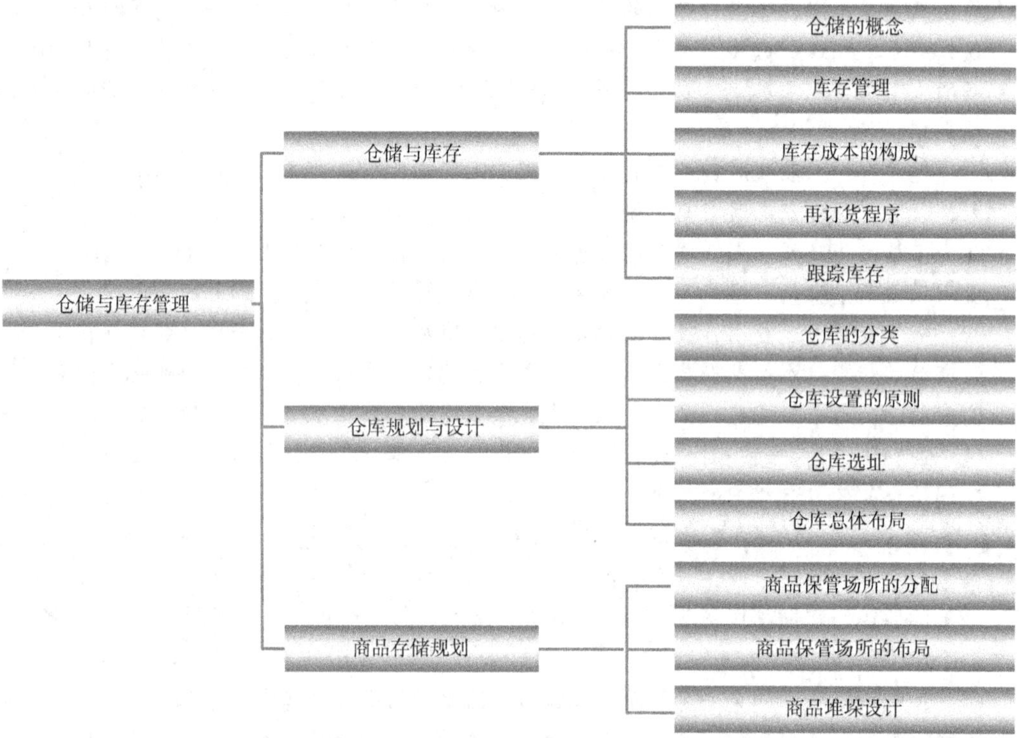

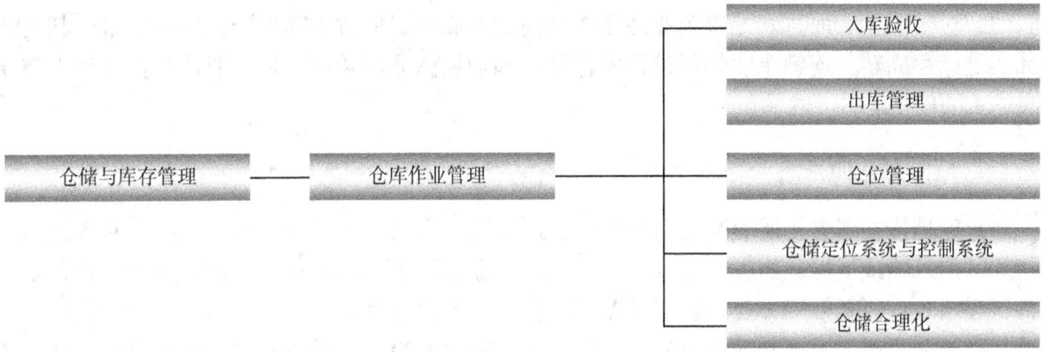

职业指导

储运职位是进入门槛比较低的职位。首先，你要全面掌握仓库选址、仓储原则、库存控制、运输线路优化原则及订单处理等方面的理论知识，这些都是在学校学习时必须完成的任务。然后，分析你的目标企业。例如，你毕业后想进入苏宁电器，这家公司的物流配送中心主要有仓储和配送两个方面的职位，它们的主要库存商品就是电器。那么，你就要想办法弄清楚电器的仓储、运输等注意事项，甚至可以提前熟悉电器的各种包装的质地——每类包装的最大承重是多少，对仓储有无特别要求……

2.1 仓储与库存

随着经济一体化的发展，物流活动已经成为国民经济发展的基础产业。我国连锁企业自产生至今发生了质的变化，开始从企业自身出发，在“第三利润源”——连锁企业的物流活动中寻找新的出路和竞争优势，以适应竞争日益激烈的行业形态。连锁企业配送中心的功能和工作效率是影响企业物流活动的主要环节，而作为物流管理的重要一环，配送中心的仓储管理与库存控制更是渗透商品从生产到消费的全过程，正因为如此，仓储活动越来越受到连锁企业物流管理部门的重视。到目前为止，我国连锁企业物流活动中的库存资产在连锁企业总资产额中所占的比例还是十分可观的。降低仓储和库存费用、提高仓库作业效率及准确掌握库存量是连锁销售企业降低流动资金需求的主要方式之一。

仓库的库存管理对于连锁零售企业的重要性是众所周知的。假设某一连锁企业单店日销售额 50 万元，销售毛利率 20%，库存水平维持在销售额的 1.5 倍，那么，这家拥有 30 家门店的连锁零售企业每月投入在支持销售的存货方面的资金可以用下面的公式进行计算：每月投入支持销售的存货方面的资金=每天用于支持存货的资金×计算天数×门店总数，即 50×（1－20%）×1.5×30×30=54 000（万元）。

也就是说，该企业每月至少需要 5.4 亿元的资金用于货物的库存管理。

如果由于库存管理不善而使这笔货款无法及时周转，就将给企业的现金流造成巨大的影响。

因此，对于消费者而言，零售企业经营的是商品和服务，但对于零售企业自身而言，其经营的其实是库存周转。连锁企业如何进行库存管理和加快商品周转速度是企业在经营过程中需要解决的主要问题。

2.1.1 仓储的概念

仓储是指在保管场所对暂时不用的物品进行储存和保管的活动。“仓”是指具有存放和保护功能的建筑物或场地，如房屋建筑、洞穴、大型的容器或特定的露天场地等。“储”即储存、储备，表示收存以备使用，具有收存、保管、交付使用的意思。

仓储分为静态仓储和动态仓储。当物品不能被及时消耗并需要专门场所存放时，静态仓储就产生了；而将物品存入仓库并对存放在仓库里的物品进行保管、控制、提供使用时则形成动态仓储。可以说，仓储是对有形物品提供存放场所，并在此期间对存放物品进行保管、控制的过程。

连锁企业物流的仓储主要有以下几个特点：连锁企业配送中心的仓储是商品生产的持续过程，商品的仓储也创造了连锁企业销售商品的价值；仓储既包括静态的物品储存，也包括动态的物品存取、保管、控制的过程；仓储活动发生在配送中心仓库等特定的场所；连锁企业仓储的对象主要是生活、生产资料，但必须是实物动产。

从传统的物资存储仓库、流通中心发展到现在物流活动的节点，作为物流活动的核心环节，“仓储”在物流整体的运营和协调中发挥着重要的作用，其主要功能和作用也发生了一些改变。储存不仅针对连锁企业流通中的商品进行检验和保管，还通过流通加工、集散和换装来解决供需之间和不同运输方式及运输工具之间的矛盾，给企业提供一定的场所价值和时间效益，从而保护商品的使用价值、加速商品流转、提高物流的生产效率、促进社会效益的提高。

2.1.2 库存管理

库存管理又称库存控制，指的是对库存物料的进货与使用进行计划、组织、协调与控制。库存管理的重点在于企业如何确定订货方式、订货数量和订货时间。过去，企业库存量过多，对企业而言，这可能是生产能力较强的一个证明，但是现在，企业对库存量控制和管理的目标是实现成本最小化，甚至零库存，而过分强调降低库存的水平又会使企业因为货源短缺而产生短缺成本。因此，实施良好的库存管理，保持企业合理库存量，对于一个企业的资金周转、经营成本和最终利润是非常重要的。库存是企业生产运作及供应链管理全过程的“无缝连接器”。

1. 库存管理的主要内容

库存控制的主要目标是在满足企业生产经营和顾客服务要求的基础上，合理确定库存物资数量、订货方式和订货时间，减少存货资金的占用，尽可能地降低库存水平，提高物流系统的效率，强化企业竞争力。

所以，库存管理不同于仓库管理，它是与库存物料计划和控制相关的所有业务的管理。它不仅应该满足客户和市场的需求，更应该控制库存量，加速库存周转，降低库存总成本。

因此，库存管理需要解决的关键问题主要有以下几个方面。

（1）订货点。订货点是指库存量降至某一数值时，应该立即下达采购命令的点或界限。订货点必须把握得当，过早订货会造成企业库存增加，导致企业的库存成本及其空间利用成本增加；过晚订购，则会造成缺货，迫使生产企业流程中断或丢失客户，影响企业的信誉和竞争力。因此，订货点的把握非常重要。

（2）订货量。订货量是指企业到达订货点进行采购时应该采购物品的数量。恰当的订货量才能满足企业库存量的基准，满足企业生产和销售的需要。订货量过多或过少都会造成企业物流成本的增加或订货费用的增加。

（3）库存量的极限。考虑库存量的范围时，往往最低库存量和最高库存量都需要确定。最低库存量是企业管理者在进行企业自身状况调研之后制定的某一库存商品能够维持需求的最低库存数量的界限。最高库存量是企业在经营过程中，为了防止库存过多、浪费资金，从而对各种货品都设置了一个最高的库存水平，这个库存水平就是最高库存量，企业将其作为内部库存控制的一个警戒指标。

我们通常又根据最低库存量是否是临界值，将其分为理想最低库存量和实际最低库存量两种。实际最低库存量是理想最低库存量和安全库存量之和。所谓安全库存量，是指企业为了防范仓库经营过程中的风险，在设计实际库存量时设置的一个超出理想最低库存量的数值。

（4）平均库存量。平均库存量是指在某一周期内（一年或一个季度）库存量的平均数，是库存管理中的重要概念。由于进货次数和出库量的不同，平均库存量又可分为以下两种情况。

1）一次进货，每次等量等时出库。由于出库的数量及间隔时间相等，所以实际库存量呈阶梯形下降，库存量近似一条下降的直线，直线下方的三角形面积就是这段时期的库存量。因而，平均库存量为进货量的一半。

2）多次等量进货，依次等量出库。一次到货后，依次等量出库，库存量逐渐下降；当库存量为零时又有一批新货入库，库存量又升到最高。这样循环往复使实际库存量呈多次性上升，每次又呈阶梯形下降。若将阶梯形折线化为近似直线进行分析，平均库存量同样等于每次进货量的一半。

2．库存管理的控制方法

（1）ABC 分类法和 CVA 库存管理法。

1）ABC 分类法和 CVA 库存管理法的概念。ABC 分类法由意大利经济学家帕雷托首创，又叫帕雷托分析法。该分析法的核心思想是将决定一个事物的众多因素分清主次，识别出少数的对事物起决定作用的关键因素和多数的对事物影响较小的次要因素。按照此规则，可以将事物分为三类。随着研究的不断深入，ABC 分类法也被逐渐应用于各个行业。1951 年，美国通用电气公司董事长迪基将 ABC 分类法用于库存管理，投入更多的力量解决那些具有决定性作用的少数事务。

CVA 库存管理法又称为 CVA 关键因素分析法。这个方法的基本原理和 ABC 分类法相似，但它比 ABC 分类法的分类更具目的性。CVA 库存管理法根据某一关键因素将货物分成 3～5 类，高优先级的货物要得到更多的重视。有时，我们也将这两种方式结合起来使用，这样效果会更好。

ABC 分类法具有严格的操作步骤，只有按照下列步骤操作，才能实现有效的库存管理。

① 收集数据，如商品名称、规格、年需求（出库、销售）量、物料单价等。

② 统计汇总，按价值高低进行排序。主要计算商品种数（库存单元数）的百分比、累计百分比；商品总价值及各种商品占总价值的百分比、累计百分比。

③ 编制 ABC 分类表。

④ 绘制 ABC 分类图，按标准进行分类。A 类商品品种占 10%～20%，资金占 60%～80%。C 类商品品种占 50%～70%，资金占 5%～15%。B 类商品品种占 20%～30%，资金占 15%～35%。

⑤ 针对三类商品，确定重点管理方式。A 类商品实行重点管理，严加控制，如可以缩短周期，保持较小库存；C 类商品进行粗放管理，稍加控制；B 类商品则介于 A 类与 C 类之间，实行适中控制。

下面是一个 ABC 分类法的应用实例。

某零售企业共有库存商品 3 421 种，这些商品按照销售额可以分为七个档次。依据 ABC 分类法统计每档商品的品种数和销售金额，然后计算两个指标的累积数及其与全部品种和销售总额的百分比，并填入表 2-1 内。

表 2-1　ABC 分类法应用案例数据

年销售额（万元）	品种数（种）	品种累计（种）	占总数的百分比（%）	销售额（万元）	销售额累计（万元）	累计百分比（%）	分类结果
$X>6$	260	260	7.6	5 800	5 800	69.1	A
$6\geqslant X>5$	68	328	9.6	500	6 300	75.1	A
$5\geqslant X>4$	55	383	11.2	50	6 550	78.1	B
$4\geqslant X>3$	5	478	14.0	340	6 890	82.1	B
$3\geqslant X>2$	170	648	18.9	420	7 310	87.1	B
$2\geqslant X>1$	352	1 000	29.2	410	7 720	92.0	B
$X\leqslant 1$	2 424	3 421	100	670	8 390	100	C

按照 ABC 分类法将表中的七档商品分成 A、B、C 三类，其中前两档的品种数只占总数的 9.6%，销售额占总销售额的 75.1%，符合 A 类标准；第三到第六档品种占总品种数的 19.6%，而销售额占总销售额的 16.9%，符合 B 类标准；第七档商品品种数占总品种数的 70.8%，而销售额只占总销售额的 8%，符合 C 类标准。我们可以根据得出的数据绘制 ABC 分类图和 ABC 分类结果表（这里省略）。

之后，根据分类结果对不同的商品实施不同的库存管理策略。

A 类商品：实施重点管理，对商品进行编号，尽可能准确地预测需求、少量采购、力求减少库存、严格盘点、提高库存精确度，采购须经高层主管审核。

B 类商品：中量采购，两三周进行一次盘点，采购须经高层主管审核。

C 类商品：大量采购、简化库存管理手段、增大安全库存量、延长盘点间隔期，采购仅需基层主管审核即可。

2）ABC 分类法的局限性。随着连锁企业的发展，许多连锁企业在物流配送需求方面越来越具有特殊性：① 缺货压力大，要求物流配送做到物资周转快，对订单反应敏感。② 快速消费品比重较大，对加工要求较高。③ 对需求信息及销售信息要求较高，需要物流配送部门或第三方公司提供个性化的客户管理和信息服务。④ 物流配送部门或第三方公司应建立关注连锁企业零售终端的信息系统。由于现代连锁企业本身对配送需求的一系列特殊性，如批量小、种类多，特别是生鲜商品多、配送频次高、信息处理量大、紧迫性强、时效性要求高等，使 ABC 分类法等一些传统的库存管理方法存在以下局限性。

① 不适应商品配送范围较广的要求。以连锁超市为例，其商品种类广泛，对于存储条件的要求差别极大。例如，生鲜蔬菜对于存储的要求主要是保鲜，家用电器对于存储的要求则主要是防潮，玻璃器皿、瓷器等日常用品主要要求防震，巧克力等零食则对存储地的温度和湿度有较高的要求等。

② 不适应商品个性化加工的要求。很多商品都要求物流配送部门或第三方公司可以提供随时随地进行加工且保鲜保量的服务。例如，蔬菜类企业可能要求在存储地直接进行菜心和菜叶的分离和包装，肉制品企业会要求在存储地直接将整片肉进行切割并分成小包装等要求。

③ 不适应配送频次相差较大的要求。再以连锁超市为例，由于其经营的商品范围广泛，各种商品的用途性能不同，销售量也有较大差别，配送频次也就高低不一、相差较大。例如，生鲜蔬菜类商品属于日常生活必需品，需求弹性较小，所以其配送频率相对较高，平均每天的配送频率达 2 ~ 3 次，而其他商品的配送频率就会稍低一些。

总之，传统的 ABC 分类法主要侧重于仓储地对货物实行静态管理，主要针对品种相近且存储条件大致相同的商品。如果涉及动态配送服务，加上时间因素，其局限性就显而易见。

（2）F-ABC 分类法。这种新的 ABC 分类法是在考虑动态时间因素和配送的情况下，通过对传统的 ABC 分类法进行改进而形成的，即在传统的 ABC 分类法的基础上又增加了一层按照配送频率和出货频率进行的 ABC 分类。为了直观地区别这一新的 ABC 分类法和传统的 ABC 分类法，我们把新的 ABC 分类法称为 F-ABC 分类法，说明该管理法是在传统的 ABC 分类法的基础上，考虑了时间和配送频率（Frequency）之后形成的新的管理法，其中 F-ABC 分类法中的 F 是频率（Frequency）的第一个英文字母。具体分类如下：将批量小、配送频率高（一般 1 天在 1 次以上）的商品定为 A 类商品，如生鲜、蔬菜等；将批量较大、配送频率较高（一般在 5 天以下）的商品定为 B 类商品，如日化用品；把那些配送频率低（一般在 5 天以上）的商品定为 C 类商品，如家用电器、服装类，这样就可以有针对性地提供独具特色的服务。

对于 A 类商品，由于其配送频率最高，供应商将所要运送的货物运送到物流配送中心后，可以不经存储，只需按照不同运输路线上各个连锁分店的需求量将货物就地加工，卸装到已经准备好的运输卡车上，直接运往各连锁分店；对于 B 类商品和 C 类商品，由于其配送频率较低，供应商将所要运送的货物运送到物流配送中心后，要先将商品分门别类地整货入库，然后根据各连锁分店的订货要求，通过自动化机械进行自动分货、拣货，再将各连锁分店所需的货物集中起来，用最佳路线原理，安排卡车运输，保证准确及时地将货物送达各连锁门店。

根据连锁企业的特殊要求对各类商品按照配送频率的高低进行新的 ABC 分类后，再按照传统的 ABC 分类法，将那些品种数量少而创造的利润却很多的商品分为一类，称为 A 类，实行重点管理；把那些品种数量多而创造的利润却很少的商品分为一类，称为 C 类，实行一般管理；其余的商品介于 A 类与 C 类之间，称为 B 类，根据情况，既可以实行重点管理，也可以实行一般管理。这样就可以对各大类商品中创利较高的商品予以更多的重视和管理。

（3）定量订货法。定量订货法的基本原理是，预先确定一个订货点 Q_k 和一个订货批量 Q^*，随时检查库存，当库存量下降到订货点 Q_k 时，就要发出订货请求。定量订货法的原理如图 2-1 所示。

定量订货法的前提是：

1）订货点固定的订货量=平均每日销售量×备用天数+安全库存；

2）当库存量下降到某一数量时（订货点），应立即提出订购要求；

3）订货批量固定；

4）订货提前期不一致。

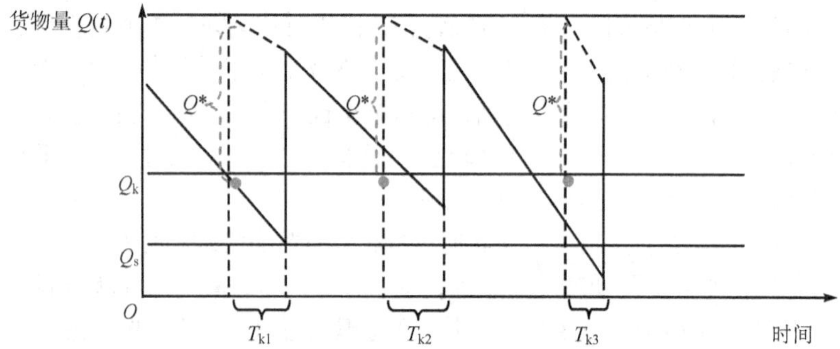

图 2-1　定量订货法原理

其中　$Q(t)$——货物量；

Q^*——订货批量（不变量）；

Q_k——订货点；

Q_s——安全库存；

T_k——订货提前期，即从发出订单到货到的时间间隔。

采用此种订货法订货时还要确定经济订货批量。

经济订货批量是指使库存总成本达到最低时订货的数量。它是基于以下假设推导得到的：需求率是恒定的和确定性的；订货提前期为零；不允许出现缺货现象；以批量的形式订货或生产订货成本固定不变；产品项目只是单一品种。

在上述假设的基础上，再确定库存总成本的模型。

一般情况下，库存总成本可以表示为：

库存总成本=年库存（储存）成本+年订货成本

假设 TRC——库存总成本；

D——年需求量或年用量；

d——每日用量；

U——订货提前期内的需求量；

L——订货提前期；

n——年订货次数；

Q_k——订货点；

Q_s——安全库存；

Q——订货批量；

C_T——每次订货的固定成本，与订货量大小没有关系；

C_I——保存一个单位存货的年成本；

C_B——缺货成本。

那么，每年的年订货次数 n 可以表示为：

$$n=D/Q$$

每年的订货成本可以表示为：

$$C_T\times(D/Q)$$

年循环库存是指定量订货下的批量规模的一半，即 $Q/2$。则每年的年存储成本就可以表示为一年的年保存库存量的成本，即 $C_I\times(Q/2)$。

因此，企业的年库存总成本的表达式就可以转化为：

$$\text{TRC}=C_T\times(D/Q)+C_I\times(Q/2)$$

在上述库存总成本公式中，对 Q 进行求导，令导数等于零，求得 Q 的取值，也就可以得到库存总成本最小时订货批量 Q 的值，即我们所要求的经济订货批量（EOQ）的值，其表达式如下：

$$\text{EOQ}=\sqrt{\frac{2DC_T}{C_I}}$$

（4）定期订货法。对库存进行管理时，在仓库对某种商品发出订货指令到下一次发出订货指令之间具有一定的间隔时间，即订货周期是固定的，这样每到达固定周期，便发出订货通知，将库存补充到最高库存水平。我们把这种库存管理方法称为定期订货法。该方法的原理如图 2-2 所示。

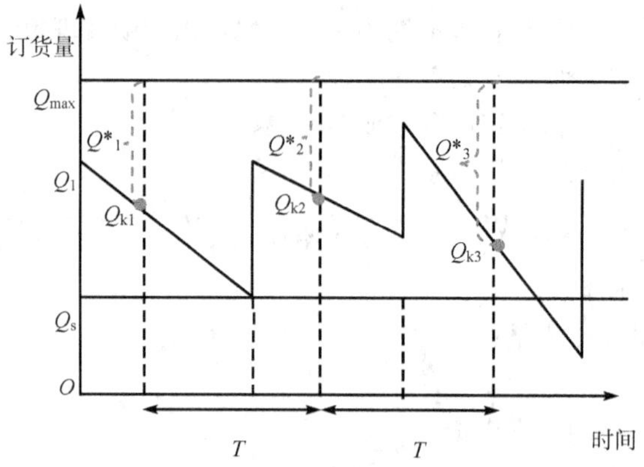

图 2-2　定期订货法的原理

其中　$Q^*{}_1,Q^*{}_2,Q^*{}_3$——订货量（变化量）；

Q_k——订货点；

Q_s——安全库存；

T——订货周期（不变量）；

Q_{max}——最高库存量。

定期订货法的最高库存量是固定的，因此订货量可以通过最高库存量和实际库存量的差值来得到。

假设订货周期用 T 表示，则可以根据总库存成本最小，求得商品的最优订货周期。最优订货周期可以用下列公式计算：

$$T=\frac{\mathrm{EOQ}}{D}=\sqrt{\frac{2C_T}{C_1 D}}$$

相关参数含义同“定量订货法”中的参数。

货物的最高库存量可以表示为订货周期和订货提前期的需求量与安全库存之和，即：

$$Q_{max}=(L+T)\times d+Q_s$$

另外，定期订货法中的订货批量和订货点都是不固定的。订货时间一旦确定，无论货物库存大小，都要将最高库存量和实际存货量的差值作为订货量进行订货。我们可以用下式计算订货量：

订货量=最高库存量–现有库存量–计划到货量+客户延期取货的数量

可见，该控制方法的优点是减少超储商品，不用每日盘点，计划性强；缺点是安全库存大，订货批量不确定。

（5）定量订货法与定期订货法的区别。

1）提出订货请求时点的标准不同。定量订货法提出订货请求的时点标准是，当库存量下降到预定的订货点时，即提出订货请求；而定期订货法提出订货请求的时点标准则是，按预先规定的订货间隔周期，到了该订货的时点即提出订货请求。

2）请求订货的商品批量不同。定量订货法每次请购商品的批量相同，都是事先确定的经济批量；而定期订货法每到规定的请求订货期，订购的商品批量都不相同，可根据库存的实际情况计算后确定。

3）库存商品管理控制的程度不同。定期订货法要求仓库作业人员对库存商品进行严格的控制和精心的管理，经常检查、详细记录、认真盘点；而用定量订货法时，对库存商品只要求进行一般的管理和简单的记录，不需要经常检查和盘点。

4）适用的商品范围不同。定期订货法适用于品种数量少、平均占用资金大、需重点管理的 A 类商品；而定量订货法适用于品种数量大、平均占用资金少、只需一般管理的 B 类、C 类商品。

2.1.3　库存成本的构成

仓储管理是连锁企业物流活动的主要内容，而配送中心的库存控制又是仓储管理的核心部分。随着物流和供应链管理的迅速发展，企业对库存管理越来越重视，合理的库存对减少流动资金起到了至关重要的作用。因此，企业对库存的合理化问题展开了研究和探索，寻求更为合理的库存管理方法，使企业的库存总成本达到最小。

库存成本是物流活动总成本的一个主要组成部分。根据物流成本的属性和特点，可以将其划分为运输成本、仓储及库存成本、物流管理费用。一般地，运输成本占物流成本的 40%以上，仓储及库存成本占物流成本的 20%以上，而管理成本也占 20%左右。由此可见，企业的库存成本管理对控制物流成本具有重要作用。

在整个库存管理经营过程中，企业会产生各种费用，而这些费用都对企业的物流成本具有重要的影响。因此，在经营管理过程中，企业必须考虑这些费用。其主要包括以下几项。

（1）购入费（Purchase Cost）。购入费指购入商品的成本，包括购买费和进货费两部分。购买费是指购买商品的价格，一般等于商品的单价与购入商品数量的乘积；进货费是指进货的花销，如运费、包装费、装卸费、租赁费用等。如果是自制物品，单位购入费用应包括直接材料费、直接人工费、工厂管理费等。这类费用的特点是与订货批量无关，批量的大小不会影响购入费用。

（2）订货费（Order Cost）。订货费指订货过程中发生的全部费用，即从向供应商发出采购订单到采购结束发生的一切费用，一般包括差旅费、手续费、招待费、通信费等，还包括提出请购单、填写采购订货单、跟踪订货、来料验收等费用。如果是企业内部自己生产的产品，那么，这部分成本就是企业的生产准备成本。该项成本的特点是与订货批量无关，与订货次数或生产准备的次数有关，而且次数越多，订货费越高。生产准备成本通常包括准备工作命令单、安排作业、生产前准备、加速和质量检验等费用。

（3）保管费（Holding Cost）。保管费指商品在存储保管过程中所花费的全部费用，又称库存持有成本。它主要包括储藏保管、装卸搬运、仓库基础设施费用和保管人员费用，以及资本成本、税金、保险费、保管中的损耗、陈旧和变质等费用。其中，资本成本反映失去的赢利能力或时间机会成本；许多国家把存货列入应加税的财产，因此存货越多，税金就越高；保险费则随库存投保数额的大小而变化；损耗是指存货在储藏过程中遭受各种非保管损失或失窃而减少的库存量；陈旧是指库存商品过时而损失价值的风险；变质是指存货在储藏过程中发生品质变化而发生的成本。此类费用的特点是与保管货物的数量和时间长短有关，数量越多、时间越长，保管费用就越高。

（4）缺货费（Stockout Cost）。缺货费指由于外部或内部供应中断引起缺货而产生的成本，又称亏空成本。缺货的程度不同，缺货费用的构成也不同。例如，由于缺货给企业造成的信誉损失、客户流失带来的损失及缺货导致的延期交货造成当前的利润损失和未来利润损失都可以看做缺货费的一部分。因为缺货导致的生产损失（工人和机器闲置）及完工日期延误也要考虑在内。缺货费的大小可能与缺货量、缺货次数及缺货时间有关。

（5）补货费（Supplement Cost）。当用户买货时，仓库没有现货供应，但为了不丧失销售机会，要求用户仍然在这里订货，答应用户马上进货，待进货后，立刻补给用户。为了实现补货，往往发生补货费。例如，为了吸引顾客，需要花费招待费、感情费、回扣费，或者实行优惠服务、优惠价格等花费的费用。在具体情况下，补货费的发生与补货量、补货次数和补货时间有关。

以上几种费用中，我们根据是否与订货批量有关，把它们分成固定费用与变动费用两种成本形式。与订货批量无关的费用称为固定费用，如进货费与购买费。而其他几种费用都与订货批量有关，如订货费、保管费、缺货费、补货费，这种与订货批量有关的费用称做可变费用。

综上所述，库存成本就是以上几种费用的总和，我们称为总费用。值得大家注意的是，不是一次库存管理中所有的费用形式都要发生。

例如，在缺货情况下，总费用可以表示为：

$$C=C_0+C_1+C_2+C_3$$

在补货情况下，总费用可以表示为：

$$C=C_0+C_1+C_3+C_4$$

注意，缺货情况下不能补货，补货情况下不能缺货。单位时间平均总费用可以表示为：

$$C_P=C_{0P}+C_{1P}+C_{2P}+C_{3P} \quad \text{（缺货状态下）}$$

$$C_P=C_{0p}+C_{1P}+C_{4P}+C_{3P} \quad \text{（补货状态下）}$$

式中 C——库存费；

C_0——订货费；

C_1——保管费；

C_2——缺货费；

C_3——购买费；

C_4——补货费；

C_{iP}——单位时间的平均费用。（下角标 P 表示单位平均值）

仓储及库存成本与储存商品的价值大小、储存量、保管条件及保管时间等有关。物流企业可以按照常规将商品分为三类：A 类商品价值较大、数量较少、保管条件最好；C 类商品价值较小、数量较多、保管条件较差；B 类商品是介于 A、C 两类之间的商品。各类商品分别以库存量 Q 作为库存成本的数量指标，库存费 C 作为库存成本的质量指标，标准的库存成本则为库存量 Q 与库存费 C 的乘积。

2.1.4　再订货程序

仓库的再订货程序要遵循图 2-3 所示的步骤，具体解释如下。

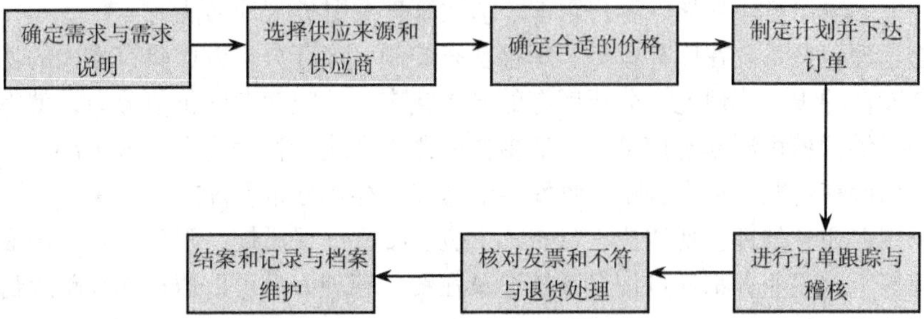

图 2-3　再订货流程

（1）确定需求与需求说明。连锁配送中心的仓储部门或连锁门店的采购部门根据企业的生产计划和客户需求预测等信息，选择合适的库存控制管理方法，确定需求量；同时，相关部门要根据需求编制需求说明书，对需求制定的相关情况进行说明。

（2）选择供应来源和供应商。确定需求商品之后，采购部门要根据商品信息对供应市场进行调研和分析，从而确定合理的供应商。

（3）确定合适的价格。确定供应商之后，往往要同供应商进行价格谈判，进而确定商品的采购价格。

（4）制定计划并下达订单。在这一过程中，要安排制定采购的具体订货计划，并与供应商签订商品订单，同时下达订单并执行。

（5）进行订单跟踪与稽核。这主要对订单和商品订货合同的实施过程进行监控，对供应商进行供货过程的管理，保证供应商的供货质量和服务水平。

（6）核对发票和不符与退货处理。这是订货的最后阶段，仓库收到供货之后要查验货物和相关单据，对于票据不符或货损货差的现象要及时处理，直到符合合同或订单的要求。

（7）结案和记录与档案维护。一次订货完成之后，要及时将订货的材料进行归档和整理。

2.1.5　跟踪库存

库存跟踪功能主要是指当货物处于存储状态时，管理人员对其存储状态进行了解和把握。目前，在信息技术和先进的设施设备条件下，企业大多会选择应用信息系统完成对库存的管理控制及货物的库存跟踪。

先进的仓储管理信息系统（Warehouse Management System，WMS）能够充分利用条形码技术和计算机网络技术，以及先进的硬件设备和完善的软件系统，做到现场信息采集、实物流动状态和后台数据库三方面的实时、准确与统一，从而提高仓储的作业效率，实现仓储的科学和技术管理。

仓储管理信息系统的主要功能有：对物品进行基础编码，并对编码信息进行维护和管理、对条形码进行生成打印；信息自动采集功能；自动指派储位并进行锁定的储位管理功能；库存控制功能，系统可提供最小、最大库存量和自动订货量；入库管理功能和出库管理功能；统计查询和表单的输出打印功能；客户管理、绩效管理及财务管理功能。

仓储管理信息系统在库存业务、库存状态控制、库存分析方面具有强大的功能，它能够有效地跟踪库存的出入库情况，分析库存的异常状态，反映库存的价值分布，就库存的短缺、超储、安全提供预警机制动态信息。灵活多样的账簿和统计报表为企业各个部门提供价值决策奠定基础，如库存台账、批次台账、收发存汇总表、存货分布表等。

整个库存业务处理包括调拨、盘点、货位、批次、保质期、限额领料、产成品入库、材料出库管理等。这些业务都通过信息系统记录在案，管理人员可以通过库存跟踪窗口进行查询和跟踪，获得库存货物全面的库存信息。

仓库系统的规划与设计是企业物流系统规划中非常重要的一部分，它不仅关系到企业仓储物资的流转速度、物流费用、服务质量及仓储的运作效率，还会影响企业的经济效益和竞争优势。仓储系统的规划与设计是企业物流活动的第一环节，因此，仓储系统规划和设计的好坏直接影响企业未来的物流服务水平，对未来物流活动的操作和运行具有重要的现实意义。

2.2 仓库规划与设计

2.2.1 仓库的分类

仓库（Warehouse）是保管、储存物品的建筑物和场所的总称。人类社会从出现剩余产品开始就已经产生了存储剩余产品的仓库，如古代的“仓廪”、“窖”、“邸阁”、“库”等都是早期仓库的名称，它们用来存储粮食或兵器。现代的人们把“仓”和“库”结合起来，作为储存和保管物品的建筑物或场所的名称。目前的仓库形态多样、结构复杂，服务范围和对象也有着较大的差别。因此，正确把握和理解各类仓库的特点对于仓库的维护管理和仓储管理具有十分重要的作用。

随着物流行业的不断发展，仓库的功能也由原来单一的保管功能扩展到现在的分拣、配货、分类、检验、流通加工、调节货物运输能力及信息传递等功能。

按照自身功能和特点的不同，仓库可以有多种分类形式。物流企业或企业的物流部门可以根据自身的条件和仓库的功能选择不同类型的仓库，如自建或租用。仓库具体的分类方式如表 2-2 所示。

表 2-2　仓库的分类

分类方式	仓库类型	分类方式	仓库类型
按使用范围	自用仓库	按保管物品种类	综合仓库
	营业仓库		专业仓库
	公共仓库	按库内形态	地面型仓库
	出口监管仓库		货架型仓库
	保税仓库		自动化立体仓库
按仓库保管条件	普通仓库		
	保温、冷藏、恒湿恒温仓库	按建筑结构	封闭式仓库
	特种仓库		半封闭式仓库
	气调仓库		露天式仓库

1．按使用范围分类

（1）自用仓库。自用仓库是指生产或流通型企业为了企业经营的需要而修建的仓库，主要用于储存本企业的原材料、燃料、半成品、产成品等货物。采用自用仓库需要考虑的条件之一是仓库建设的固定成本，其次是仓库为企业的物流服务水平和生产经营安全性带来的好处。

（2）营业仓库。营业仓库一般是指企业为了经营储运业务而修建的仓库，通过仓库的运营实现一定的盈利，如第三方物流企业的仓库、生产企业自建的营利仓库等。该类仓库的利用率相对较高。对于企业来讲，选择营业仓库可以降低成本支出，但是对企业的物流服务和控制能力会造成一定的影响。

（3）公共仓库。公共仓库是指由国家或某个团体为社会服务而建设的仓库，如机场、港口的仓库，以及铁路的货场、库房等。公共仓库具有灵活性和费用相对低廉的特点，所以，目前很多大公司，尤其是连锁零售行业的很多企业，都选择租用公共仓库作为自己的仓储场所。

（4）出口监管仓库。出口监管仓库是指经海关批准，在海关监管下存放已经按规定领取了出口货物许可证，已对外买断结汇，并已经向海关办理了全部出口海关手续的货物的专用仓库。

（5）保税仓库。保税仓库是指经海关批准，在海关监管下存放未办理关税手续而入境或过境的货物的专用仓库。

2．按仓库保管条件分类

（1）普通仓库。普通仓库指用于存放无特殊保管要求的物品的仓库。

（2）保温、冷藏、恒湿恒温仓库。保温、冷藏、恒湿恒温仓库是指用于存放要求保温、冷藏或恒湿恒温的物品的仓库。

（3）特种仓库。特种仓库通常指用于存放易燃、易爆、有毒、有腐蚀性或有辐射性的物品的仓库。

（4）气调仓库。气调仓库指用于存放要求控制库内氧气和二氧化碳浓度的物品的仓库。

3. 按保管物品种类分类

（1）综合仓库。综合仓库指用于存放多种不同属性物品的仓库。该类仓库结构为通用型，设备和设施设置相对比较简单，没有特殊要求的商品都可以在此存放。

（2）专业仓库。专业仓库指用于存放某一种或某一类物品的仓库。该类仓库往往具有特殊的设备或设施，以对某类特殊物品进行仓储操作。该类物品可能会对其他物品造成影响或危害，专业仓库可以更好地保证在库物品的质量。

4. 按建筑结构分类

（1）封闭式仓库。封闭式仓库又称“库房”，该类仓库的结构为封闭式，便于对库存物品进行保管和保养，适用于存放价值比较高、保管条件要求比较高的物品。这类库房根据其建筑形式又可以细分为以下几种。

1）平房仓库。平房仓库的构造比较简单，建筑费用较低，人工操作比较方便。

2）楼房仓库。楼房仓库是指二层楼以上的仓库，它可以减少土地占用面积，进出库作业可采用机械化或半机械化方式。

3）罐式仓库。罐式仓库的构造特殊，呈球形或柱形，主要用来储存石油、天然气和液体化工品等。

（2）半封闭式仓库。半封闭式仓库又称“货棚”，其结构不如库房的封闭性强，但是便于商品进行出入库作业操作，且建造成本较低，适用于存放价值相对不是太高、对温湿度要求不高且出入库比较频繁的物品。一些结构简单、价格低廉的临时性简易仓库就是这类仓库的代表，如固定或可移动的简易货棚。

（3）露天式仓库。露天式仓库又叫“货场”，它一般没有封闭性设施，存储货物时，有时需要苫盖或衬垫，有时什么都不需要。这类仓库的优点是便于商品的装卸和搬运。它适宜存放较大型且不怕风吹雨淋的货物，如集装箱货、某些车辆、建筑材料等。

5. 按库内形态分类

（1）地面型仓库。地面型仓库一般指单层地面库，多使用非货架型的保管设备。

（2）货架型仓库。货架型仓库指采用多层货架保管物品的仓库。货架上放着货物和托盘，货物和托盘可在货架上滑动。货架分固定货架和移动货架。

（3）自动化立体仓库。自动化立体仓库指出入库用运送机械存放取出，用堆垛机等设备进行机械化、自动化作业的高层货架仓库。

2.2.2 仓库设置的原则

仓库建设规划是从空间和时间上对仓库的新建、改建和扩建进行全面系统的规划。仓库建设代表一个企业在赢得时间与地点效益方面所做出的努力，在一定程度上反映了企业的经济实力和生产能力。另外，仓库的合理规划和建设会对一个企业、一个地区，甚至一个国家和区域的物流活动产生深远的影响。仓库的设置具有很多特定的功能，这些功能得以实现的前提是企业要在最初的仓库设置过程中依据下面的原则选择仓库的位置和规划仓库的布局。

1. 一致性和长远性

仓库的规划与建设必须与服务对象、经济地理条件、生产力发展水平和发展规划相一致，使仓库建成之后能够满足企业或地区的需求，适应当地生产力的发展水平。

另外，仓库的规划和建设要具备一定的战略眼光。仓库的建设需要花费相当大的固定成本，且建成后很难发生改变，而仓库规划和建设不仅要满足当前企业的需要，还要考虑企业和地区今后的发展规模和发展趋势。因此，仓库规划要遵守长远性、战略性的原则。

2. 服务性

物流基础设施设备的建设水平是制约物流服务水平的主要因素。仓储本身就是服务性活动，仓库的建设也为了满足生产和流通的需要，因而仓库的设置必须符合市场需求及客户的服务要求。服务不足和服务超前都会影响企业的物流服务能力，这显然不能满足企业仓储系统建设的要求和目的。

3. 经济性

仓库规划与建设会占用大量固定成本，对所属企业和地区也会产生长期的影响，因而仓库规划除了考虑可行性和适用性外，还要充分考虑经济效益，使成本投入和效益产出尽量满足企业的营运目标。仓库建设和规划的成本主要包括库区建设费、设备配置费和人工费用等。

4. 科学性和可行性

仓库规划和建设必须在考虑当地生产力发展水平的基础上，考虑实际需求，应用科学合理的方法和原理，进行项目的分析、计算，提出可行性方案，再通过项目评估和比较，选择最优方案。另外，在应用科学方法和原理进行规划的同时，还要考虑企业或地区的实际状况，使之与整体的物流系统水平相协调，并在资金、仓储设施设备、仓储技术、管理等各方面具有较强的可行性。

2.2.3　仓库选址

仓库选址程序由于受环境、方法和相关政治问题的影响而变得相当复杂。

在电子商务不断发展的今天，各快递公司都将触角伸向了仓储领域，试图打通仓储和快递，提供仓配一体化的服务。例如，圆通新龙电子商务有限公司目前含加盟仓在内共建了 19 个物流仓，覆盖 15 个城市，整体面积达到十几万平方米，接下来会往电商比较集中的二三线城市延伸。在仓库选址上，该公司再次显示出其网络化优势，仓库一般不会离快递的转运中心很远：上海的仓库和转运中心只有 20 分钟车程，北京的一个仓库和转运中心只有五六分钟车程，还有一个仓库与转运中心就在楼上楼下。同时，该公司正在努力将仓库与快递的转运中心打通，这样交货时效性更高。

利用科学、有效的方式选择要建造的仓库的地理位置，这个选择过程称为仓库选址。仓库地点的确定对于企业的运营和发展具有重要意义。

仓库的地址选择不仅仅是一个位置的问题，选址还会大大影响企业进行生产流通的成本，如运输成本、保管成本、设施建设成本等。另外，仓库的选择也对其服务能力和水平具有重要影响。因此，仓库选址既要考虑仓库本身建设和运行的总成本，又要考虑仓库建成后的运送速度和服务能力。

1．仓库选址策略

（1）市场定位策略（Market-Positioned Strategy）。市场定位策略是指将仓库选在离最终用户最近的地方。仓库的地理定位接近主要客户会加长供应商的供货距离，却缩短了向客户进行第二程运输的距离，这样可以提高客户服务水平。

市场定位策略最常用于食品分销仓库的建设，这些仓库通常接近所要服务的各超级市场的中心，使多品种、小批量库存补充的经济性得以实现。制造业的生产物流系统把零部件或常用工具存放在生产线旁边也是对市场定位策略的应用，它可以保证“适时供应”。

影响这种仓库位置的主要因素包括运输成本、订货周期、产品敏感性、订货规模、当地运输的可获得性和要达到的客户服务水平。

（2）制造定位策略（Production-Positioned Strategy）。制造定位策略是指将仓库选在接近产地的地方，通常用来集运制造商的产成品。产成品从工厂被移送到这种仓库，再从仓库将全部种类的物品送给客户。这些仓库的基本功能是支持制造商采用集运费率运输产成品。

对于产品种类多的企业，产成品运输的经济性来源于大规模整车和集装箱运输。同时，如果一个制造商能够利用这种仓库以单一订货单的运输费率为客户提供服务，它还能获得竞争差别优势。

影响这种仓库位置的主要因素包括原材料的保存时间、产成品组合中的品种数、客户订购的产品种类和运输合并率。

（3）中间定位策略（Intermediately Positioned Strategy）。中间定位策略是指把仓库选在最终用户和制造商之间的中点位置。中间定位仓库的客户服务水平通常高于制造定位仓库，但低于市场定位仓库。企业如果必须提供较高的服务水平和提供几个供应商制造的产品，它就需要采用这种策略，为客户提供库存补充和集运服务。

仓库选址所要考虑的因素在某些情况下非常简单，而在某些情况下却异常复杂，尤其是对关系国计民生的战略储备仓库进行选址时，这种复杂性就更加突出。

2．仓库选址的基本思路

（1）选择地区。一个国家的不同地区、不同城市的生产力发展水平可能存在较大差异，所以，选择地区时要把握以下因素：① 企业目标。② 地区吸引力，包括文化、税收、气候等因素。③ 劳动力供应及其成本。④ 公用设施的供应及其成本。⑤ 土地及建筑成本。⑥ 环境管理措施，因为环境管理等非量化因素可能会对仓库选址产生更为显著的影响。

（2）选择具体位置。一个城市的东西南北各个方位均存在各种差异，在选择建库地址时要注意的因素包括：① 场所的大小和成本。②（高速）公路、铁路、水路和空运系统。③ 与外部协作方的距离。④ 环境影响因素，包括地形、地质、气象、污染源及污染程度等。⑤ 劳动力的态度。

3. 仓库选址的步骤

（1）调查准备。

1）组织准备。由投资策划方组织相关的工程技术人员、系统设计人员和财务核算人员成立一个专门的工作小组。

2）技术准备。根据拟新建仓库的任务量大小和拟采用的储存技术、作业设备对仓库需占用的土地面积进行估算；调查了解仓库所处地区的自然环境、协作条件、交通运输网络，以及地震、地质、水文、气象等资料。

3）现场调查。现场调查的主要任务是具体考察拟建仓库地点的实际情况，为提出选址报告掌握第一手资料，并进行综合分析，确定多个备选地址。

（2）提出选址报告。仓库选址报告应该包括以下内容。

1）选址概述。这一部分要简单扼要地阐述选址工作组的组成、选址工作进行的过程、选址的依据和原则，简单介绍可供选择的几个地点，并推荐一个最优方案。

2）选址要求及主要指标。这一部分说明为了适应仓库作业的特点、完成仓储生产任务，备选地址应满足的基本要求和各备选地址满足要求的程度；列出选址的主要指标，如仓库总占地面积、仓库存储能力、仓库职工总数、水电需用量等。

3）库区位置说明及平面图。这一部分说明库区的具体方位，四周与主要建筑物及大型设施的距离，附近的地形、地貌、地物等，并画出区域位置图。

4）建设时占地及拆迁情况。这一部分说明仓库建设占地范围内的耕地情况、拆迁户数及人口数；估算征地和拆迁费用。

5）当地地质、地震、气象和水文情况。这一部分包括备选地的地质情况、地震烈度、气温、降水量、汇水面积、历史洪水水位等。

6）交通及通信条件。这一部分要说明备选地的铁路、公路、水运及通信的设施条件和可利用程度。

7）地区协作条件。这一部分要说明备选地的供电、供水、供暖、排水等协作关系及职工福利设施共享的可能程度。

8）方案对比分析。这一部分对提出的几个备选地址依照已经确定的原则和具体指标进行对比分析，分析每个仓库方案的利弊得失。

4. 评估选址方案的方法

（1）确定单一仓库地址。在现有仓库中确定一个仓库时，可用总距离最短、总运输周转量最小、总运输费用最小来评估。确立一个新的仓库地址时，可用因素比重法、重心法、盈亏平衡分析法、微分法和运输模型法进行评估。

选址中要考虑的因素很多，但总有一些因素比另一些因素相对重要。决策者要判断各种因素孰轻孰重，从而使评估更接近现实。我们把这种评估方法称为“因素比重法”。这种方法有以下六个步骤。

1）列出所有相关因素。

2）赋予每个因素以权重，以反映它在决策中的相对重要性。

3）给每个因素的打分取值设定一个范围。

4）用第 3 步设定的取值范围给每个地址打分。

5）将每个因素与权重相乘，计算每个备选地址的得分。

6）确定最优方案。

重心法也是一种评估选址方案的方法，是单设施选址中常用的模型。该方法的选址因素只包括运输费率和该点的货物运输量，它在数学上被归纳为静态连续选址模型。

该方法的原理是，假设有一系列点分别代表供应商和需求商的位置，它们分别有一定量的物品需要以一定的运输费率运往待定仓库或从仓库运出，那么，我们可以应用下面的公式确定仓库的位置：

$$\min \mathrm{TC}=\sum_i V_i R_i d_i$$

式中　TC——总运输成本；

V_i——i 点的运输量；

R_i——到 i 点的运输费率；

d_i——从拟建的仓库到 i 点的距离。

$$d_i=\sqrt{(x-x_i)^2+(y-y_i)^2}$$

式中　x, y——新建仓库的坐标；

x_i, y_i——供应商和需求点位置坐标。

（2）确立多个仓库地址。对于大多数企业而言，在规划仓库网点时要决定两个或多个仓库的选址问题。这个问题虽然很复杂，而且解决方法都并不完善，但选择的一些方法还是非常具有参考价值的，如精确法、多重心法、混合-整数线性规划法、模拟法、启发法等。

2.2.4　仓库总体布局

1．仓库总体布局的构成与影响因素

仓库总体布局是指在城市规划管理部门批准使用地的范围内，按照一定的原则，把仓库的各种建筑物、道路等各种用地进行合理协调的系统布置，使仓库的各项功能得到充分发挥。

（1）仓库的构成。仓库由储运生产区、辅助生产区和行政商务区构成。储运生产区主要进行装卸货、入库、拣选、流通加工和出库等作业，这些作业一般具有流程性的前后关系。辅助生产区和行政商务区主要进行计划、协调、监督、信息传递和维修等活动，它们与各储运生产区存在作业上的关联性。

（2）影响仓库总体布局的主要因素。影响仓库总体布局的主要因素有以下几个方面。

1）周围环境。仓库周围的环境包括四邻及附近产生有害气体、固体微粒、震动等情况，以及交通运输条件和协作方的分布等。

2）存货特点。存货特点指仓库建成后存放的物品性质、数量及所要求的保管条件。

3）仓库类型。仓库类型指仓库本身的性质特点，如综合仓库与专业仓库具有明显的不同。

4）作业流程。作业流程指仓库作业的构成及相互关系。

5）作业手段。自动化、机械化和人工作业在布局方面具有质的区别。

2. 仓库总体布局的基本原则

在进行仓库总体布局时应遵循以下基本原则。

（1）便于储存保管。仓库的基本功能是对库存物品进行储存保管。总体布局要为保管创造良好的环境和提供适宜的条件。

（2）利于作业优化。仓库作业优化是指提高作业的连续性、实现一次性作业、减少装卸次数、缩短搬运距离，使仓库完成一定的任务所发生的装卸搬运量最少；同时要注意各作业场所和科室之间的业务联系和信息传递。

（3）保证仓库安全。仓库安全是一个重要的问题，其中包括防火、防洪、防盗、防爆等。总体布局必须符合安全部门规定的要求。

（4）节省建设投资。仓库中的延伸性设施，如供电、供水、排水、供暖和通信等，对基建投资和运行费用的影响很大，所以应该尽可能集中布置。

图 2-4 是一个仓库平面布局的例子。

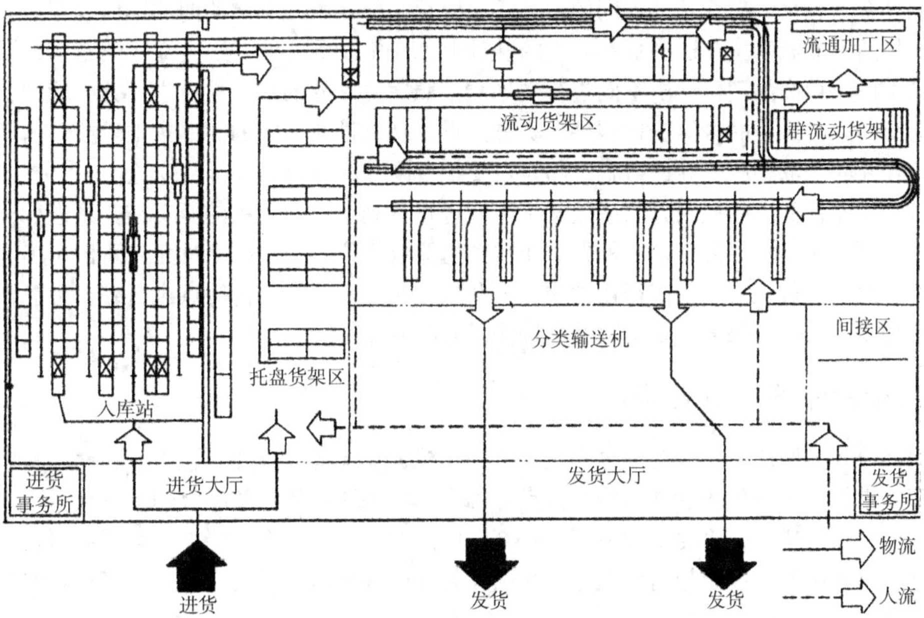

图 2-4 仓库平面布局

2.3 商品存储规划

不管是连锁企业的仓库还是生产制造企业的仓库，甚至第三方物流企业的仓库，它们都在不同时期出现过这种状况，即“不管仓库有多大，总能堆满货物，库位有多大，库存就多大”。这犹如人们居家过日子，房子再大，随着时间的推移，人也会觉得空间不够用。

在这种情况下，如何打理仓库的库存，理出庞大的库存管理头绪就显得十分重要，而解决这些问题的有效途径就是合理的保管场所划分和堆垛设计。

2.3.1 商品保管场所的分配

商品保管场所的分配是指在仓库作业区域内，为库存商品分配适当的存放地点的过程。进行商品保管场所分配的目的是在仓储过程中能够做到物得其所，库尽其用，地尽其力。商品保管场所分配是一个仓库空间利用和库存商品处置成本之间如何进行平衡的问题。它直接影响仓库进出库作业的流畅性和进出库作业与保管作业的成本。

商品进入仓库的第一步就是选择存放场所。保管区域的划分是指按照库存商品的性质划分类别，根据各类商品存储量的计划任务，结合各种库房、货场、起重运输设备的具体条件，确定各库房和货场的分类存储方案。

保管区域的划分要依据货物和存储场所的实际情况，根据货物的周转规律和物资保管的类别、品种、数量及对保管、装卸搬运和运输条件的要求进行划分。例如，存放在同一货区的商品必须具有互容性、保管条件不同的商品不应混存、作业手段不同的商品不应混存、灭火措施不同的物品不能混存。在这些基本原则的基础上，应用以下几种方法实施区域的划分管理。

（1）按库存商品理化性质不同进行规划。按照库存商品的理化性质进行分类管理，如可划分为纺织品区、冷藏品区等。在这种分类方式下，理化性质相同的商品集中堆放，这样便于仓库对库存商品采取相应的养护措施，同时也便于对同种库存商品进行清仓盘点。

（2）按库存商品的使用方向或按货主不同进行规划。根据商品的所有权关系进行分区分类管理，以便仓库发货。但是，这种方式非常容易造成货位的交叉占用及商品间相互产生影响。

（3）混合货位规划。对按理化性质分类和按使用方向分类的优缺点进行综合考虑，对通用商品按理化性质分类保管，专用商品则按使用方向分类保管。

2.3.2 商品保管场所的布局

商品保管场所的布局是指按照一定的原则，根据仓库场地条件、仓库业务性质和规模、物资储存要求及技术设备的性能和使用特点等因素，将各种待储存商品合理地分布在库房、货棚和货场的平面与空间，以便最大限度地提高仓库的储存能力和作业能力，降低各项仓储作业费用。仓库的货区布局和规划是仓储业务和仓库管理的客观需要，其合理与否直接影响各项工作的效率和储存物资的安全。

保管场所的布局应满足下列要求：最大限度地提高保管场所的平面利用率和空间利用率；有利于提高商品保管质量；符合技术作业过程的要求，便于日常查点和收发；便于机械化作业。

一般情况下，保管场所的布局是为了提高仓库平面和空间利用率，保证商品的保管质量，方便进出库作业，从而降低商品的仓储处置成本。商品保管场所的布局主要有平面布局和空间布局两种形式。

1. 平面布局

平面布局是指对货区内的货垛、通道、垛间距、收发货区等进行合理的规划，并正确处理它们的相对位置。平面布局的形式可以概括为垂直式布局和倾斜式布局两种。

（1）垂直式布局。垂直式布局是指货垛或货架的排列与仓库的侧墙互相垂直或平行，具体包括横列式布局、纵列式布局和纵横式布局。

1）横列式布局。横列式布局指货垛或货架的长度方向与仓库的侧墙互相垂直。这种布局的主要优点是主通道长且宽、副通道短、整齐美观、便于存取查点，如果用于库房布局，还有利于通风和采光，如图 2-5 所示。

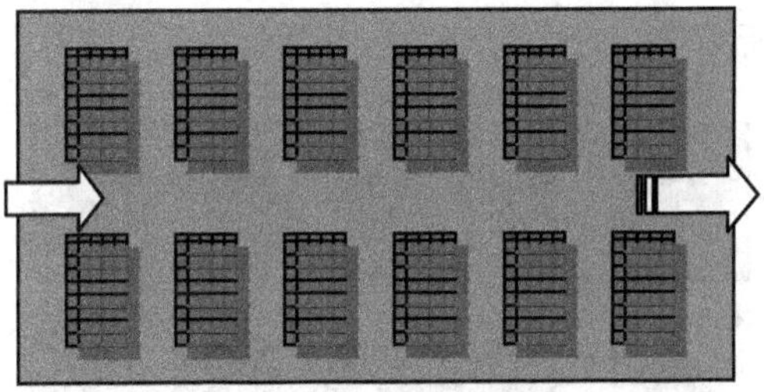

图 2-5　横列式布局

2）纵列式布局。纵列式布局指货垛或货架的长度方向与仓库侧墙平行。这种布局的优点主要是可以根据库存物品在库时间的不同和进出频繁的程度安排货位，使在库时间短、进出频繁的商品放置在主通道两侧，在库时间长、进出不频繁的商品放置在里侧，如图 2-6 所示。

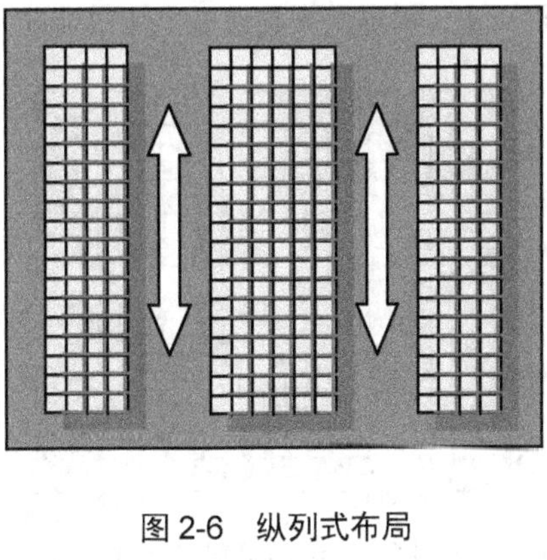

图 2-6　纵列式布局

3）纵横式布局。纵横式布局指在同一保管场所内，横列式布局和纵列式布局兼而有之，可以综合利用两种布局的优点，如图 2-7 所示。

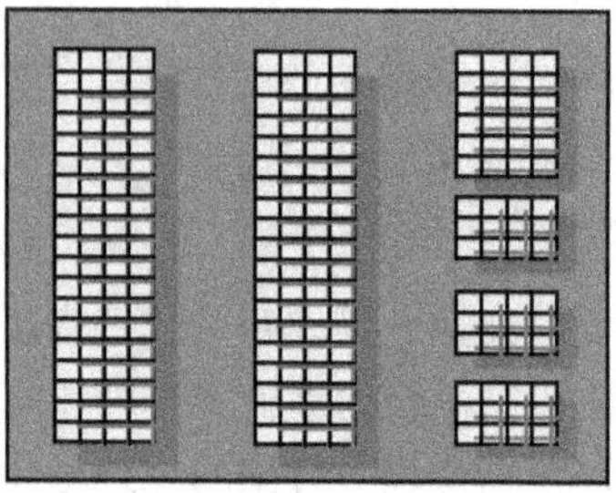

图 2-7　纵横式布局

（2）倾斜式布局。倾斜式布局是指货垛或货架与仓库侧墙或主通道成小于 90 度的夹角，主要包括货垛倾斜式布局和通道倾斜式布局。

1）货垛倾斜式布局。这种布局的优点是便于叉车作业、缩小叉车的回转角度、提高作业效率。其布局形式如图 2-8 所示。

图 2-8　货垛倾斜式布局

2）通道倾斜式布局。通道倾斜式布局指仓库的通道斜穿保管区，把仓库划分为具有不同作业特点的区域，如大量存储和少量存储的保管区等，以便进行综合利用。这种布局形式的优点是仓库内形式复杂、货位和进出库路径较多，缺点是夹角位置往往很难进行货物的装卸，如图 2-9 所示。

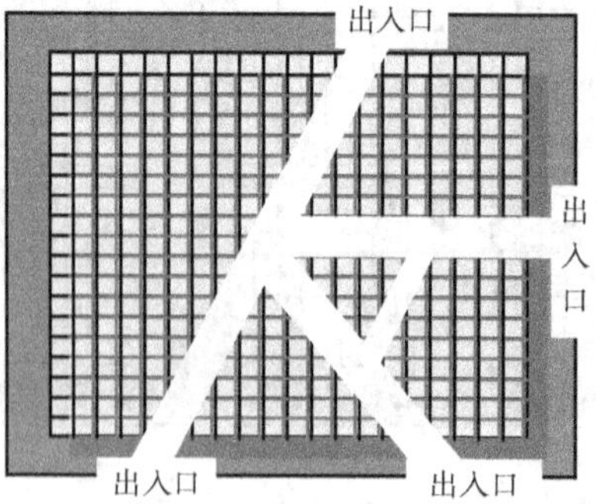

图 2-9　通道倾斜式布局

2. 空间布局

空间布局是指库存物品在仓库立体空间上的布局，其目的在于充分有效地利用仓库空间。空间布局的主要形式有就地堆码、上货架存放、加上平台、空中悬挂等。其中使用货架存放物品有很多优点，概括起来主要有以下几个方面。

（1）便于充分利用仓库空间，提高库容利用率，扩大存储能力。

（2）物品在货架里互补挤压，有利于保证物品本身和其包装完整无损。

（3）货架各层中的物品可随时自由存取，便于做到先进先出。

（4）物品存入货架可以防潮、防尘，某些专用货架还能起到防损伤、防盗、防破坏的作用。

2.3.3　商品堆垛设计

商品堆垛是指根据商品的包装、外形、性质、特点、种类和数量，结合季节和气候情况，以及储存时间的长短，将商品按一定的规律码成各种形状的货垛。堆垛的主要目的是便于对商品进行维护、查点等管理，提高仓库利用率。

1. 商品堆垛的设计原则

（1）分类存放。分类存放是仓库储存规划的基本要求，是保证物品质量的重要手段，因此也是堆垛需要遵循的基本原则。不同类别的物品需要分类存放，甚至需要分区分库存放；不同规格、不同批次的物品也要分位、分堆存放；残损物品要与原货分开存放；对于需要分拣的物品，分拣之后应分位存放，以免混串。此外，分类存放还包括不同流向物品、不同经营方式物品的分类存放。

（2）选择适当的搬运活性。为了减少作业时间与次数，提高仓库物流速度，应该根据物品作业的要求，合理选择物品的搬运活性。对搬运活性高的入库物品也应注意摆放整齐，以免堵塞通道、浪费仓容。

（3）面向通道，不围不堵。货垛及存放物品的正面要尽可能面向通道，以便查看；所有物品的货垛、货位都应有一面与通道相连，处在通道旁边，便于对物品进行直接作业。只有当所有的货位都与通道相通时，才能保证不围不堵。

2. 商品堆垛的操作要求

（1）牢固。操作工人必须严格遵守安全操作规程，防止建筑物超过安全负荷量。码垛时必须不偏不斜，不歪不倒，牢固坚实，与屋顶、梁柱、墙壁保持一定的距离，确保堆垛的安全和牢固。

（2）合理。不同商品的性能、规格、尺寸不相同，码垛时应采用各种不同的垛形。不同品种、产地、等级、批次及单价的商品，应分开堆码，以便收发、保管。货垛的高度要适度，不能压坏底层商品和地坪，并与屋顶、照明灯保持一定距离；货垛的间距、走道的宽度、货垛与墙面和梁柱的距离等都要合理、适度。垛距一般为 0.5 ~ 0.8m，主要通道为 2.5 ~ 4m。

（3）整齐美观。货垛应按一定的规格、尺寸叠放，排列整齐、规范。商品包装标识应一律向外，便于查找。

（4）定量。商品储存量不应超过仓储定额，即应储存在仓库的有效面积、地坪承压能力和可用高度允许范围之内。同时，应尽量采用“五五化”堆码方法，便于记数和盘点。

（5）节约。堆垛时应注意节省空间位置，适当、合理地安排货位的使用，提高仓容利用率。

（6）货垛“五距”要求。货垛“五距”应符合安全规范要求。货垛的“五距”指的是垛距、墙距、柱距、顶距和灯距。垛距是指货垛与货垛之间的必要距离，库房垛距一般为 0.3 ~ 0.5m，货场垛距一般不少于 0.5m。墙距是指货垛与墙壁之间的距离。它的作用是防止库房墙壁和货场围墙上的潮气对商品造成影响，同时便于散热通风、消防工作、建筑安全、收发作业等。墙距可分为库房墙距和货场墙距，其中库房墙距又分为内墙距和外墙距。内墙距是指货物离没有窗户的墙体的距离，此处潮气相对较少，一般距离为 0.1 ~ 0.3m；外墙距是指货物离有窗户的墙体的距离，这里湿度相对较大，一般距离为 0.1 ~ 0.5m。柱距是指为了防止库房柱子的潮气影响货物、保护仓库建筑物的安全而保留的距离，一般为 0.1 ~ 0.3m。顶距是指货垛堆放的最大高度与库房、货棚屋顶横梁间的距离，一般为 0.5 ~ 0.9m，具体距离视情况而定。灯距是指货垛与照明灯之间的必要距离，按规定应保持不少于 0.5m 的安全距离。

3. 商品堆垛的相关概念

（1）垛基。垛基是货垛的基础，其主要作用是：承受整个货垛的重量，将物品的垂直压力传递给地基；将物品与地面隔开，起到防水、防潮和通风的作用；垛基空间为搬运作业提供方便条件。因此，对垛基的基本要求是：将整垛货物的重量均匀地传递给地坪；保证良好的防潮和通风条件；保证垛基上存放的物品不发生变形。

（2）货垛参数。货垛参数是指货垛的长、宽、高，即货垛的外形尺寸。

通常情况下，需要首先确定货垛的长度。例如，长形材料的尺寸长度就是其货垛的长度，包装成件物品的垛长应为包装长度或宽度的整数倍。货垛的宽度应根据库存物品的性质、要求的保管条件、搬运方式、数量多少及收发制度等来确定，一般多为两个或五个单位包装。货垛高度主要根据库房高度、地坪承载能力、物品本身和包装物的耐压能力、装卸搬运设备的类型和技术性能，以及物品的理化性质等来确定。在条件允许的情况下，应尽量提高货垛的高度，以提高仓库的空间利用率。

4. 垫垛

垫垛是指在物品码垛前，在预定货位的地面位置使用衬垫材料进行铺垫。常见的衬垫物有枕木、废钢轨、货架板、木板、钢板等。

（1）垫垛的目的。垫垛的目的包括使地面平整；使堆垛物品与地面隔开，防止地面潮气和积水浸湿物品；通过强度较大的衬垫物使重物的压力分散，避免损害地坪；使地面杂物、尘土与物品隔开；形成垛底通风层，有利于货垛通风排湿；使物品的泄漏物留存在衬垫之内，防止其流动扩散，以便收集和处理。

（2）垫垛的基本要求。垫垛的基本要求包括所使用的衬垫物不会对拟存物品产生不良影响，并具有足够的抗压强度；地面要平整坚实，衬垫物要摆放平整并保持同一方向；衬垫物间距适当，直接接触物品的衬垫面积与货垛底面积相同，衬垫物不伸出货垛外；衬垫物要有足够的高度，露天堆场要达到 0.3～0.5m，库房内 0.2m 即可。

（3）衬垫物数量的确定。衬垫物的使用量除考虑将压力分散在仓库地坪载荷限度之内外，还需要考虑这些库用耗材所产生的成本。因此，需要确定使压力小于地坪载荷的最少衬垫物数量。其计算公式为：

$$n = \frac{Q_{物}}{l \times w \times q - Q_{自}}$$

式中　n——衬垫物数量；

$Q_{物}$——物品重量；

l——衬垫物长度；

w——衬垫物宽度；

q——仓库地坪承载能力；

$Q_{自}$——衬垫物自重。

2.4 仓库作业管理

连锁企业的仓库作业管理是配送中心业务操作的核心内容，其每个作业环节都是配送中心运作的主要环节。仓库作业的主要内容包括入库作业、在库保管和出库作业三个阶段，如图 2-10 所示。这三个阶段涉及商品的多个作业操作，这些具体的作业环节都是互相联系、互相制约的，因此，只有合理细致地对作业流程进行分析和组织，配送中心的业务才能顺利完成。

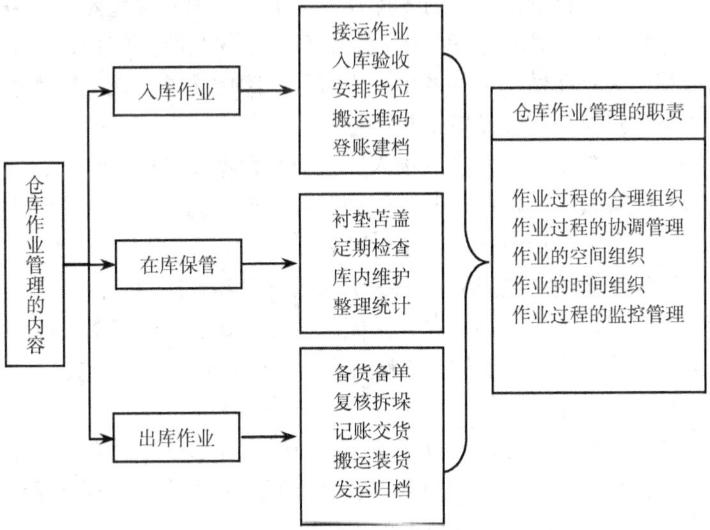

图 2-10　连锁企业仓库作业管理的内容

仓库作业管理就是对上述三个阶段的多种业务操作进行统一有效的管理。其主要的管理职责包括仓库作业过程的合理组织管理、仓库作业过程的协调管理、仓库作业的空间和时间的组织，以及仓库作业过程的监控管理。以下分别从入库验收、出库管理和仓位管理来论述仓库作业管理的重点内容。

2.4.1 入库验收

商品运输完成后到达配送中心仓库的第一步工作就是入库。入库是仓储作业的开始阶段。入库验收主要包括入库前的准备、商品接运和商品验收等。

1. 入库前的准备

商品入库准备工作对商品仓储工作的质量起到至关重要的作用。在商品到达之前，仓库管理人员必须根据合同或客户的要求及时、细致地对货物的货位、劳动力、物力等方面进行安排和协调，保证货物能够顺利入库。商品入库的准备工作主要有以下几项。

（1）熟悉入库商品和仓库状况。入库操作和管理人员必须通过认真查阅相关资料或询问货主的方式了解商品的相关信息，如商品名称、商品物理化学特点、规格数量、到库时间、保管要求等。另外，还要了解仓库库场的相关信息，如货物入库场所的设置、库位分布、库存数量、设备人员分配变动情况等。了解这些信息的目的是能够更快更好地安排和完成新的入库货物的库位安排，以及今后保管保养措施的制定。

（2）制定仓库作业计划。仓库工作人员根据要到达货物的特点和仓库状况制定相应的仓储工作计划，并及时将工作计划下达给相关部门，使之得到执行。

（3）安排货位。安排货位是进行入库作业之前的一项非常重要的准备工作。工作人员要根据了解到的入库货物的信息和仓库状况及时合理地安排货物的储位，保证货物按照仓储的原则进行保管和保养，并且要便于货物的出入库操作。除此之外，在货物到达之前，还要做好储位的清理和维护工作，保证相关设备正常运行。

（4）组织人力，准备工具。在货物入库之前，根据仓储作业计划，安排相应的工作人员进行装卸、搬运、检验及堆码作业；同时要准备好进行堆码、入库操作时用到的工具、设备及材料，如搬运车、托盘、检测工具、苫盖材料等。

（5）确定装卸搬运的工艺流程。根据货物的特点和仓储保管的环境与条件，仓储部门要对货物的入库作业流程进行设计和制定，保证用尽可能高的工作效率完成作业。

（6）相关文件单证的准备工作。货物入库前，需要准备各类相应的报表、单据、记录簿等，以备货物到达后方便取用。

商品入库前的准备工作必须认真、准确、及时地完成。不同仓库、不同行业的仓储作业规范不太相同，所以准备工作的多少和内容也会有所差别。我们要从企业的实际情况出发，认真做好入库前的准备工作，提高仓储作业的工作效率。

2．商品接运

准备工作就绪之后，下一步就是接运。接运地点不同，接运形式也就不同。接运形式主要有四种：码头、车站接货；铁路专用线接货；仓库自行接货；库内接货。

3．商品验收

货物到达仓库后必须经过验收，符合企业各项预定标准的货物才能准许入库。验收商品可以根据以下几项标准来进行：采购合同和订单规定的相关信息；采购时确定的样本；采购合同中的规格和图解；货物的国际或国家品质标准。

商品的入库验收工作主要包括验收准备、核对验收单据、检验比例确定、实物验收等几个环节。验收工作的具体操作流程如图 2-11 所示。

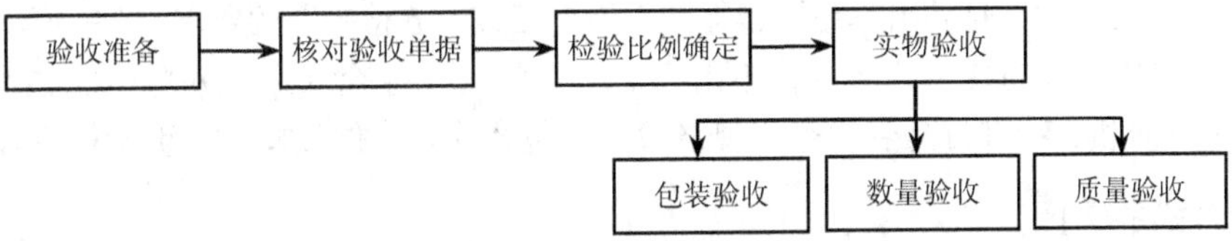

图 2-11　货物验收流程

（1）验收准备。验收准备工作主要是对验收货物的货位、验收工具与设备、验收人员进行准备。具体的准备工作主要包括以下几个方面：收集验收标准和有关要求；准备验收的工具、仪器及设备等，保证设备、仪器准确可靠；准备相应的人员配备和防止意外的防范用品。

（2）核对验收单据。商品验收的单据主要是供货商提供的入库通知单、质量保证书、装箱单、说明书、保修卡及合格证，特殊货物还须出示相关商检部门的检验证明。另外，验收单据还包括承运人提供的运输单据，如提货通知单、货运交接单、货物运输记录等。验收时必须保证这些单据与相关资料相对应，若出现不符或缺失的情况，应及时向有关部门反映并解决问题。

（3）检验比例确定。在最初签订仓储合同时，仓储双方当事人已对检验条款做出了明确的规定，双方只需按照合同相关条款的要求选择合理的检验比例。如果合同没有规定该条款，仓库管理人员应根据具体的情况确定合适的比例，如商品的数量、厂家的信誉、商品存放时间的长短、生产技术等，这些因素都影响商品检验比例的确定。

（4）实物验收。实物验收是仓库管理验收的核心，主要包括对商品的数量、质量及包装的验收。商品的数量验收往往采取计件、称重、量体积三种形式，一次确认商品实际数量与合同及其他单据的一致性。质量检验主要是对商品的外观和化学特性进行检验，保证货物的质量符合相关规定。包装检验是通过感官对商品在运输过程中是否有包装损坏进行校验，包装完整、标志清晰的商品才能准许入库。

商品验收的方法有很多种，我们可以通过感官验收，也可以用仪器验收。具体来讲，商品验收的方法主要有视觉检验、听觉检验、触觉检验、嗅觉检验、味觉检验、应用仪器检验、货物自行运行检验等。

2.4.2 出库管理

商品的出库管理是指配送中心在接到连锁门店的出库凭证或发货凭证之后，根据相关单据的信息，进行备货、点交、发放等活动。出库业务是仓库保管活动的结束，也是运输活动的开始。为了保证仓库能够高效、合理地完成出库作业，工作人员必须依据出库计划，合理组织每项活动，才能保证任务按质按量完成。

1. 仓库的出库要求

仓库管理人员必须依据业务部门或货主开具的“商品调拨通知单”或“提货单”才能允许商品出库。仓库出库业务必须符合以下几项要求：① 符合仓储的程序要求。② 按照单据发货。③ 坚持先进先出的原则。④ 及时记账。⑤ 保证安全。⑥ 准确无误。

另外，在具体操作时，商品出库还要遵循“三不、三核、五检查”的要求。“三不”是未接单据不翻账、未经审单不备库、未经复核不出库；“三核”是核实凭证、核对账卡、核对实物；“五检查”是对单据和实物进行品名检查、规格检查、包装检查、件数检查、重量检查。

2. 出库方式的选择

连锁企业的物流活动中，常见的商品出库方式主要有配送中心自行送货、连锁门店提货、过户、取样、转仓等几种。

（1）配送中心自行送货。这种方式是根据各连锁门店送来的发货凭证或备货单，仓库进行货物的配送、包装、集中和理货等准备作业，并将货物交给运输部门，由运输部门将货物送到各连锁门店指定的收货地点。

（2）连锁门店提货。这种方式是连锁门店按照发货凭证，用连锁门店自己的运输工具到配送中心提货，仓库的管理员按证配货，经复核后当场开具交接手续。

（3）过户。这种方式是指货物并未发生出库，但货物的所有权已经由供应商转移到各连锁门店。这种形式的出库只有在原货主开具正式过户凭证的基础上才能办理，其过程只是手续的办理，并没有实体的出库活动。

（4）取样。这种方式是指由于某些特殊的需要，企业有的时候须从配送中心的仓库中提取部分货物作为样品进行展销。仓库管理员要根据正式的取样凭证发放样品，并做好相关记录。这种情况常见的就是商品参展取样或商品抽检取样。

（5）转仓。这种方式是指货物从某一仓库移到另一仓库继续进行保管的活动。转仓的目的一般是满足仓库保管的业务需要，或者应货主提出的相关要求而进行转仓。仓储企业的转仓一般有企业内部转仓和企业外部转仓两种。企业内部转仓的依据是仓库开具的移仓单；企业外部转仓则要根据货主填制的正式的货物转仓单进行发货和结算，并做好相关的信息记录。

3. 出库作业流程

任何时候都要依据准确、及时、安全的要求完成出库操作。在此要求下，按照图 2-12 所示流程进行作业，具体介绍如下。

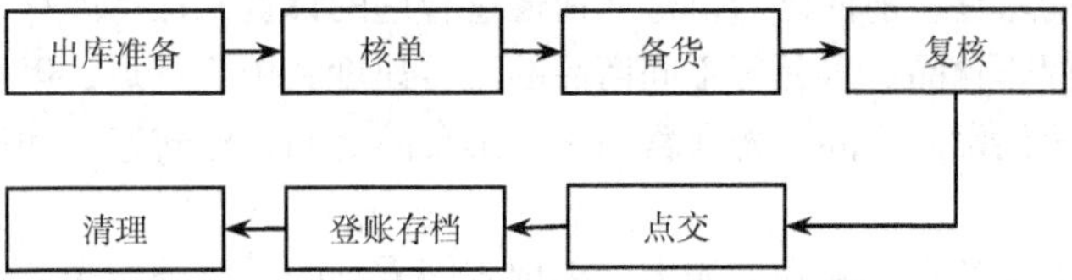

图 2-12　出库作业流程

（1）出库准备。货物在出库之前，工作人员必须按照供应商、连锁企业及某些业务部门的要求，做好出库的准备工作，防止出库过程中发生差错，保证出库的顺利进行，提高工作效率。一般情况下，按照下列程序做好出库准备工作。首先，做好物品准备，如对货物出库的包装情况进行检查和整理，对不符合要求的应重新进行包装和加固。其次，做好物品的标志和标记，需要拼装和拆分的，要按照要求提前做好，以节省出库作业的时间。再次，做好单据的准备工作和工作人员的分配。最后，制定出库计划，保证整个出库作业能够顺利进行，提高仓库的工作效率和人员设备的利用率，降低作业成本。

（2）核单。商品出库前要审核各个出库单及其他相关单据的真实性和合法性。在此基础上，核对单据的相关商品信息和出库信息，防止出现以假乱真的现象。

（3）备货。出库备货应根据“先进先出、易霉易坏的货物先出、生产日期早的先出”的原则，重新进行检验和计量，并将货物搬运到出库暂存区进行备运。

（4）复核。复核指货物出库时，为了防止出错进行的二次检验。在仓库中的复核一般包括人工复核和 RF 复核两种形式。人工复核是指不借助任何设备，由劳动力进行检验和校对的复核方式；RF 复核是指应用无线射频终端对货物进行复核的方式。复核工作在商品出库中十分重要，它可以防止货物错发、漏发和重发的事故发生。

（5）点交。货物包装并复核后，若由各连锁企业门店自行提货或代运，仓库则要核对发放凭证（出库单）、全面复核、查对，当面向提货人员或运输人员进行交接清点；若由仓库送货，则由仓库保管机构移交运输机构。

（6）登账存档。点交结束后，仓库管理员要将相关信息进行记录，如实发货物时间、数量等，并签名；如有信息系统，则要在信息系统中进行记录。记录完毕，将有关单据交给货主，办理货款结算等事项。

（7）清理。出库结束之后，货物存放区域、系统账目、系统档案都会发生变化。工作人员要对货物存放区域进行整理，收集堆码、苫盖、衬垫的材料并置于存放区；另外，还要核对账目，更新系统信息，并对出库的后续问题进行处理和记录。

2.4.3　仓位管理

在有限的空间里，尤其在节日期间，如何保持仓位的充分利用、节约费用、提高空间利用率，应做到以下几点。

（1）保持合理的库存。前面已经讲过如何通过合理的订货来保持库存，物流经理必须有相当的销售知识，掌握非食品、食品等不同商品的流转速度和销售特点，以便于控制库存总量。如一般消费品和快速消费品之间、普通食品和生鲜食品之间，流转速度和消费的季节差别都很不同。

（2）合理利用现有的空间和仓储能力。根据不同商品的特质和存放要求不同，合理使用现有的仓储空间。如玻璃制品的堆高和纺织品不同，电冰箱的堆高和办公用品不同，干货类食品的堆高和饮料也不同。另外，不同商品存放的地点、温度的条件也不同，如冷冻品必须存放在冷冻库里，冷冻库要求零下 18℃左右，但是冷藏品就不能存放于冷冻库中。还有，冬、夏季酒水不能存放于室外，防止冻破或变质。

（3）必须经常检查仓库和卖场的仓位，及时要求拼仓板和整理仓位。对于过期或包装破损的商品，要及时要求有关部门处理。这里我们要求的是必须用自己的眼睛看，而不是坐在办公室里听，要亲自检查所有的死角。

（4）必须经常检查货架、仓板、叉车、制冷设备的使用情况，发现问题及时要求有关部门进行修理或更换，以维护设备的正常运行。对于经常损坏的设备必须找出具体原因，制订严格的管理改进方案，并且检查督促执行。

2.4.4　仓储定位系统与控制系统

随着科技的发展，仓储的定位和控制管理可以通过定位系统和管理控制系统来完成。这些系统应用条形码、EDI、RFID、传感器、无线通信技术等先进的科学技术，为企业提供实时、准确的库存信息，减少劳动力的投入和出错率。

1．仓储定位系统

目前，我国的大多数仓库中，托盘或货物的位置由工人手写或人工输入计算机进行记录。这种人工方式本身容易出错，工作效率较低，而且在进出流量较大的仓库中，寻找一个储存单元货物是一项非常巨大的工程。采用人工寻找的方式不仅要付出一定的劳动力成本，还增加了额外的寻找时间，从而可能导致生产过程中断及客户订单延期，甚至还会耽误一些食品、药品等货物的保存期限，造成客户的流失和企业信誉的下降。

仓储定位系统可以实现对集装箱、托盘、货箱与物品的全自动化、实时、精确的定位和跟踪。定位系统在仓储管理过程中的作用体现在以下几个方面。

（1）仓储定位系统可以自动识别货物，并记录货物的存放位置，便于货物出入库的操作。有些定位系统可以生成三维的货物存放位置图，使工作人员更加方便形象地查找自己的目标货物。

（2）仓储定位系统还设置了货物的状态和位置出错的报警系统。货物在存放过程中若出现人为的存放位置出错，报警系统会识别出来并自动报警，便于操作人员及时进行更改和作业操作。

（3）仓储定位系统可以通过无线网络实时地进行数据传输和任务分配。仓储中心接收到入库或出库任务后，控制系统会给各个子系统下达相应的命令，同时对作业后的数据和资料进行更新和保存，并进行数据传输，以更新各个部门和系统的数据资料，保证系统作业的实时和准确。

（4）仓储定位系统具有操作简便的特性，可直接在仓储系统货叉车的触摸屏上点击操作，便于工作人员操作、节省劳动力、提高操作准确性。

（5）仓储定位系统还具有一定的记忆和状态报告功能。通过该系统，操作人员可以查看仓库作业的状态及操作记录，便于对系统的工作效率和状态进行分析和汇总。

2．仓储控制系统

随着连锁业的发展，传统的简单、静态的仓储管理已无法保证连锁企业各种资源的高效利用和满足消费者更高的服务要求。如今的连锁配送仓库的作业和库存控制作业呈现出复杂化和多样化的特点，人工记忆和手工录入不但费时费力，而且容易出错，会给连锁企业带来巨大损失。仓储管理软件系统的出现对仓储控制系统的实施起到了至关重要的作用。应用仓储管理信息系统可以有效提高仓库管理的工作效率和质量，降低仓储系统的成本，控制仓库合理库存量及采购数量和时间。

仓储管理信息系统由许多控制功能的软件构成，其功能主要有计划功能、执行功能、基本资料管理功能、仓库管理控制功能、采购管理控制功能、销售管理控制功能、报表生成功能、查询功能等。使用条形码管理系统，可以对仓储各环节实施全过程控制管理，也可对货物货位、批次、保质期、配送等进行条形码标签序列号管理，实现对收货、发货、补货、集货、送货等各个环节的规范化作业，还可以根据客户的需求制作多种合理的统计报表。

2.4.5　仓储合理化

仓储合理化是用经济的经营方法实现仓储的功能，是一项十分复杂、涉及系统各个方面的大工程。

1．仓储合理化管理原则

仓储合理化管理虽然涉及面广，系统工程性强，但一般情况下，不管什么环节的管理，都要遵循以下几个基本的原则。

（1）布局合理的原则。仓库的合理布局是企业进行合理化管理的第一步。在满足企业目标需求的前提下，仓库的布局和规划应该尽可能地减少作业环节，优化搬运线路等。

（2）作业环节协调统一的原则。仓储作业的各个环节是密切联系、相互制约的。在作业过程中，每个环节都会对仓储的总体作业效果产生影响。因此，在仓储作业中，要针对仓储的薄弱和瓶颈环节，采取更多的措施，尽量提高其制约性，从而使整个系统的总体作业效果和能力得到提高。

（3）提高机械化水平、自动化水平原则。仓储系统在设计之初应根据其规模和保管对象，进行机械化、自动化的设计和规划。随着物流技术的不断发展，先进的自动化仓库和自动化仓储设备的投入使用已经为企业在降低成本、提高工作效率等方面起到了很大的作用。因此，提高企业的机械化、自动化水平是仓储合理化管理的重要原则。

（4）优化作业流程的原则。在仓储作业中，应尽可能地减少装卸、搬运、拆垛、堆垛的次数，优化作业流程，提高生产作业效率，同时提高作业时对货物的保护程度。

（5）仓储机动性强的原则。仓储作业的机动性是指我们应用货物的“机动指数”或“搬运指数”衡量仓储货物的机动性，通常用“0～4”表示。机动性越好，指数越高；机动性越差，指数越低。因此，要实现仓储的合理化管理，应尽可能提高货物的搬运指数。

2. 仓储合理化操作

连锁企业的仓库管理是连锁企业配送活动要解决的主要问题，仓储合理化是配送中心追寻的主要目标。对于连锁企业物流活动中的仓储系统而言，其合理化主要体现在仓储物的数量合理化、储存时间合理化、储存网络合理化、储存布局合理化等几方面。因此，我们可以通过质量标志、数量标志、时间标志、分布标志和费用标志判断仓储管理是否合理化。

实施仓储管理合理化必须从以上几个标志出发，做好以下几项工作。

（1）对仓储管理的货物实施分类管理。在仓库中，依实际情况选用不同的货物分类法对货物进行分类，针对不同类型的货物实施不同的保存方法，从而优化仓储管理模式。

（2）提高仓储空间利用率。可以通过采用高层货架、高垛、自动化立体货架等方式，合理布局，提高仓库的利用率，降低存储成本。

（3）采用“先进先出”的原则，尽量缩短商品储存期。

（4）采用先进的库存保养技术，提高货物的在库保养功能和质量。

（5）采用先进、有效的仓储定位系统和监控识别系统，对货物进行有效的现代化管理，从而节约时间、减少差错。

（6）采用标准化、单元化的存储方式，实现一体化经营与管理，节约存储时间和存储成本。

（7）实施供应链管理机制，建立与供应商的双向沟通，实现仓储及整条供应链的利润最大化。

复习思考题

1 如何进行仓库的合理化管理？

2 库存控制方法有哪些？

3 商品的出入库作业操作流程是什么？注意事项有哪些？

4 某制造公司根据计划每年需采购甲零件 30 000 单位，甲零件的单位购买价格是 20 元，每次订购的成本是 240 元，每个零件的仓储保管成本为 10 元，订货提前期为 5 天。求甲零件的经济订货批量、最低年底库存总成本及每年的订货次数。

5 某企业每年需要某种商品 15 000 千克，该商品的单价为 15 元，平均每次订货的费用为 100 元，年保管费率为 20%。求经济订货批量、最低年库存总成本及平均订货周期。

6 应用 ABC 分类法对下表进行分类和分析。

品类	单价（元）	数量	数量占用比例（%）	数量累计占用比例（%）	资金占用额（元）	资金占用比例（%）	资金累计占用比例（%）	分类结果
1	22.3	260	7.61	7.61	5 800	72.86	72.86	
2	5.8	86	2.52	10.13	500	6.28	79.14	
3	2.5	170	4.97	15.10	420	5.28	84.42	
4	1.2	352	10.30	25.40	410	5.15	89.57	
5	3.6	95	2.78	28.18	340	4.27	93.84	
6	4.5	55	1.61	29.79	250	3.14	96.98	
7	0.1	2 400	70.21	100	240	3.02	100	
合计		3 418		100	7 960		100	

案例分析

海尔在连续16年保持80%的增长速度之后，近几年来又悄然进行着一场重大的管理革命。这就是在对企业进行全方位流程再造的基础之上，建立了具有国际水平的自动化、智能化的现代物流体系，使企业的运营效益发生了奇迹般的变化，资金周转达到一年15次，实现了零库存、零运营成本和与顾客的零距离，突破了构筑现代企业核心竞争力的瓶颈。

海尔现代物流的起点是订单。企业把订单作为企业运行的驱动力，作为业务流程的源头，完全按订单组织采购、生产、销售等全部经营活动。从接到订单时起，就开始了采购、配送和分拨物流的同步流程，现代物流过程也就同时开始。由于物流技术和计算机管理的支持，海尔物流通过三个JIT，即JIT采购、JIT配送、JIT分拨物流来实现同步流程。这样的运行速度为海尔赢得了源源不断的订单。海尔平均每天接到销售订单200多个，每个月平均接到6 000多个销售订单，定制产品7 000多个规格品种，需要采购的物料品种达15万种。由于所有的采购基于订单，采购周期减到3天；所有的生产基于订单，生产过程降到一周之内；所有的配送基于订单，产品一下线，中心城市在8小时内、辐射区域在24小时内、全国在4天之内即能送达。总体来说，海尔完成客户订单的全过程仅为10天时间，资金回笼一年15次，呆滞物资比例降低73.8%。

海尔改变了传统仓库的“蓄水池”功能，使之成为一条流动的“河”。海尔认为，提高物流效率的最大目的就是实现零库存，现在海尔的仓库已经不是传统意义上的仓库，而只是企业的一个配送中心，成了为下道工序配送而暂时存放物资的地方。建立现代物流系统之前，海尔占用50多万平方米的仓库，费用开支很大。目前，海尔建立了2个我国规模最大、自动化水平最高的现代化、智能化立体仓库，仓库使用面积降到仅2.54万平方米。其中一个坐落在海尔开发区工业园中的仓库，面积1.92万平方米，设置了1.8万个货位，满足了企业全部原材料和制成品配送的需求，其仓储功能相当于一个30万平方米的仓库。这个立体仓库与海尔的商流、信息流、资金流、工作流联网，进行同步数据传输，采用世界上最先进的激光导引无人运输车系统、机器人技术、自动堆垛机、通信传感技术等，整个仓库空无一人。自动堆垛机把原材料和制成品举上 7 层楼高的货位，自动穿梭车则把货位上的货物搬下来，一一放在激光导引无人运输车上，运输车井然有序地按照指令再把货送到机器人面前，机器人叉起托盘，把货物装上外运的载重运输车，运输车开向出库大门，仓库中物的流动过程结束。整个仓库实现了对物料的统一编码，使用了条形码技术、自动扫描技术和标准化的包装，没有一道环节会使流动的过程梗塞。

问题：海尔库存管理的任务是什么？库存管理的重要指标包括哪些？其库存管理有什么特点？

实训项目

调研一个实际仓库

实训目的：了解仓库的作业流程和仓库作业的基本方法。

实训任务：

① 熟悉理论知识，并要求此次实践与理论知识相结合。

② 记录与熟悉各个仓库的工作流程。

③ 重点掌握并记录商品的入库、在库保管和出库管理。

实训报告：描述仓库的布局和现状，并论述其该如何改进。

第3章 运输管理

引导案例

百胜物流公司降低连锁餐饮企业运输成本之道

对于连锁餐饮业来说，靠物流手段节省成本并不容易。然而，作为肯德基、必胜客等业内巨头的指定物流提供商，百胜物流公司抓住运输环节大做文章，通过合理安排运输，降低配送频率，实施歇业时间送货等优化管理方法，有效地实现了物流成本的“缩水”，给业内管理者指出了一条细致而周密的降低物流成本之路。

首先，合理安排运输排程。运输排程的意义在于，尽量使车辆满载，只要货量许可，就应该做相应的调整，以减少总行驶里程。由于连锁餐饮业餐厅的进货时间是事先约定好的，这就需要配送中心就餐厅的需要，制作一张类似列车时刻表的主班表，此表是针对连锁餐饮业餐厅的进货时间和路线详细规划制定的。餐厅的销售存在着季节性波动，因此，主班表至少有旺季、淡季两套方案。有必要的话，应该在每次营业季节转换时重新审核主班表。安排主班表的基本思路是，首先计算每家餐厅的平均订货量，设计出若干条送货路线，覆盖所有的连锁餐厅，最终达到总行驶里程最短、所需司机人数和车辆数最少的目的。

其次，减少不必要的配送。对于对产品保鲜要求很高的连锁餐饮业来说，尽力与餐厅沟通，减少不必要的配送，可以有效地降低物流配送成本。如果连锁餐饮业餐厅要将其每周配送频率增加1次，在运输方面就会导致运输里程上升，相应的油耗、过路（桥）费、维护保养费和司机人工时都要上升。在客户服务方面，相应的单据处理作业也要增加，餐厅来电打扰的次数相应上升，办公用品（纸、笔、计算机耗材等）的消耗也会增加。在仓储方面，所要花费的拣货、装货的人工会增加。因此，减少不必要的配送，对于连锁餐饮企业显得尤其关键。

再次，提高卡车时间利用率。卡车时间利用率也是值得关注的，提高卡车的时间利用率可以从增大卡车尺寸、改变作业班次、二次出车和增加每周运行天数四个方面着手。由于大型卡车可以每次装载更多的货物，一次出车可以配送更多的餐厅，由此延长了卡车的在途时间，从而增加了其有效作业的时间。这样做还能减少公路运输里程和总运输里程。虽然大型卡车单次的过路（桥）费、油耗和维修保养费高于小型卡车，但其总体上的使用费用绝对低于小型卡车。

最后，尝试歇业时间送货。目前城市的交通限制越来越严，卡车只能在夜间时段进入市区。歇业时间送货避开了城市交通高峰时间，既没有顾客的打扰，也没有餐厅运营的打扰。由于餐厅一般处在繁华路段，夜间停车也不用像白天那样有许多顾忌，可以有充裕的时间进行配送。由于送货时间延长到了下半夜，使卡车可以二次出车，提高了车辆利用率。

本章学习目标

通过本章的学习，学生应该掌握以下几个方面的内容：

1. 掌握运输的基本原则；
2. 掌握几种主要运输方式的特点；
3. 了解选择运输方式的方法；
4. 掌握运输机构的评价和选择标准；
5. 掌握运输线路的选择方法和依据；
6. 掌握货物运输事故的处理和赔偿方法；
7. 掌握集装化运输的主要优点。

学习导航

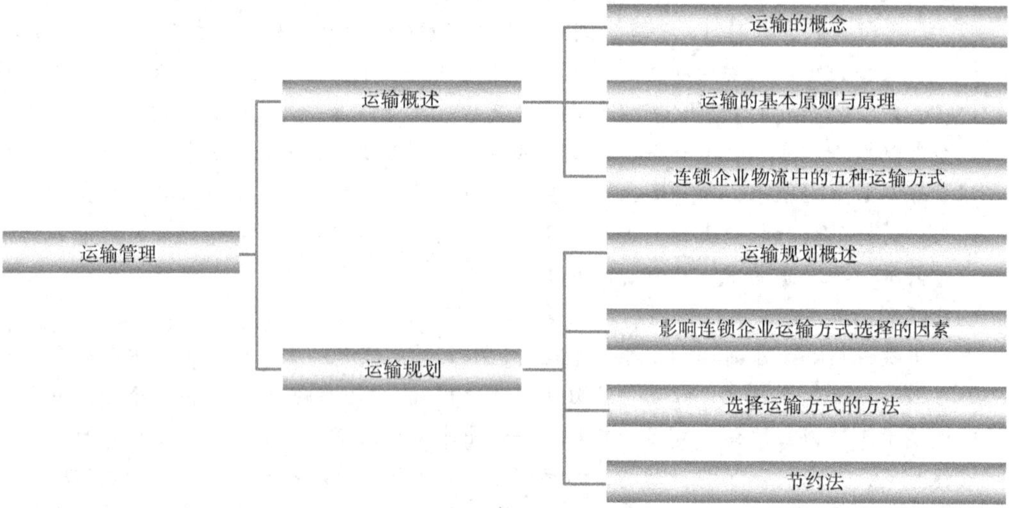

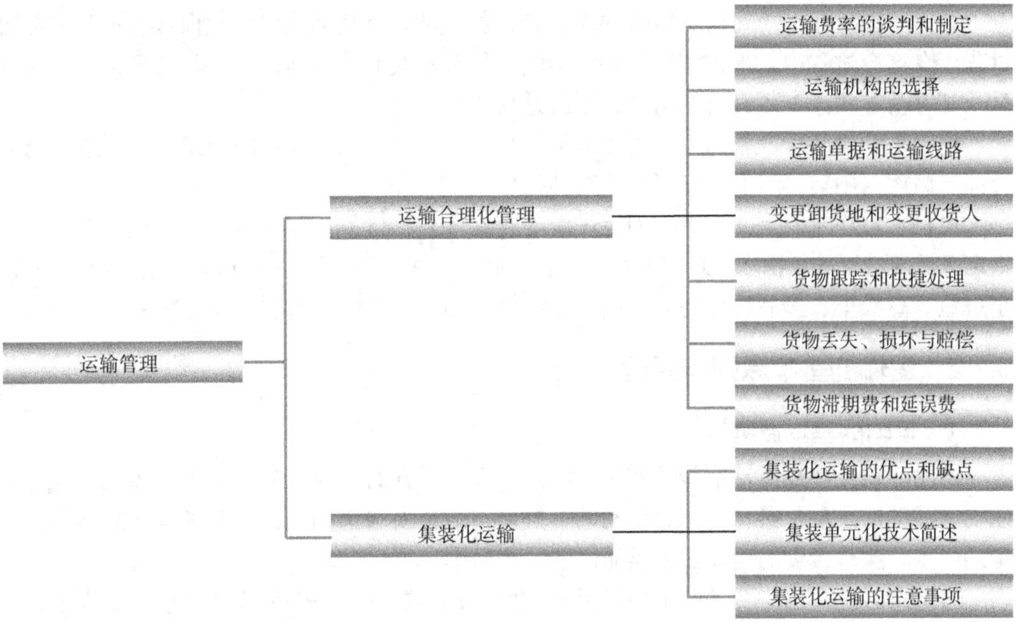

职业指导

运输调度员负责物流的全面工作并处理日常事务，包括掌握车辆使用、保养与修理情况；提高服务质量；完成中心各项经济指标，确保物流中心经济效益；合理调度车辆，做到车辆调度时间、地点、任务明确，执行长途任务的车辆一般隔日通知，并负责车辆调度登记工作；合理安排调度、驾驶员出车路程、次数、时间，做到同类车效益相对平衡；督促驾驶员准时、准点出车，车辆按指定时间、地点停放和到达；安排验收驾驶员例保，并做好具体记录；负责驾驶员的考勤工作。

3.1 运输概述

运输活动是社会物质生产和商品流通的重要条件，也是物流活动的重要组成部分。为了适应社会不断发展的需求，我国的交通运输从单一运输方式扩展到多种运输方式的综合运输系统，进而又发展到与商品的生产和流通相结合的大系统，成为综合物流的重要环节。而社会生产力和物流活动的发展也给运输业提出了更高的要求，同时促进运输业日臻完善。

3.1.1 运输的概念

在连锁企业中，运输活动是物流过程中的主要支柱，是连锁企业物流管理的主要环节。运输质量的高低影响整个连锁配送系统的正常运行和运营效率，从而影响配送中心的运营成本和企业的经济效益。

我国“物流标准”对物流概念的表述是，物流活动是物品从供应地向接收地的实体流动的过程。在这个过程中，根据实际需要将运输、储存、装卸、搬运、包装、流通加工、配送、信息处理等基本功能进行有机的结合，这就是物流。

运输是利用载运设备和工具将货物从一个地点运至另一个地点的物流活动，其中包括集货、分配、搬运、中转、装上、卸下等一系列操作。

值得大家注意的是，运输与搬运、配送存在一定的区别，但也有相似之处。搬运是在某一指定区域内进行的货物水平距离的移动作业，如在一个工厂或仓库；配送则是运输范围中近距离、小批量、高频率、多品种货物的末端运输组织活动。三者既有区别，又有联系。

3.1.2 运输的基本原则与原理

1. 运输的基本原则

运输活动是物流活动中能够实现货物的空间转移和时间转移效用的主要环节，也是连接其他物流活动的主要手段，是物流活动的核心环节。针对目前物流市场服务对象的多品种、小批量的特点，实现合理的运输必须遵循以下几个原则。

（1）及时性。物流活动的主要目标是按照客户的要求，在保证服务质量的前提下，尽量用最短的时间满足客户的需要。而运输活动具有时间长、距离远、消耗大的特点，作为物流活动的主要环节，运输必须及时将货物送到顾客指定的地点，用最短的时间完成顾客要求的运输服务，这对物流活动服务质量的提高起着十分重要的作用。

（2）准确性。物流活动不仅要求服务及时，还要求能够将准确的货物送到准确的地点。因此，在货物的运输活动中，必须避免因各种因素影响而导致错误和事故的发生，要准确无误地将货物送交指定的地点和收货人。如果运输的失误率过高，运输活动的服务质量会受到直接影响，企业的生产力和信用度也会大大降低。

（3）经济性。在运输过程中，运输活动的时间和距离决定了运输活动的成本在物流活动中占有较高比例。因此，选择合适的运输方式和运输路线、有效地利用运输工具和设备、合理地组织运输活动，这些都能够减少成本、降低能耗，从而降低总体的运输费用，提高企业经济效益。GPS 技术能对车辆进行实时定位、跟踪，掌握车辆基本信息，对车辆进行远程管理，有效避免车辆的空载现象。

（4）安全性。不管使用何种运输方式，运输过程中都要始终保证货物的安全，包括货物数量和质量。安全上，既要防止霉烂、残损、危险事故等造成货物质量的损害，也要防止偷盗、保管不利造成的数量损失。因此，运输的安全要求和货物完整无损的目标是物流活动顺利进行的有力保障。目前，我国道路运输注重运用科技手段提高安全监管水平，各地开发应用了全球定位系统（GPS）监控技术，重点加强对客运班车、危险货物运输车辆的监管。到 2006 年年底，以企业为依托，我国已建立 13 个省级 GPS 监控中心，14 个省应用了危险货物运输监控系统，在预防和减少道路运输事故方面发挥了重要作用。

（5）方便性。在从事物流运输活动的过程中，物流企业要始终为货主着想，尽量简化货主的作业手续，减少工作流程和层次，不断提高服务质量。

2．运输原理

在运输活动中，降低成本、提高经济效益的途径与方法的指导思想就是指导运输管理和运营操作的最基本原理，即我们常常谈到的规模经济和距离经济。

（1）规模经济。规模经济是经济学中一个非常重要的经济理论，是研究经济成本和效益常用的依据和手段。在运输活动中，也可以应用规模经济研究运输成本和收益，随着货运规模的增长，每单位重量的平均运输成本就会下降，这就是运输活动中的规模经济。运输活动的运输成本主要包括固定成本和变动成本两部分，而固定成本与每批货物的重量和多少无关，只与运货次数有关。因此，一次运输中，货物的批量越大，单位重量所分担的固定成本就会越小。运输过程中的固定成本主要是指一次运输活动中所产生的行政管理费用、处理业务的劳动力费用、设备费用等固定费用。例如，假设一批货物重量为 10 吨，应用铁路运输的固定成本是 100 元，则每吨货物分摊的固定成本为 10 元；假设此次运输货物量为 100 吨，还是应用同样条件的铁路运输，其固定成本仍然是 100 元，此时，每吨货物分摊的固定成本就是 1 元。再如，公路运输的整车运输和散货运输相比，同数量的货物，应用整车运输的固定成本要比散货运输的固定成本低。可见，进行运输时，运输工具的一次货运量越大，单位重量下的固定成本就越低。货物运输的固定成本与运输工具一次货运量（载重量）之间的关系如图 3-1 所示。

每单位重量货物的运输固定成本与货物的运量有关，那么，当运输工具容积一定时，运输成本与货物密度之间也有一定的关系：应用体积一定的运输工具进行运输时，货物的密度越大，其重量越大，单位重量下的固定成本就越低。两者的关系可以用图 3-2 表示。

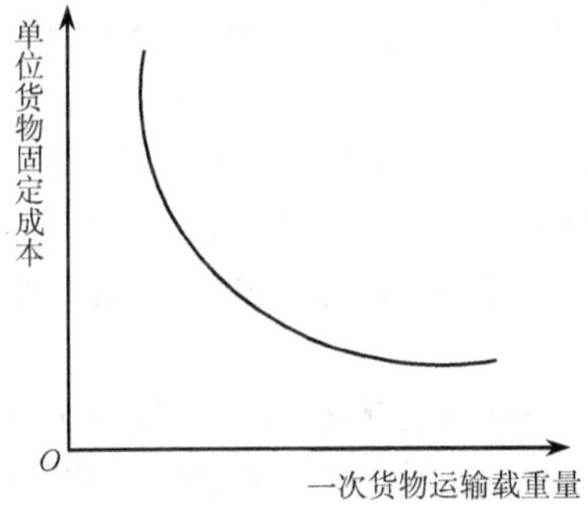

图 3-1　载重量与运输成本的关系

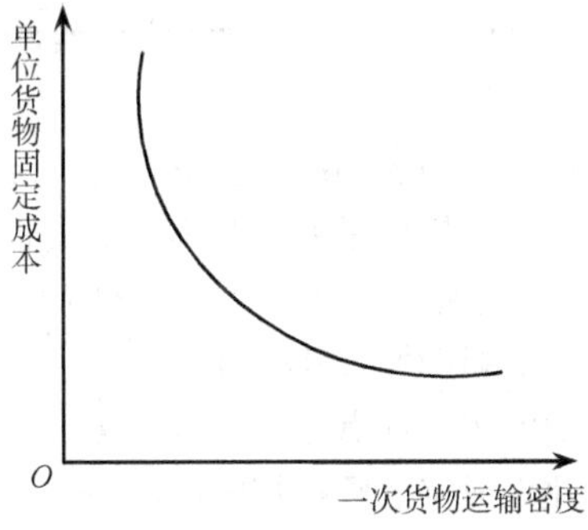

图 3-2　货物密度与运输成本的关系

（2）距离经济。距离经济是指每单位距离的运输成本随距离的增加而减少。因此，随着运输距离的增加，运输费用的增加会变得越来越慢，也就是单位运输距离的费用随着距离的增加而越来越少。距离经济的原理和规模经济相类似。例如，海运的班轮运输中，同一货物的单位运费率总是随着运输距离的增加而降低。铁路专线运输费用也具有这一特点。一次运输距离和运输成本的关系同规模经济中的关系一致，但值得注意的是，当运输距离为零时，运输成本并不能为零。运输成本的增长随运输距离的增长而降低，即呈递减的规律。因此，应用距离经济原理时，长途运输的单位成本要比短途运输的单位成本低。

应用上述两个原则进行各种运输策略方案或业务评估时，既要满足顾客的服务要求，还要使装运的规模和距离尽量增大，从而降低运输成本。

3.1.3 连锁企业物流中的五种运输方式

连锁企业物流活动中的运输有几种分类方法。其中，依据使用的运输设备和运输工具不同，可以把运输分为五种基本方式。这五种方式的比较如表 3-1 所示。

表 3-1 五种运输方式的比较

运输方式	设施设备	优点／缺点	适用范围
水路运输	港口、航道、运输船舶、装卸机械	运输量大、低成本、距离长	批量大、距离长、低价值的货物运输；国际货运的主要形式
公路运输	公路、公路车站、运输车辆、装卸机械	普遍、灵活、快捷、投入低	中短途、小批量的货运；水运、铁路难以到达地区的长、短途运输
铁路运输	铁路、列车、车站及辅助设施	运力大、速度快、灵活性较差	批量大、距离长的货物运输
航空运输	航空港、飞机和航空管理设施	速度快、费用高、运量小	紧急货物、贵重货物的运输
管道运输	管道线路、气泵站	运输对象单一、灵活性小、建设投资大	运量大、连续输送的货物运输

1. 水路运输

水路运输是使用船舶运送客货的一种运输方式，是干线运输中的主要运输形式。水路运输历史悠久，主要承接数量大、距离长的货物运输。但是在江河运输中，水运也可以使用小型的运输工具，作为补充及衔接干线运输的次要运输形式。水路运输的主要基础设施是航道和港口，运输工具是运输船舶及装卸机械。

水路运输的主要优点是成本低、运力大。水路运输的航道都是天然水道，相对于铁路和公路来讲，其建设成本低廉，且船舶的吨位较大，运输能力较强，是五种运输方式中运力最大的一种运输方式。低成本、大批量、远距离的运输是水路运输最显而易见的优势。

同时，远距离的运输也使水运具有很多缺点。一是运输速度慢。水运线路迂回，一般无法应用直线运输，船舶运输速度相对于其他几种运输方式较慢。二是水运受自然条件影响严重。长距离的运输使船舶经过的地区自然条件差异较大，且海上的自然灾害极易爆发，难以预防，容易出现事故，对运输极其不利。三是水运的可靠性差。受港口、水位、季节、气候的影响，水运一年中中断运输的时间较长，且平时的运输时间也往往难以保障。

因此，水路运输往往适用于大批量、远距离、低价值的货物运输，如矿石、煤炭、原材料、农副产品等。

水路运输又可分为以下几种形式。

（1）沿海运输。指使用中小型船舶通过大陆邻近国家海上航道运送客货的方式。

（2）近海运输。指使用中小型船舶通过大陆邻近海上航道运送客货的方式。

（3）海洋运输。指使用运量较大的大型船舶进行长距离的远洋运输运送客货的方式。

（4）内河运输。指使用中、小型船舶在陆地上的江、河、湖泊等水道进行运输的方式。

2. 公路运输

公路运输是指使用汽车或其他车辆（如人力、助力车）在公路上进行货物运输的一种方式。公路运输虽然在20世纪初才兴起，但其发展十分迅猛，已经成为运输活动中的主导运输方式，适用面最为广泛。公路运输的投资和保养成本较高，一般由政府部门负责进行公路建设，车站和运输车辆则由运输公司自行建设和购买。公路运输的主要设施是公路、公路车站、运输车辆和装卸机械。

公路运输作为其他运输方式相衔接的手段，其经济半径一般在200公里以内。公路运输之所以很快普及，是因为其主要具备以下优点。

（1）普遍性。全球公路网的密度比其他运输线路都大，公路线可以到达世界的每个角落，满足不同位置货物运输的需要。

（2）灵活性强。汽车运输运量较小，灵活性大，可以实现货物的门到门运输，无须进行转运和换装。

（3）快捷可控。汽车运输是门到门的运输，可控性强，更能准确地把握运输时间，因此在目前物流管理活动中非常适用。

（4）投入较低。运输车辆的购买、线路运行的成本低；车辆的通用性强；汽车运输的货物的包装和装卸成本也比较低；货运站的设施简便，建设费用也不高。这些都使汽车运输投入较少。

当然，公路运输本身也存在缺陷。相对于水路运输和铁路运输，公路运输运力较低，单位运费较高。另外，由于汽车运输是无轨道行驶，速度较快，主观性强，容易出现交通事故，还伴随空气和噪声污染问题。

因此，公路运输主要承担中短途、小批量的货运及水运、铁路运输难以到达地区的长、短途运输。另外，公路运输也可作为其他运输方式的衔接手段，其运输的经济半径一般在200公里以内。

连锁企业的物流运输一般都在距离比较近的地区进行，所以大部分配送中心的末端物流运输均采用公路运输。

3. 铁路运输

铁路运输是使用铁路列车运送客货的一种运输方式。在没有水路运输的地区，几乎所有大批量货物都依靠铁路运输。铁路运输也是干线运输中的主力运输形式。

铁路运输的优点是速度快，运载力大，受自然条件限制少，安全可靠性好，运输成本较低；

主要缺点是灵活性差，只能在固定线路上实现运输，需要与其他运输方式相配合。另外，铁路运输的货物在途时间较长、装卸次数多、货损率较高；铁路设施的建设周期较长、成本较高、投入较大。

铁路运输的主要设施是铁路、列车、铁路货运车站及辅助设施。铁路运输主要承担长距离、大批量的货运。

连锁企业在配送过程中也经常使用铁路运输进行货物的发运，一般应用在距离比较远的配送区域。

4．航空运输

近几年，航空货运和支线航空运输的发展成为热点，并有可能引发进一步的竞争。在世界航空货运发展的大趋势和按照“积极、渐进、有序”原则推进中国航空货运市场对外开放政策的背景下，随着越来越多高附加值企业遍布中国，国际采购、国际分拨业务逐渐在中国兴起，再加上中国新一轮产业结构的转变，这些都为我国的航空货运业务发展创造了广阔的发展空间。

航空运输是使用飞机或其他航空器进行运输的一种形式。航空运输成本很高，因此主要适合运输价值高、运费承担能力强的货物或需要紧急运输的物资，如贵重设备的零部件、高档产品、救灾抢险物资、药品等。其主要设施是航空港、飞机和航空管理设施。

航空运输的优点是速度快，不受地形的限制，服务质量高，火车、汽车都无法应用的地区可以通过航空运输完成货物运输；其最大的缺点是运输成本太高，运输批量较小，易受自然天气的影响而产生延误。

所以，连锁企业较少应用航空进行货物的运输，对于一些急需的商品或价值比较高的商品，企业有时会应用航空运输来满足消费者的需求。

5．管道运输

管道运输是利用管道输送气体、液体或粉状固体的一种运输方式，物体依靠管道内的压力进行移动。管道运输与其他运输方式的区别在于管道设备静止不动，货物进行单向运行。连锁企业一般较少采用此种运输方式。

随着我国经济的快速增长和经济总量达到一定水平所产生的具有规模效应的需求，管道运输的经济性、安全性优势得到充分体现。政府和企业均开始重视管道运输的发展，管道项目呈现出多样化格局，既包括跨区域的长大干线，如西气东输，也包括满足城市油气安全输送的城市运输管道，这使我国的管道运输开始逐步从过去两点间的单向运输向网络化运输转变。

管道运输的主要优点是采用密封的设备，运输过程中不会出现散失、灭失等损失，安全性好；管道运输是单向运输，不存在运输过程中的消耗动力的无效运输；管道运输不受气候影响，货物也不需要包装；管道运输占地少，无公害，耗能少，经营管理简单，成本相对较低。

管道运输的缺点是运输对象单一、灵活性小、建设初期固定成本较高。管道运输的基础设施主要是管道线路和管道两端的气泵站。

管道运输主要适用于运输量大，且需要连续不断运送的物品，如原油及油制品、天然气、煤炭等。根据运输货物形态不同，管道运输可以分为液体管道运输（主要运送石油及其制品）、气体管道运输（运送天然气）和浆质管道运输（运送煤浆）三种主要形式。

3.2 运输规划

3.2.1 运输规划概述

连锁企业的物流发展与交通运输业有着密不可分的关系，两者已呈现出相互融合、共同发展的趋势。因此，进行物流配送条件下运输规划的研究显得十分必要。物流是一个大的系统，物流系统化就是运用系统学原理进行规划、设计和组织实施，从而以最佳的结构和组合使系统的功能得到充分发挥，逐步实现物流合理化。运输规划包括物流系统化的组织设计和技术设计两大部分。其中，组织设计相当于物流系统化中的软件设计部分，主要由企业高层人员、物流管理专家、计算机网络工程专家、物流市场营销管理专家、财务决策人员等共同完成，主要任务是规划物流系统的总体目标、规模、主要服务项目及服务标准、主要作业环节、业务流程、设备选型与需求量、人员配置、组织结构、计算机网络范围与功能、经营机制等。

货物运输组织与规划涉及的因素众多，关系复杂，范围也很广。要提高组织与规划的质量，必须做好组织与规划的准备工作，同时清晰地掌握物流货物运输组织与规划的内容与思路。

在运输组织与规划工作中，配送运输经营人员必须树立如下基本观点，确立正确思路，进行规划和组织活动。

（1）运输规划要充分满足客户的服务需求，并不断开发潜在的需求，提高服务质量，引导用户利用外部资源，完善企业内部物流合理化。

（2）从连锁企业角度考虑物流系统的费用支出，这样可以减少社会物流总费用，努力发掘节约物流费用的潜力。

（3）树立连锁企业各门店利益为主的观点，尽量从满足连锁企业要求的角度出发，进行物流运输的组织与规划设计。

（4）善于运用技术、组织、制度创新支持和推动服务创新，进而巩固当前市场份额，力求挺进新的市场领域。

3.2.2 影响连锁企业运输方式选择的因素

选择什么样的运输方式，应根据具体条件加以研究。我们可以将影响连锁企业运输方式选择的因素分为两大类，即商品因素和环境因素。

1. 影响连锁企业运输方式选择的商品因素

影响运输方式选择的商品因素主要有商品种类、运输期限、运输距离、运输批量、运输成本五个方面，这些因素互相联系，互为影响。

（1）商品种类。根据商品种类的不同，充分考虑运输货物的性质、形状、重量和容积等，选择适合所运货物特性和形状的运输方式，同时也要考虑商品对运费的承担力。

（2）运输期限。运输期限必须与交货日期相联系，从而根据交货日期确定选用何种运输方式满足企业各门店的需求。

（3）运输距离。一般情况下，不同的运输方式所适应的运输距离不同，我们可以根据以下原则进行运输方式的初步选择：300 公里以内，采用汽车运输；300 ~ 500 公里的区间，采用铁路运输；500 公里以上，采用船舶运输。

（4）运输批量。根据货物运输批量的大小选择商品运输方式。其原则为：20 吨以下的货物，多采用汽车运输；20 吨以上的货物，大部分采用铁路运输；数百吨以上的货物，多选择船舶运输。

（5）运输成本。由于运输费用与其他物流子系统之间存在“效益背反”的现象，所以选择运输方式需要考虑成本时，不能只考虑运输费用，还要考虑连锁企业配送过程中的总成本。

商品种类、运输批量和运输距离的大幅度变化能够改变运输方式的可能性很小；运输期限和运输成本是不同运输方式之间相互竞争的重要条件，运输期限与成本的变化必然带来所选择的运输方式的改变。

2．影响连锁企业运输方式选择的其他因素

（1）经济活动的变化。运输方式与物流活动的需求有很大关系，而物流需求是经济活动所派生的需求，它随着产业结构、需求结构、地区经济结构及企业行为等多种经济活动的变化而变化。

1）产业结构的变化。产业结构变化主要包括生产结构的变化和贸易结构的变化。随着国家产业政策的调整，产业比重已逐渐从增加第一产业转向第二产业和第三产业，特别是强调第三产业的增加。我国的贸易结构也发生了变化，虽然仍以进口高档商品、部分原材料和出口原材料、初级加工产品为主，但精密机械、家用电器等出口制品的比重和海外高级食品、高级杂货等进口产品的比重也在逐渐增加。

2）需求结构的变化。随着我国经济的快速增长，连锁企业所面临的消费需求从对量的需求转向了对质的提高。我国设备投资的需求也在发生变化，即从扩大生产能力投资转向节能省力。另外，我国也在加大对公路、铁路、港口、水库等社会基础设施及住宅设施的建设，以扩大需求，满足运输需求。

3）连锁企业所在地区经济结构的变化。工业厂址变化等地区经济结构的变化使城市及周边地区的经济水平大幅提高，从而改变传统运输方式的组织与管理方式。

4）连锁企业行为的变化。在上述经济环境变化中，个别企业产品生产或服务目标的改变也会影响企业运输方式的变化。

（2）物流需求的变化。随着社会经济的发展，专业化程度不断提高，物流需求发生着量和质的变化。物流系统中高价值货物的需求量越多，对货物的安全要求就越高，对运输的快速、灵活、准确及物流运输企业的责任要求也就越强。因此，传统的运输方式只有进行相应的改革

和变化，才能满足企业需求。

（3）运输制约条件的增加。

1）经济和社会环境的变化。经济和社会环境的变化给物流活动带来一定制约，它直接影响物流运输工具的选择。例如，目前石油等能源都在进行涨价或供应限制，针对这一现状，物流行业正在设法确保石油供应，开发节能搬运工具，研制效率更高的运输工具或设备。

2）运输趋于小批量化。随着经济结构和消费水平的提高，以及 JIT 要求的出现，物流活动和货物的运输正向着多样化、小批量的方向发展，尤其连锁企业的商品配送中心，其主要运送的是小批量、多品种、送货频率高的商品，这就使运输方式必须进行重新调整。例如，选用拼箱运输或混装运输的情况增多，小批量运输的航空运输、火车运输比重增大，这都说明这一变化带来的运输方式的变化。

3）物流运输的准确性要求提高。随着物流模式的不断改进，物流运输的服务要求也在不断提高，它不仅要求运输速度快，还要求准确地按客户要求的货物类型与批量进行运输。为了达到这些目的，货主必须在运输方式上进行选择。

4）运输工具的效率。物流运输的原则是以降低成本为目的考虑的，因此，在运输过程中提高工具的利用效率、减少劳动力投入和燃料消耗成了近年来物流运输追求的主要目标。特别是由于担心石油供应不足和燃料价格上涨，人们对以节能为前提的运输效率化的要求更加迫切，所以出现了尽量使单位运输量投入的劳动力和燃料趋于最少的大型搬运工具和运输工具。

5）环保、节能问题。随着物流量的增大，物流活动和运输所带来的噪声、大气污染、海洋污染、交通事故等已成为社会化问题，为了防止这些问题，政府制定的规章制度日益严格。这些规定是制约物流配送活动的重要因素，也影响运输工具的选择和使用。

3.2.3　选择运输方式的方法

货物运输方式的选择会影响商品的价格、配送的准时性和商品抵达时的质量情况，从而影响对顾客的服务水平和客户满意度。运输方式的选择需要考虑的因素很多，如运输成本、交货速度、发货频率、运输工具的运载能力及其安全性和可靠性等。其中，交货速度和运输成本是两个基本要素。从物流运输功能看，速度快是物流运输服务的基本要求，但速度快的运输方式费用往往较高。同时，考虑运输的成本时，还要考虑因速度提高而缩短的物品的备运时间、减少的物品的必要库存保管费等因素。

因此，运输方式或运输工具的选择应该在综合考虑上述各种因素后，寻求总费用相对最低的运输方式或运输工具。选择运输方式一般采用定性分析法与定量分析法。运输方式与运输费用的关系可以用图 3-3 表示。

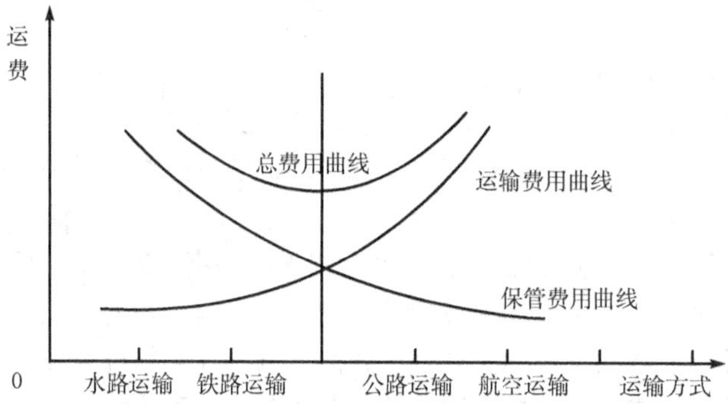

图 3-3　不同运输方式与运输费用的关系

1．定性分析法

定性分析法是依据完成运输任务可用的各种运输方式的运营特点和主要功能，以及货物的特性与货主的要求等因素对运输方式进行直观选择的方法。它包括单一运输方式的选择和多式联运的选择两种。

单一运输方式的选择是指选择一种运输方式提供运输服务。公路、铁路、水路、航空和管道五种基本运输方式各有自身的优点与不足，选择运输方式时可以根据它们的优势与特点，结合运输需求进行恰当的选择。

多式联运的选择是指选择两种以上的运输方式提供运输服务。在实际运输中，应用较为广泛的一般有铁路与公路联运、公路或铁路与水路联运、航空与公路联运等联运方式。

2．定量分析法

运输方式选择的定量分析方法主要有综合评价法、成本比较法、考虑竞争因素法、层次分析法等多种方法，应用时可根据实际情况选择其中一种进行定量分析。但值得注意的是，由于影响运输的因素十分复杂，一种计算方法的结果往往很难说明全部的问题，因此，进行实际的运输决策时，某种分析方法的结果常被作为运输决策的重要参考依据，也可以将几种方法结合起来考虑。下面介绍常用的两种方法。

（1）综合评价法。物流运输系统的目标是实现迅速、安全和低成本的运输。运输方式的选择应满足运输的基本要求，即经济性、迅速性、安全性和便利性，而这四者之间是相互制约的。若重视运输速度、准确、便利，则运输成本会增大；反之，若运输成本降低，则其他目标就不可能完全实现。因此，选择运输方式时要采取定性分析与定量分析相结合的原则，选择合理的运输方式或运输工具。根据这四个指标选择运输方式时可采用综合评价的方法，获取合理的选择结果。综合评价方法的步骤如下。

1）确定运输方法的评价因素。评价因素有运输方式的经济性、迅速性、安全性和便利性等。

2）确定运输方式的综合评价值。如果用 F_1、F_2、F_3、F_4 分别表示运输方式的经济性、迅速性、安全性和便利性的取值，且各因素对运输方式的选择具有不同程度的重要性，那么，分别给定一组权重值，即 r_1，r_2，r_3，r_4，则运输方式的综合评价值为：

$$F=r_1\times F_1+r_2\times F_2+r_3\times F_3+r_4\times F_4$$

其中：

经济性主要表现为费用（运输费、装卸费、包装费、管理费等）的节省。运输过程中，总费用支出越少，则经济性越好。其权重系数为 r_1。

迅速性即货物在途时间的节约。在途时间越少，迅速性越好。其权重系数为 r_2。

安全性通常是指货物的完整程度，用货物的破损率表示。破损率越小，安全性越好。其权重系数为 r_3。

便利性通常是指能提供门到门服务，市场覆盖率高。其权重系数为 r_4。

3）比较综合评价值。要评价水路运输、公路运输、铁路运输、航空运输四种运输方式，则需要分别计算四种运输方式的综合评价值，然后比较它们的综合评价值，选择其中的最大值作为最终的选择。

权重系数的给定没有一个明确的方法，通常都采用专家意见或根据货物特点由相关工作人员确定。

除上面介绍的综合评价法外，应用层次分析法考虑多因素情况下不同运输方式的选择也是一种非常好的方法。

（2）成本比较法。物流运输费用是承运单位提供运输劳务所耗费的费用，即运价。运价由运输成本、税费和利润构成。运输费用占物流费用的比重很大，是影响物流费用的重要因素。为了以最快的速度和最少的运输费用实现货物流转，企业必须对所选择的运输方式进行成本费用分析，这就要求我们必须先了解各种运输方式成本的内容及运价的计算方法。

1）运价的类型。按照不同划分标准，运价可划分为不同类型。按适用范围划分，运价可分为普通运价、特定运价、地方运价、国际联运运价。普通运价适用于一般货物的正常运输，是货物运价的基本形式；特定运价是运价的一种辅助形式，用以补充普通运价；地方运价是适用于某一地区、某一条线路的运价；国际联运运价是国际联运进出口或过境货物的运价。

按货物运输批量与运输设备划分，运价可分为整车（批）运价、零担运价、集装箱运价。

按计算方式不同划分，运价可分为分段里程运价、单一里程运价、航线里程运价。分段里程运价指把里程分为若干区段，不同区段使用不同的运价率；单一里程运价指在运输全程用一个单一的运价率，运价与运输距离成正比；航线里程运价指在同一航线上使用同一基本运价，我国航空运输的运价采用的就是这种形式。

2）运价定价规则。各种运输方式都有其简单易行的、合理的货物运价问题的规定，如《铁路货物运价规则》《水路货物运价规则》《汽车运价规则》《中国民航国内货物运输规则》等。各个规则对运费的计算都做了具体现定，主要内容有货物运价分号表、货物运价率表、货物装卸费率及有关问题的说明。

3）运费计算。在对铁路、水路、公路货物的运价与定价规则有了一定的了解后，就可以根据所运货物的品种、数量、发到站计算运费了。其计算步骤如下。

① 根据所运货物的发到站，按运价里程表确定运价里程。一般根据《铁路货物运价里程》《水路货物运价里程》《汽车运价里程》的规定计算。里程包括运输里程和装卸里程。

② 根据货物运价分号表，确定不同货物的运价号。铁路货物运价分类表划分为煤焦、石油及其制品、矿石等二三十类；水路货物运价采用十级运价，每类中分若干项；公路货物运价表分为普通货物分类表和特种货物分类表。

③ 根据货物的运价里程及运价号，在货物运价率表中查出适用的运价率。

④ 按有关规定确定货物计费重量。铁路和公路整车运输按使用货车的标记载重计算运费；水路货物的运费按照重量吨（W）和体积吨（M）计算；货物分级表中的计费单位为“W/M”的货物，按重量吨和体积吨中的较大者计费；需要换算重量的货物，按换算重量计费。

⑤ 计算运费。铁路（整车）、水路、航空运输的运费计算公式为：

运费=计算重量（吨）×适用的运价率

铁路、水路联运运费计算公式为：

运费=[（铁路计费重量×运价率）+（水路计费重量×运费率）]×（1－15%）

4）运输方式的确定。通过对运输费用的分析，计算出同一批货物运用铁路、公路、水路运输的成本费用，然后根据运输时间、运输条件和货物的特征选择合理的运输方式。

3．其他分析方法

除了上述两种方法外，很多学者还提出了许多应用其他理论进行运输方式选择的方法。例如，2000 年，耿华军从分析各种运输方式竞争力的各种因素入手，提出了评价各种运输方式竞争力的指标，在对各指标进行分析的基础上建立了综合评价的指标体系，并提出了指标权重的确定方法和建立各种运输方式竞争力的综合评价模型。

另外，国外学者也运用简单博弈论的方法分析了运输市场上两个企业竞争的问题，构建了一个两种运输方式（汽车、船舶）的博弈矩阵，并求得非帕累托最优的均衡（汽车、汽车）是双方博弈的最好结果。

3.2.4 节约法

近年来，由于与连锁企业小批量、多批次的运输要求相适应的及时配送方式的发展，运输费用正在逐年提升。选择有效的配送运输路线和控制物流成本已经成为连锁企业配送中心研究的重点。节约法便是公认的有效方法之一，其指导思想是在保证商品准时到达客户指定地点的前提下，尽可能地减少运输的车次和缩短运输的总路程。

1．节约法的基本原理

下面举个例子说明节约法的基本原理。假如一家配送中心（P）向两个用户 A、B 送货，配送中心到两个客户的最短距离分别是 S_a 和 S_b，A 和 B 之间的最短距离为 S_{ab}，A、B 的货物需求

量分别是 Q_a 和 Q_b，且（Q_a+Q_b）小于运输装载量 Q，如图 3-4 所示。

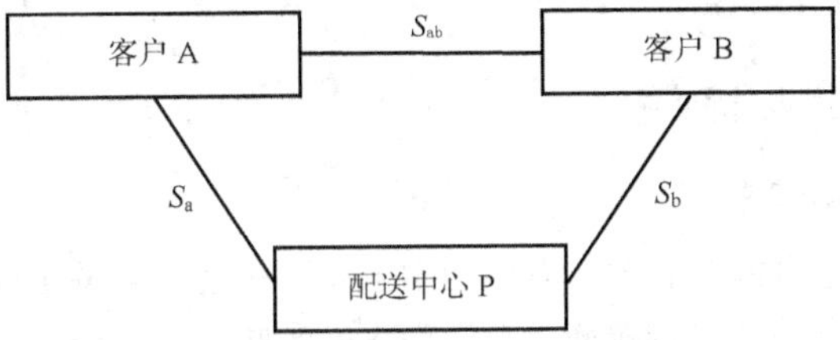

图 3-4　节约法原理

如果配送中心分别送货，就需要两个车次，运输的总路程为：$S_1=2(S_a+S_b)$

如果改用一辆车对两个客户进行送货，则只需一个车次，运输的总路程为：$S_2=S_a+S_b+S_{ab}$

由三角形的性质我们可以知道：$S_{ab}<(S_a+S_b)$

所以，第二个配送方案优于第一个方案，且运输总路程节约量为：$S=(S_a+S_b)-S_{ab}$

如果配送中心的供货客户还有第 3,4,5，…,n 个用户，在运载车辆载重和体积都允许的情况下，可将它们按节约路程的长短依次连入巡回路线，直到满载为止。用同样的方法确定其他客户的巡回路线，另外派车。

值得注意的是，节约法中，每个客户只被访问一次，在运载车辆载重或体积不满足剩余客户中需求量最小的客户要求时，即可视为满载。

2．节约法的优缺点

（1）节约法的优点。节约法的确是一种简便、易行的方法。一方面，它体现了运输过程的优化，与一般方法相比，缩短了运输路程；另一方面，它也体现了物流配送网络的优势，实现了企业物流活动的整合，而且思路简单、清晰，便于执行。

（2）节约法的缺点。首先，利用节约法选择配送路线过于强调节约路程，而没有考虑行程中的时间因素。在许多情况下，时间更能决定物流配送的成本与服务质量。例如，城市间配送对高速公路的选择、城市内部上下班时间的道路拥挤、一个巡回配送过程中的时间长短，这些都直接影响配送人员的精神状态，而配送人员的精神状态又与交通事故和配送错误有一定关系，所以时间对配送路线的选择有时更重要。其次，利用节约法选择配送路线不能对客户的需求进行灵活多变的处理。现代消费者的需求倾向于个性化，这导致企业的生产、销售和配送也越来越倾向于小批量、多品种和多批次。可见，节约法更适合需求稳定或需求时间不紧迫的用户，这显然不能满足现代多变的市场环境的需要。

最后，值得一提的是，节约法计算的配送路线并不等于总路程最短。

3.3 运输合理化管理

3.3.1 运输费率的谈判和制定

1. 运输费率的影响因素

运输费率的制定与很多因素有关，有些因素虽然不是运费表的组成部分，但承运人制定运输费率时必须对每个影响因素进行权衡。总体而言，影响运输费率的因素可以总结为距离、装载量、产品密度、积载能力、搬运设备和技术、责任及运输市场七个。

（1）距离。距离是影响运输成本的主要因素，因为它直接对劳动、燃料和维修保养等变动成本发生作用。一般情况下，货物的费率随着距离减少而增长，这种特征被称为递减原则（Tapering Principle）。所谓递减原则，就是随着规模或运输距离的增长，承运人的运送速度更高，运输中每单位距离的费用就相对降低，并且有更长的距离适用于相同的燃料和劳动费用；而市内运输通常会频繁地停车，因此要增加额外的装卸成本。

（2）装载量。与其他许多物流活动一样，运输活动中也存在规模经济，货物装载量对费率的影响也是如此，即每单位重量的运输成本随装载量的增加而减少。因此，运输管理部门会利用规模经济原理，尽量把运输中小批量的装载整合成更大的装载量。

（3）产品密度。制定运输费率之所以要考虑产品密度，是因为它是重量的反映，它使重量和空间两方面的因素结合起来。运输成本通常表示为每单位重量所花费的金额，所以这类因素就显得尤为重要。一辆运输车辆，即使装载的货物重量很轻，但车辆一旦装满，就不可能再增加装运数量。所以，货物的密度越高，其所承担的每单位重量的运输成本就相对越低。

（4）积载能力。积载能力是指货物的具体尺寸及其对运输工具空间利用程度的影响。有些货物的尺寸和形状不便于装卸，或者具有超重或超长等特征，通常不能很好地进行积载，因而会浪费运输工具的空间。尽管积载能力的性质与货物密度相似，但是具有相同密度的产品，其积载能力可能相差很大。例如，钢块与钢条具有相同的密度，但由于钢条的长度和形状，其积载能力比钢块差得多。

（5）搬运设备和技术。运输工具的装卸技术和设备在货物运输和储存时都会对运输成本产生影响。例如，具有包装单元的搬运和散货的搬运，两者对成本的影响并不相同。

（6）责任。承运人和托运人的责任和义务是影响货物风险和事故产生的一个主要方面。例如，在运输过程中，承运人必须通过向保险公司投保来预防可能发生的赔偿，否则可能要承担运输过程中任何事故的赔偿责任；托运人可以通过改善货物包装和减少货物灭失损坏的可能性降低风险，从而降低运输成本。

（7）运输市场。运输市场对运输成本的影响也是明显的，如运输来回的流量问题、市场需求波动、市场供应环境等，这些都对运输成本具有一影响。例如，在销售旺季和销售淡季的水果和蔬菜运输，一般旺季的运输费率往往比较低，而淡季的运输费率往往较高。运输费率随方向和季节的变化而变化。

上述讨论从运输需求方，即连锁企业的角度识别影响运输费率的主要因素。在实际的运输过程中，由于货物的特征各异，各个因素对运费的影响程度也会有所变化。因此，连锁企业配送中心的运输部门有责任了解这些因素对费率的影响程度，掌握产品和装运的特点，使运输费用降低到最低限度。

2．价格策略

运输过程中，在确定运费时，承运人可以采用某种策略或某两种策略的组合来制定价格。价格策略主要有以下几种。

（1）服务成本策略。服务成本策略指承运人根据提供运输服务花费的成本加上毛利润来确定运输费率的策略。例如，如果某运输公司提供运输服务的成本是 500 元，毛利为 8%，则承运人就会向托运人收取 540 元的运费。这种服务成本策略是一种基本的价格策略，代表了基本的或最低的运输收费，是对低价值货物运输或在高度竞争的情况下使用的一种定价方法。

（2）服务价值策略。服务价值策略是指根据托运人感觉到的服务价值来制定价格的一种策略。例如，托运人感觉到运送 100 吨的电子设备比运送 100 吨的谷物更有价值，因为电子设备的价值比谷物高得多，托运人愿意为电子设备的运输支付更多的费用，承运人就可以根据托运人的这一意愿来确定价格。对于高价值货物或竞争状态下有所限制的货物运输，其运输价格的制定可以采用服务价值策略。

（3）组合策略。组合策略是在服务成本价格与服务价值价格之间确定某种中间水平价格的策略。大多数运输企业都采用这种价格策略。采用这种策略被视为标准的做法。为了进行价格谈判，运输公司必须熟悉和了解运价浮动的变化范围和选择的策略。

（4）净费率定价策略。净费率定价（Net Rate Pricing）是一种简化的定价策略。承运人使用单一的运价单替代单独的折扣运价单和等级费率本，使顾客感到现在的费率制定过程简单。现在，很多承运人都采用这种净费率定价方法，这样可以减少运价制定的复杂性和行政管理负担。在净费率中，通常已经包含了确定的折扣率和附加费用。

净费率定价代表最终运价，其目的是彻底削减承运人负担的行政管理费用，直接对顾客的需求做出反应，以简化费率制定的过程。因此，承运人希望通过简化价格制定中复杂的计算过程来赢得客户；而托运人之所以欢迎简化定价，是因为它有助于结账的精确性，并且能够让人清楚地了解如何在运输过程中节约费用。

3．费率制定

价格策略确定后，根据策略制定具体的收费价格，即费率。实际收取的运费通常容易受到最低运费、附加费或辅助估算的影响，但每公里的费率通常都按照货物装运的起运地和目的地来确定。

（1）等级费率。等级费率是根据影响运输、配送物品的特性对物品进行分级，按照货物的等级制定具体的费率。物品分级就是将产品密度、积载能力、搬运、责任和价值特性类似的物品划在同档级别里，物品级别表现出来的是物品的运输特征。运输方式和托运方式不同，物品等级的划分也有所不同，因为不同的运输方式和托运方式采用的运输工具不一样，同一物品在不同运输方式和托运方式下体现出来的运输特征也就不尽相同。

物品分级以后，再按物品等级制定具体费率。费率也应按整车和零担分别制定。

目前，承运人已经不再制定单一的费率表来满足顾客的需要，而开始对具体的顾客采用按等级费率进行折扣的做法。这种折扣主要取决于托运人的装运数量和市场的竞争状况，范围一般在 30% ~ 50%。

费率只是表明托运人与承运人之间形成的一般化的定价机制，随着市场经济中价格管制的放开，承运人可以根据具体的运输环境和市场竞争状态提供更加灵活的报价。

（2）最低运费。最低运费是指不论重量多少，托运人必须支付的一次运输的最低金额。例如，某次货物可适用的分级费率为每吨 500 元，托运人要将 0.5 吨的货物运到一个具体地点，如果不存在最低运费，托运人只需支付 250 元；但如果每票货的最低运费是 500 元，那么每次装运就为 500 元，托运人就必须支付该笔最低运费。最低运费用于弥补与装运有关的固定成本费用。

（3）附加费。附加费是一种额外的收费，用来弥补承运人支出的特定的费用。附加费用于保证承运人不承担公布费中没有包括进去的费用。例如，当燃料价格出现急剧上涨时，通常可以在运输费率中增收 10% ~ 20%的附加费。承运人可以通过收取这种附加费的方法迅速从意料不到的成本困境中解脱出来，同时又不需要在长期的费率结构中营造一个“临时性的”成本项目。

（4）特殊费率。具体的货物运输中存在大量可以节约运输费用的特殊费率（Special Rates）。

1）地方、联合、比例、结合及直达费率。

① 当一种商品按照个别承运人的费率本进行运输时，这种费率称为地方费率（Local Rates）或单一线路费率（Single-Line Rates）。

② 联合费率（Joint Rates）是货物运输中涉及一个以上的承运人时可以使用的费率。当某些汽车或铁路承运人只能在有限制的地域内运营时，一次货物运输必然需要利用多个服务者才能完成托运任务，此时，可以用联合费率进行收费，它比地方费率节约成本。

③ 比例费率（Proportional Rates）提供了特别的价格奖励，以期利用仅适用于一部分期望线路的公布费率。这种比例费率最适合单一线路费率本中所规定的正常地理区域外的起运地或目的地。如果这些地区不存在联合费率，但适用于比例费率，那么，在比例费率条件下的货物运输就可以按照所运行的单一线路部分提供费率折扣，由此降低整个货物的运费。

④ 结合费率（Combination Rates）类似于比例费率。当两地间的运输不存在公布的单一线路费率或联合费率时，就可以结合两个或两个以上的费率，它的应用大大降低了单一装运的成本。

⑤ 直达费率（Through Rates）是适用于从起运地装运货物直接运抵目的地的费率。在许多涉及定期运输的情况下，可以使用直达费率，不需要结合费率。

2）转运服务费。转运服务是指将托运人的货物在起运地与目的地之间的中途站点停靠，进行卸货、加工，然后重新装车，再运送到目的地。采用这种转运服务，托运人应支付从起运地到目的地的直达费用之外的转运费用。

3）变更卸货地点和变更收货人费用。当托运人或收货人由于某种原因要求运输途中的货物改变路线、目的地或收货人时，在货物没有到达目的地或还没有交付时，承运人可以提供这项服务，并收取相关费用。

4）滞期费和延误费。滞期费和延误费是指被托运的货物占用的运输工具在装卸时超出特定的装卸时间而收取的费用。铁路承运人用"滞期费"这一术语，汽车承运人则用"延误费"。

5）分批交付费。当一批托运货物需要被拆分为多个部分并分别递送到不同地点时，就期望分批交付。在具体的运输条件下，货物提取和交付的地点有可能扩大到超出最初预定的目的地，因此，从它的付费结构所反映出来的费率看，该托运货物似乎要被送往最远的目的地。此外，每笔货物的交付还要收取中途停留的费用。

承运人通常还提供一些辅助服务，或称特别服务。对于这些特别服务，都需要制定特别的费率，并按照特别费率收费。除上述这些费用外，承运人还常常针对不同的运输和配送环境提供环境服务，如在运输途中对货物进行诸如冷藏、通风、加热之类的特别控制，对食品运输采用专门的卫生设备等。为此，承运人对特别的环境服务和特殊设备还需要向托运人收取环境服务费或特别设备费用。

3.3.2　运输机构的选择

选定运输方式后，连锁企业的物流管理部门就要对物流运输服务的供应商市场进行调研，了解不同运输服务商的相关资料，并应用以下几种方法选择运输机构。

1．服务质量比较法

物流运输是第三方服务产业，其产品就是物流服务。同样的运输业务中，运价相同，若服务质量越高，客户选择的机会就越大。因此，服务质量是选择供应商的主要标准。在具体选择过程中，主要进行以下两方面的比较。

（1）运输的实际质量。选择运输机构最重要的一点就是考察其运输质量。这要求做好以下几方面的考察工作：运输工具是否完好；运输机构装卸部门的服务质量，如在装卸过程中是否容易造成货损；运输机构工作人员的工作经验及责任心；运输机构的货物运输控制流程等。

（2）运输机构的服务理念。随着物流技术与设备的不断发展，运输机构的运输质量也在不断提高，差异正在日益缩小，客户对服务的要求也越来越高，在运输质量相似的情况下，客户往往更多地考虑运输机构的服务理念。因此，为了吸引客户，运输机构在不断更新服务理念，扩大与其他运输机构的服务差异，实施个性化服务，从而稳定市场，增强企业的竞争力。这就为客户选择运输机构提供了更多的余地，客户可以根据自己的需求确定更合适的运输机构。

2．运输价格比较法

随着运输市场竞争的日益激烈，几乎所有的运输机构对某些货物的运输所提供的运输质量和服务水平都基本相同。这时，客户就会根据各个运输机构的运输价格来确定。

3．综合选择法

以上两种运输机构的选择方法都从一个方面出发进行决策。然而，很多时候，客户更愿意从服务质量、运输价格、经济实力、运输机构的服务网点数量、信誉等方面对运输机构进行综合考评，最终确定一个更合理的运输机构。我们把这种方法称为综合选择法。

假设影响运输机构选择的因素有 n 个，每个因素量化值分别为 Q_1，Q_2，Q_3，…，Q_n，每个因素对应的权重值分别为 K_1，K_2，K_3，…，K_n，则综合因素考评值 Q 可以用下面的公式计算：

$$Q=K_1\times Q_1+K_2\times Q_2+K_3\times Q_3+\cdots+K_n\times Q_n$$

客户可以根据自己的运输要求，确定不同因素的重要性，调整不同因素的权数，然后做出决策。

3.3.3 运输单据和运输线路

1．运输单据

运输过程中，不论运输方式相同还是不同，运输单据都是进行货物交接、货款支付的重要依据和证明。运输过程中的运输单据主要是承运人收到承运货物后签发给货主的证明文件，它是交接货物、处理索赔与理赔的重要证明，也是向银行结算货款或进行议付的重要单据。根据运输方式不同，运输单据主要有以下几种。

（1）海运提单（Ocean Bill of Lading）。海运提单指承运人或其代理人收到货物后，签发给托运人的单证。提单是承运人或其代理人签发的货物收据，是货物所有权的凭证，是运输契约或证明。

（2）海运单（Sea Waybill）。海运单的形式与作用同海运提单相似，其主要特点在于收货人已被明确指定。收货人并不需要提交正本单据，而仅需证明自己是海运单载明的收货人即可提取货物。因此，海运单实质上不可以转让，它的应用范围比较窄，主要用于跨国公司成员之间的货物运输。

（3）铁路运单（Rail Waybill）。铁路运单指由铁路运输承运人签发的货运单据，是收货人、发货人、铁路运输部门之间的运输契约。其正本在签发后与货物同行；副本签发给托运人，用于贸易双方结算货款，在货物发生损失时，还可以用于向铁路进行索赔。铁路运单不是物权凭证。

（4）空运单（Air Waybill）。空运单指由空运承运人或其代理人签发的货运单据。它是承运人收到货物的收据，也是托运人同承运人之间的运输契约，但不具有物权凭证的性质，因此不可以转让。

（5）装船通知（Shipping Advice）。装船通知指货物离开起运地后，由出口商签发给进口商通知其一定数量的货物已经起运的通知文件。在 FOB 或 CFR 条件下，进口商需要根据装船通知为进口货物办理保险，因此一般要求出口商在货物离开起运地后两个工作日内向进口商发出装船通知。

（6）提货单（Delivery Order）。提货单指收货人在货物到达目的地后，凭海运提单等运输单据向承运人的代理人换取的提货凭证，用于办理进口报关、提货等手续。

（7）集装箱运输提单（Container B/L）。集装箱运输提单指负责集装箱运输的经营人或其代理人在收到集装箱货物后而签发给托运人的提单，与普通货物提单的作用和法律效力基本相同。集装箱提单是集装箱货物运输的主要货运单据。

（8）多式联运提单（Multimodal Transport B/L）。多式联运提单指货物由海上、内河、铁路、公路、航空等两种或多种运输方式进行联合运输而签发的适用于全程运输的提单。

2．运输线路

运输线路的选择影响运输设备和劳动力的利用率，正确、合理的运输线路可以降低运输成本，因此运输线路的确定是运输决策中的重要部分。货物运输线路的选择方法很多，影响线路选择的决策因素也有很多。归纳起来，运输线路的选择主要有以下几个问题。

（1）单一、不同起讫点的问题。对于分离的、单个始发点和终点的网络运输线路选择问题，最简单和最直观的方法就是最短路线法。网络由节点和线连接，线代表点与点之间的运行成本。起初，除始发点外，所有节点都被认为是未解的，即均未确定是否在选定的运输路线上。作为已解的点，始发点的计算从原点开始。其计算方法如下。

① 第 n 次迭代的目标。寻求第 n 次最近始发点的节点，重复 n=1，2，…，直到最近的节点是终点为止。

② 第 n 次迭代的输入值。（n-1）个最近始发点的节点是由以前的迭代根据离始发点最短路线的距离计算得到的。这些节点及始发点称为已解的点，其余的节点都是未解的点。

③ 第 n 次最近节点的候选点。每个已解的节点都由线路分支通向一个或多个未解的节点，这些未解的节点中有一个与最短路线分支连接，这个点就是候选点。

④ 第 n 个最近的节点。将每个已解的节点及候选点之间的距离和从始发点到该已解节点之间的距离加起来，总距离最短的候选点即是第 n 个最近的节点，也就是始发点到达该点最短距离的路径。

（2）多个起讫点的问题。如果多个货源地为多个目的地服务，这种情况下，运输线路的选择要指定各个目的地的供货地，同时还要找到供货地和目的地之间的最短路线，这类问题往往应用计算和求解等更为复杂的线性规划算法。

（3）起讫点重合的问题。起讫点重合的问题就是始发点和终点为同一地点的路线选择。例如，配送车辆从仓库送货至零售点，然后返回仓库，再重新装货；连锁零售超市的配送运输车辆从超市送货至顾客，再返回到连锁零售超市。这类问题求解的目标是排列访问各点的顺序，使运行时间或距离最小化。始点和终点相重合的路线选择问题通常被称为“旅行推销点”问题，对这类问题应用经验探视法比较有效。

3.3.4 变更卸货地和变更收货人

不管是海上运输、铁路运输，还是公路运输，经常都会因为某些原因出现这种中途变更的情况。当一票货物处于运输途中时，连锁企业配送中心或商品供应商很可能要求改变线路或目的地，甚至要求改变收货人。某些类型的营销商，其购买商品的目的就是要将商品全部销售出去，因此当购买的商品在运输途中时，他们采取这种做法是很常见的。在市场变化迅速的场合下，提供这种灵活性的服务是极其重要的，尤其在进行连锁超市的食品和其他易腐产品的运输时。

变更卸货地（Diversion）是在托运的货物还没有抵达原先的目的地之前改变其目的地；而变更收货人（Reconsignment）则是在货物还没有实际交付之前变更收货人。铁路承运人和汽车承运人都提供这两种服务，并收取特别的费用。

托运人因故需要变更运输货物的名称、数量、起讫地点、运输时间及收发货人时，应向承运人提出运输变更申请书或其他形式的书面申请（包括信函、电报）。货物起运后，在可能条件下，承运人允许变更到达地点或收货人。

承运人要求变更运输日期、车辆种类和运行路线时，应及时与托运人联系，并与托运人协商，最终达成一致意见。

电话申请变更时需详细说明运单编号和变更事项，双方复述无误，并做好电话记录，事后补办变更手续。因变更所发生的运输费用由变更方负担，变更后的运输费用应及时结清。

3.3.5 货物跟踪和快捷处理

运输信息系统是配送中心主管运输的部门对与运输相关的物流信息进行统一管理的系统，如有关运输计划、货运清单、统计资料、运输事故查询及其处理等。运输信息系统是物流信息系统一个重要的子系统。

运输信息系统不仅具有信息查询和维护的作用，还可以提高连锁企业运送货物的准确性和及时性，提高客户服务水平，从而提高企业的竞争优势。另外，运输信息系统有关货物运输状态的信息数据可以在整个供应链上进行信息共享，便于上下游企业和本企业开展工作，实现整体共赢的目标。

货物跟踪技术是在运输信息系统的基础上发展起来的运输技术，它是运输信息系统的一个组成部分。货物跟踪系统是指物流运输企业利用物流条形码技术和电子数据交换（EDI）技术及时获得货物运输过程中的相关实时信息，如货物种类、数量、货物在途情况、交货期限、目前所在地、送货车辆、送货人、货主等，以提高物流运输的服务质量。

货物运输跟踪的主要步骤如下。

（1）货物进入运输流域之前，将货物的信息制成条形码，印制在货物包装上或发票上。

（2）在取货、运输的过程中，利用扫描仪读取条形码的货物信息。

（3）通过通信线路或互联网，将货物信息传送到运输调度中心的计算机系统，由计算机进行汇总和整理，并存储记忆。

（4）终端客户可以通过网络和系统实现对货物状态的实时查询，同时也可以查询货物交付时间与交付地点。

通过货物跟踪系统，可以及时发现未按规定时间完成交付的情况，便于及时查明原因并进行更正，提高货物运输的服务水平和客户的满意度。

另外，还可应用运输信息系统对运输业务和运输计划进行管理和操作。在货物运输过程中，对货物进行实时监控和查询，可以大大提高运输活动的准确性和及时性，实现货物运输的快捷管理，进而提高运输活动的运输效率和服务水平。

实施货物跟踪有两个要求：首先要求物流条形码实现标准化；其次要投入较大成本，配置各类扫描及信息传输的设施设备。

货物跟踪系统中必不可少的就是车辆运行管理系统，该系统可以对运输活动的车辆进行管理，通过定位系统，确定车辆在路网中的位置，及时对车辆进行调度，满足顾客需求，避免车辆完成任务后产生空车返回的现象，造成运输成本的浪费。该系统主要有 MCA（Muti Channel Access）无线技术的车辆运输运行系统及应用通信卫星、GPS、GIS 技术的车辆运行管理系统。这些系统的运行对于实现企业车辆最佳配置、提高物流运送业务效率和顾客满意度都具有重要的意义。其不足是系统的建设费用高、通信费用高，这对企业会产生一定的影响。

随着物流技术的不断发展和互联网的普及，货物跟踪和快捷处理被大多数企业广泛应用，客户和物流运输企业只要在互联网上建立自己的网站，便可以结合相关的信息技术进行货物跟踪服务。

3.3.6　货物丢失、损坏与赔偿

货运过程中因为货损货差造成的索赔、理赔事件时有发生，我国及国际的相关运输法规对货物丢失、损坏及赔偿做了明确的规定。

1．货物丢失、损坏与赔偿的法律规定

货物运输过程中经常发生货物损毁或灭失的情况，从而导致违约行为的发生。出现这种情况后，承托双方及有关方应编制货运事故记录。货物运输途中，发生交通事故造成货物损坏或灭失，承运人应先行向托运人赔偿，再向肇事的责任方追偿。

我国的《中华人民共和国海商法》《汽车货物运输规则》《铁路货物运输规则》等相关运输法规都对货物运输事故即货物的丢失和损坏的处理进行了论述。货物运输事故处理过程中，收货人不能扣留车辆，承运人也不能扣留货物。对于扣留车、货造成的损失，应该由扣留方负责赔偿。一般情况下，货物运输事故赔偿数额按以下规定办理。

（1）货物运输事故赔偿分为限额赔偿和实际损失赔偿两种情况。若相关法律法规对赔偿责任限额有规定，则依照规定赔偿；尚未规定赔偿责任限额的，按货物的实际损失赔偿。

（2）在保价运输中，若货物全部灭失，则按货物保价声明价格赔偿；货物部分毁损或灭失，

则按实际损失赔偿；货物实际损失高于声明价格，则按声明价格赔偿；货物能修复的，则按修理费和取送费之和赔偿。保险运输按投保人与保险公司商定的协议办理。

（3）没有办理保价或保险运输，且在货物运输合同中没有约定赔偿责任的，按上述（1）的规定赔偿。

（4）货物损失赔偿费包括货物价格、运费和其他杂费。货物价格中未包括运杂费、包装费及已付的税费时，应按承运货物的全部或缺少部分的比例加算各项费用。

（5）对于货物毁损或灭失的赔偿额，如果双方当事人有合同约定，则按照其约定执行；若没有约定或约定不明确，则双方可以补充协议，不能达成补充协议的，按照交付或应当交付时货物到达地的市场价格计算。

（6）如果由于承运人的责任造成货物灭失或损失，则以实物赔偿，运费和杂费照收；按价格赔偿的，退还已收的运费和杂费；被损货物尚能使用的，运费照收。

（7）丢失货物进行赔偿后，若货物又被查回，应将货物送还原主，收回赔偿金或实物；原主不愿接受失物或无法找到原主的，货物由承运人自行处理。

（8）承托双方对货物逾期到达、车辆延滞、装货落空等都负有责任时，按各自责任所造成的损失相互赔偿。

北京 A 公司带着私藏多年的老酒参加国际酒类博览会后，委托 B 物流公司将酒运回。A 公司为酒保价 20 万元，到货后支付运输费、保价费 1 000 元左右。收货时却发现酒瓶破碎。破碎的三瓶酒至少价值 150 万元，因此，A 公司索赔 150 万元。而 B 物流公司却表示，快递单相当于双方合同，是具有法律效应的。按照公司对保价物品出现损毁的赔偿规定，B 公司将按快递单上的保价金额进行赔付，赔付金额不会超过 20 万元。

2．货物运输事故的赔偿程序

（1）货物运输事故发生后，承运人应及时通知收货人或托运人。收货人、托运人了解货物运输事故后，应在约定的时间内与承运人签订货物运输事故记录。

货物赔偿时效从收货人、托运人得知货物运输事故信息或签注货物运输事故记录的次日起计算。在约定运达时间的 30 日后未收到货物，则视为灭失，自第 31 日起计算货物赔偿时效。未按约定或规定的运输期限运达交付的货物，视为迟延交付。

（2）当事人要求另一方当事人赔偿时，须提出赔偿要求书，并附运单、货物运输事故记录和货物价格证明等文件，要求退还运费的，还应附运杂费收据；另一方当事人应在收到赔偿要求书的次日起 60 天内做出答复。

（3）承运人或托运人发生违约行为时，应支付违约金，其数额以承托双方签订的合同为准。

（4）承运人非故意行为造成货物迟延交付的赔偿金额不得超过所迟延交付货物的全程运费数额。

3.3.7　货物滞期费和延误费

滞期费和延误费是对托运人的货物因占用运输船舶、车辆及拖车的时间超出指定的装卸时间进行估算，向托运人或收货人收取的相关费用。

1．滞期费

滞期费（Demurrage）是指在海上运输中，当船舶装货或卸货的时间延期并超过装卸货时间时，由租船人向船东支付一定的约定款项作为赔偿。在英国，滞期费被认为是预先约定的违约金；在美国，滞期费被认为是延期运费。滞期费率通常在租船合同中约定。

通常情况下，滞期费按照天数收取。有些合同规定，超过一定的滞期时间后则必须支付额外的滞期费或船期损失费。只要滞期费发生，船舶便处于滞期状态；一旦船舶处于滞期状态，在计算滞期费用时，天数的计算就应当包含周末、节假日的天数。所以有这样的说法："一旦滞期，永远滞期"（Once on demurrage，always on demurrage）。

在铁路运输中，承运人通常需要对托运货物在卸货完毕前占用铁路车辆时间超过 48 小时以上的那部分时间收取滞期费。

与滞期费相反的还有一个概念，叫做速遣费（Dispatch Money）。如按约定的装卸时间和装卸率提前完成装卸任务，使船方节省了船舶在港的费用开支，船方将其获取利益的一部分给租船人作为奖励，把这部分费用叫做速谴费。按照惯例，速遣费一般为滞期费的一半。滞期费和速遣费通常都按天计算；不足一天的按比例计算。

2．延误费

延误费（Detention）是指汽车承运人用来弥补货物运输过程中造成耽搁而产生的费用。在我国汽车运输过程中，若发生下列情况，应按计时运价的 40%核收延误费。

（1）因托运人或收货人责任引起的超过装卸时间定额、装卸落空、等装待卸、途中停滞、等待检疫的时间。

（2）应托运人要求运输特种或专项货物需要对车辆设备改装、拆卸和清理延误的时间；因托运人或收货人造成不能及时装箱、卸箱、掏箱、拆箱、冷藏箱预冷等业务，使车辆在现场或途中停滞的时间。

（3）延误时间从等待或停滞时间开始计算，不足 1 小时者，免收延误费；超过 1 小时及以上者，以半小时为单位递进计收，不足半小时按照半小时计算。车辆改装、拆卸和清理延误的时间从车辆进厂（场）起计算，以半小时为单位递进计算，不足半小时按照半小时计算。

由托运人或收、发货人责任造成的车辆在国外停留延滞时间（夜间住宿时间除外），计收延误费。延滞时间以小时为单位，不足 1 小时按 1 小时计算。延误费按计时包车运价的 60%～80%核收。

执行合同运输时，因承运人责任引起货物运输期限延误，根据合同规定，按延误费标准，由承运人向托运人支付违约金。

3.4 集装化运输

在现代连锁配送过程中，如果一个用户的配送数量不能达到车辆的有效载运负荷，配送企业应集中不同用户的货物进行搭配装载，以充分利用运输工具的运力，也就是通过对多个客户的货物进行有效的配装，提高配送和运输的效率，降低运输成本。但是，由于货物种类较多，特性各异，在运送过程中，它们的操作工艺和作业要求不可能完全一样。为确保运输服务质量，配送企业应选择合适的运输车辆类型，必要时还将进行分别配装和运输。

车辆集装化运输技术要解决的主要问题是，在充分保证货物质量和数量完好的前提下，尽可能提高车辆在容积和载货两方面的装载量，以提高运输工具的运载能力和运输效率的利用率，降低送货成本。

3.4.1 集装化运输的优点和缺点

1. 集装化运输的优点

（1）提高运输质量，减少运输过程中的货物损坏、丢失和错运。集装单元把货物密封在包装容器（如集装箱等）内，实际上起到了强度很大的外包装作用。在运输过程中无论经过多少环节，都不需搬动集合包装内的货物，因而有效地保护了货物，减少了破损，同时还能防止货物被盗或丢失。如美国集装箱运输的货损率就很小，只有 0.01%。

（2）实现机械化装卸作业，减轻工人的劳动强度。以苹果等生鲜货物的运输为例，如果不采用集装用具，那么，在承运过程中，就得用人工装卸，工人劳动强度很大，且工效低下。如果将苹果等货物进行包装后，装在钢制有栏托盘（集装用具）上，这样装卸汽车（或铁路货车）时，就可以采用机械吊车进行装卸。一位吊车司机，再配上一位指挥装卸的工人就可以进行快速装卸作业，不仅提高了工效，还大大减轻了工人劳动强度。

（3）简化货物流通环节，加速货物流通。采用集装运输的货物能从发货单位仓库直接运到收货单位仓库，无论途中经过陆路和水路，都不用搬动集装单元内的货物，从而实现“门到门”的运输。集装单元能缩短装卸时间，加速货物的流通。如铁路用 50 吨车皮装运零散货物，需 6 人装卸 3 ~ 4 小时，而用集装箱只需 3 人用 15 分钟就可以完成；一般万吨级货轮，用传统方式装卸需要半个月，而使用集装箱，装卸时间不会超过 1 天。

（4）改善仓储管理，提高仓库利用率。经过集装的货物比较规范和整齐，不仅便于货物的仓储与管理，同时，由于能采用机械化的搬运手段，加快了货物进出仓库的速度，从而提高了仓库利用率。

（5）节省包装费用，降低运输成本。集装单元节省包装材料。集装箱和托盘等可以反复周转使用，大多数货物改用集装单元后，原来的外包装可以降低用料标准，如原用木箱的可改用瓦楞纸箱，原来用五层瓦楞纸箱的可改用三层等。集装单元可以减少包装操作程序，减轻劳动强度，降低包装费用。如有的货物用集装箱运输，只要把货物按顺序装到箱内，箱上加上铅封，用叉车装运即可；托盘包装可进行整组货物捆扎，省去了每小箱货物捆扎的工序。

2．集装化运输的缺点

集装化运输的缺点是作业有间歇、需要宽阔的道路和良好的路面、托盘和集装箱的管理烦琐、设备费一般较高。另外，由于托盘和集装箱自身的体积及重量的原因，使货物的有效装载减少。

3.4.2　集装单元化技术简述

集装单元化技术是物流管理硬技术（设备、器具等）与软技术（为完成装卸搬运、储存、运输等作业的一系列方法、程序和制度等）的有机结合。集装单元化技术是物流系统中的一项先进技术，它是适合于机械化大生产，便于采用自动化管理的一种现代科学技术。在推广应用集装单元化技术的过程中必须注意单元化技术与设备的系统化、通用化和标准化。

（1）系统化。集装单元化技术的全面应用，应该贯穿物流系统的各个环节，因此它具有系统的概念，从仓库进货，到堆码、储存、保管、分拣、配送、运输、回收等诸多环节都会出现单元化容器的形态。集中单元化技术要对全物流过程各项环节和活动进行综合、全面的管理。

（2）通用化。集装单元化要与物流全过程的设备与工艺相适应，不同形式的集装单元化方法之间、同一种集装单元化方法的不同规格的集装工具之间要互相协调，如单元化容器的尺寸链必须配合汽车的尺寸、托盘的尺寸，甚至滚道的宽度尺寸、货架的尺寸以及其自身互相组合的尺寸等，以便在物流全过程中畅通无阻。

（3）标准化。从集装单元化技术术语的使用、集装工具的外形和重量、集装工具的材质、性能、试验方法，一直到编号和标志，都必须标准化（包括国家标准和国际标准），以便进行全社会和国际间的流通和交换。

随着经济贸易的发展，经济结构的多样化，尤其是连锁企业的快速发展，货物运输的小批量、多批次、运输距离短的需求越来越多，因此，对这些货物应用集装的方式运输，已经越来越受到运输市场的欢迎，目前已经成为我国连锁、零售企业和批发企业应用的主要方式。

集装单元化技术将在第 4 章详细阐述。

3.4.3　集装化运输的注意事项

连锁企业物流管理过程中，应用集装化运输的货物运货方式时需要注意以下几个方面的内容。

（1）尽量把外观相似、容易混淆的货物分开装载，这样可以降低或消除差错率。

（2）重量大的货物尽量放在下面，轻货应放在重货的上面；大的包装尽量放在小包装的下面；强度大的包装单元应放在强度相对较小的包装单元下面。这些都为了防止货物损坏。

（3）几种物理和化学性质不相近的货物不能混装。例如，散发气味的货物与吸收气味的货物不能混装，散发粉尘的货物与清洁货物不能混装，渗水或挥发水分的货物与易受潮的货物不能混装。

（4）包装形式和材料不同的货物一般要分开装。如板条箱货物与纸箱、袋装货物等不能混装。

（5）有尖角或其他突出部件的货物应和其他货物分开或用木板隔离，以免损伤其他货物。

（6）装载易滚动的卷状、桶状货物时，要垂直摆放，防止其滚动碰撞，造成无谓损伤。

（7）货与货之间、货与车辆之间应留有空隙并适当加衬垫，防止货损。

（8）装货完毕时，应在门端处采取适当的稳固措施，以防开门卸货时货物倾倒造成货损或人身伤亡。

（9）尽量坚持“后送先装”的装货原则。

复习思考题

1 选择运输方式时必须考虑哪些因素？

2 影响运输方式选择的因素有哪些？

3 运输过程中，出现货物收货人和目的地发生变更时，该如何进行处理？

案例分析

某百货公司与某铁路分局签订了一份家电运输合同，合同规定由该铁路分局（承运人）在合同生效后的一周内提供五节 55 吨闷罐车皮，并抵达某仓库的专用铁路第二月台，由托运人负责装车，装车时间不超过 12 小时。承运人要在 4 天之内将五节车皮运抵指定车站。由于该批家电价值比较高，承运人要求托运人押车。签订合同后一周，托运人即向承运人提交家电（货物）运单，承运人在运单上加盖了车站日期章后，该合同即告成立。托运人在某仓库月台等候车皮，经屡次电话催促后，承运人在合同生效后第 9 天才将车皮驶到某仓库月台。铁路方面派人员监令装车，按时装完车后，其中四节车皮加了铅封，一节车皮未封，留给托运人的押运人乘坐。由于运输困难，铁路编组花了 4 天时间才将该五节车皮编组发出，运抵指定地点时已是第 7 天，比合同规定的时间晚了 3 天。在卸货时，收货人发现三节车皮的家电外包装被老鼠啃过，损坏严重，部分录音机的塑料机壳也被咬坏，里面的线路被咬断，基本上属于报废产品。收货人立即打电话询问托运人，托运人告诉其货物装车时是完好的，是在运输途中被老鼠咬坏的。于是，托运人要求承运人赔偿相关损失计 15 万元，另外支付逾期到达的违约金，数额为运费总额的 20%。

问题：承运人是否应该对托运人的经济损失负责赔偿？为什么？

实训项目

杭州八方物流有限公司业务操作及处理

实训背景：杭州八方物流有限公司是一家综合性的物流企业，服务内容包括仓储、装卸、搬运、包装加工、代理进出口报关及信息处理等。运输以国内为主。为了保证货物的安全，实现对货物的实时控制，适应客户临时变更运输计划的需要，公司率先推出了专职押运措施，成立了一支训练有素的押运队伍，并为每位押运员配备了手机，保证信息的畅通。公司凭借先进的服务理念，不断进取，取得了很大的成就。

2013 年 5 月 10 日，该公司浙江省上虞办事处接到四家公司的货物运输委托，同时杭州萧山分公司也接到五个客户的订单。这些订单的详细内容如表 3-2 和表 3-3 所示。

表 3-2　上虞办事处接订单情况

客户名称	起 运 地	目 的 地	装车类型
浙江华欣有限公司	上虞	青岛	零担：1.5 吨纺线
浙江威力有限公司	上虞	沈阳	整车：8 吨设备
浙江盛达电子有限公司	上虞	淄博	零担：0.8 吨器材
浙江丰乐工业有限公司	上虞	石家庄	整车：10 吨工业品

表 3-3　萧山分公司接订单情况

客户名称	起 运 地	目 的 地	装车类型
浙江华盛电子有限公司	萧山	长春	零担：1.2 吨电子
浙江威发实业有限公司	萧山	沈阳	整车：8 吨零件
浙江金名有限公司	萧山	北京	整车：10 吨工业品
杭州高丝有限公司	萧山	石家庄	零担：0.8 吨器材
杭州奥斯有限公司	萧山	青岛	集装箱运输：10 吨

实训任务：假设 2013 年 5 月 10 日之前该公司没有其他的业务订单，根据以上信息，请帮助该公司对这些业务进行操作和处理。

第 4 章

流通加工、包装及装卸

引导案例

出口鲜香菇的保鲜与运输

香菇因其独特的口味和食疗作用而受到东南亚国家消费者的日益青睐，尤其是新鲜香菇的市场价格一直看好。但出口的鲜香菇需要保持自然色泽、自然外形，以及盖滑、柄脆的口感，这样消费者才会接受。根据国际市场的要求，鲜香菇的出口必须做好以下工作。

1. 适时采收

为避免鲜菇含水量太高而导致菇面发黑、品质下降，采收前一天不要加筒棒水；鲜菇也不宜在雨天采收。采菇要在适宜的时间进行，夏菇可早晚各采收一次，冬菇应在早上采收，因为此时气温较低，菇体新陈代谢缓慢，不易开膜，可保证品质。另外，采收必须按鲜菇出口标准进行：朵形完整，菇肉肥厚，菌幕白色未破（七成熟）或微开（八成熟）或大卷边（九成熟），无粘土，无破损，无畸形，无病虫害，保持自然生长时的美姿。采下的鲜香菇应放到垫有大块方形纱布的塑料篮中，采完后将纱布对角扣结，待处理。

2. 适度脱水（排湿）

鲜菇含水量一般都较高，在堆放、贮存、运输过程中会因菇体的生理代谢活动而发热升温，影响商品性。出口鲜香菇有大小包装之分，大包装要求含水量在 70%～80%，小包装要求含水量在 80%～90%。鲜菇的脱水（排湿）方式有：① 自然日晒排湿。即将鲜菇置于晒帘上，菇盖倾斜向上均匀排列，让阳光晒或风吹拂。秋冬菇晾晒 3～6 小时，春菇晾晒 6～7 小时，夏菇晾晒 1.0～1.5 小时。具体时间要根据菇体含水量灵活掌握，一般以手捏菌柄无湿润感、菌褶稍有收缩为度。② 回转热风排湿。将菇盖向下均匀摊在晒帘上，置于自制的热风（40℃）回转窑中排湿。③ 利用排湿机排湿。采用此法排湿，鲜菇色泽好、质量高，但投资大。经脱水后的鲜菇装入塑料筐中，移入 1℃～4℃的冷库中预冷、贮存，继续降温排湿，随后包装。

3. 合理包装

先将冷库中的脱水菇按大小分级、剪柄、过磅，分装在塑料篮中，重新置冷库中约 2 小时后进行包装。包装分大小两种，大包装又按菇盖直径分成 1 级（直径 6cm 以上）、2 级

（直径 5cm 以上）和 3 级（直径 4cm 以上），然后分别装入透明无毒的薄膜袋中，抽气密封后再装入隔热的塑料泡沫箱内，外套瓦楞纸箱。每箱装量净重 5 千克或 10 千克，最后用胶纸密封箱口，标明级别、重量和发货日期。小包装是将鲜菇装入塑料盒的托盘上，每盒净重 100 克，可以装 4 朵、5 朵、6 朵、8 朵不等。菌褶要向上，排列要整齐，外面用专用塑料保鲜膜密封。然后分级，装入纸箱，用胶纸封口，标明级别、重量和发货日期，贮于冷库中待运。

4. 做好运输

鲜菇包装后要及时起运到港口（空港或海港）。在气温低于 15℃时，可用普通车运送；气温高于 15℃时须用制冷车（1～3℃）运送。由于鲜菇主要销往日本和新加坡等地，供货方必须考虑运输所需的时间和商家的销售时间，保证及时供货。香菇保鲜有效期因气温升高而缩短，气温在 1℃时可保鲜 18 天，6℃时可保鲜 14 天，14℃时可保鲜 7 天，20℃时可保鲜 4 天。

本章学习目标

通过本章的学习，学生应该掌握以下几个方面的内容：

1. 了解流通加工的特点及作用；
2. 了解流通加工的类型；
3. 掌握包装的功能；
4. 了解包装标志；
5. 掌握装卸搬运机械的管理及运用；
6. 掌握装卸搬运合理化的理念；
7. 了解托盘化的意义与作用；
8. 了解集装单元技术的分类和意义。

学习导航

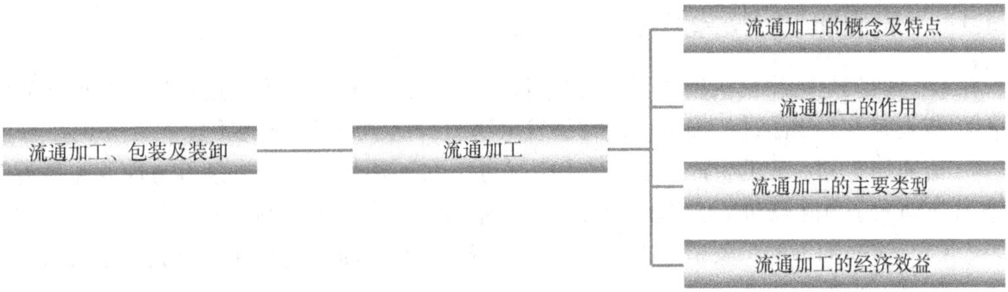

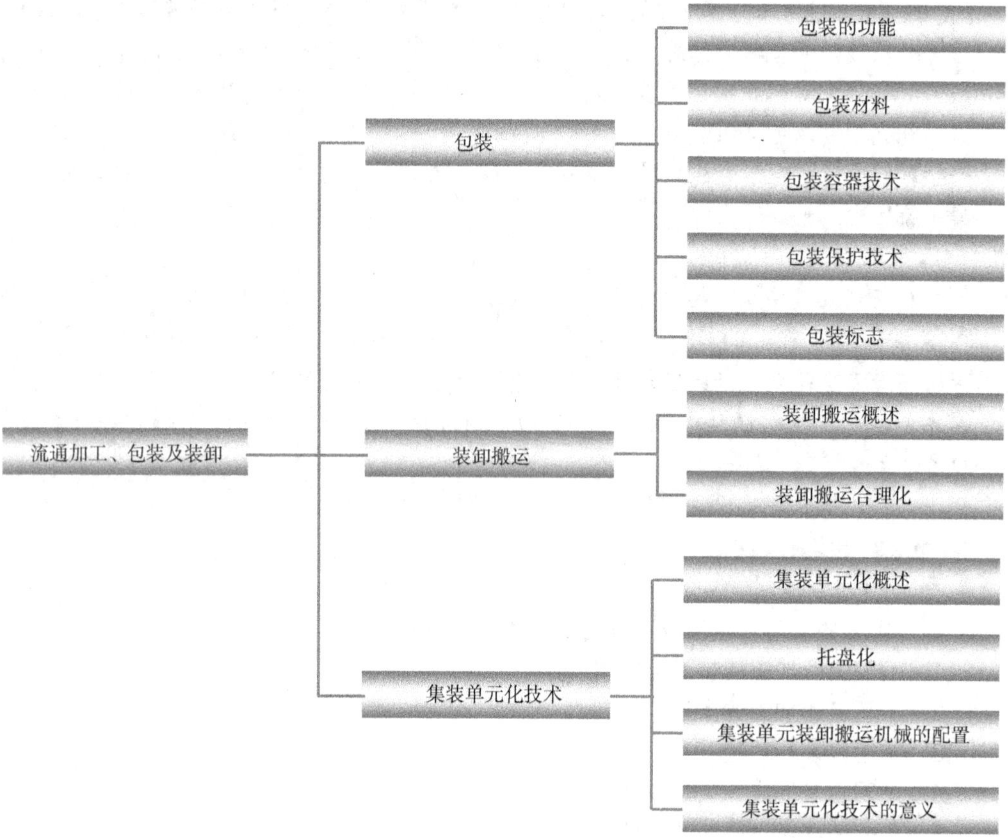

职业指导

商品从入库到出库之间的装卸、搬运、流通加工等属于仓库管理岗位；流通加工岗位包括商品的分类、拆箱改包装、产品组合包装、商标和粘贴卷标作业等。

4.1 流通加工

4.1.1 流通加工的概念及特点

流通加工是指物品从生产领域向消费领域流动的过程中，为促进销售、维护产品质量和提高物流效率，对物品进行加工，使物品发生物理、化学或形状的变化。

流通加工和一般的生产型加工在加工方法、加工组织、生产管理等方面并无显著区别，但在加工对象、加工程度等方面差别较大。其差别主要体现在以下几个方面。

（1）流通加工的对象是进入流通过程的商品，具有商品的属性。可见，流通加工的对象是商品；生产加工的对象不是最终产品，而是原材料、半成品。

（2）流通加工大多是简单加工，而不是复杂加工。一般来讲，如果必须进行复杂加工才能形成人们所需的商品，那么，这种复杂加工应专设生产加工过程，生产过程理应完成大部分加工活动，流通加工只是生产加工的一种辅助及补充。

（3）从价值观点看，生产加工的目的在于创造价值及使用价值，而流通加工则在于完善其使用价值，并在不做出大改变的情况下提高价值。

（4）流通加工的组织者是从事流通工作的人，能密切结合流通的需要进行这种加工活动。从加工单位来看，流通加工由商业或物资流通企业完成，而生产加工则由生产企业完成。

（5）商品是为交换、为消费而生产的；流通加工以自身流通为目的，纯粹为流通创造条件。从目的上讲，这种为流通所进行的加工与直接为消费进行的加工是有区别的。

4.1.2 流通加工的作用

1．流通加工有效地完善了流通

在实现“时间”和“场所”两个重要效用方面，流通加工确实不能与运输和储存相比，因而流通加工不是物流的主要功能要素。流通加工的普遍性也不能与运输、储存相比，因为流通加工不是所有物流中必然出现的工序。但是，这绝不是说流通加工不重要，它实际上也是不可忽视的要素，是起着补充、完善、提高、增强作用的功能要素，能起到运输、储存等其他功能要素无法起到的作用。所以，流通加工的地位可以描述为“是提高物流水平，促进流通向现代化发展的不可缺少的形态”。

2．流通加工是物流中重要的利润源

流通加工是一种低投入、高产出的加工方式，往往以简单加工解决大问题。实践证明，有的流通加工通过改变包装使商品档次跃升，从而充分实现商品的价值；有的流通加工可以将产品利用率提高 20%～50%，这是采取一般方法提高生产率所难以达到的。根据我国近些年的实践，仅流通加工向流通企业提供利润这一点，其成效就不亚于从运输和储存中挖掘利润，所以说流通加工是物流中的重要利润源。

3．流通加工是国民经济中重要的加工形式

在整个国民经济的组织和运行方面，流通加工是其中一种重要的加工形态，对推动国民经济的发展，完善国民经济的产业结构和生产分工具有一定的意义。

4．进行初级加工，方便用户

以生鲜蔬菜为例，用量小或有临时需要的顾客缺乏进行高效率初级加工的能力与时间，而依靠流通加工可省去顾客进行初级加工的时间、设备及人力，从而搞活供应，方便用户。

5．提高加工效率及设备利用率

流通加工建立集中加工点，可以采用效率高、技术先进、加工量大的专门机具和设备进行

加工，加工效率高，设备的利用率也高。

4.1.3 流通加工的主要类型

1. 为弥补生产领域加工不足而进行的深加工

许多产品在生产领域的加工只能达到一定程度，这是由于许多因素限制了在生产领域不能完全实现终极的加工。例如，木材如果在产地制成木制品，就会给运输带来极大困难，所以原生产领域只能将木材加工到圆木、板方材这个程度，进一步的下料、切裁、处理等加工则由流通加工完成。这种流通加工实际上是生产的延续，是生产加工的深化，对弥补生产领域加工不足具有重要意义。连锁企业的这种流通加工较少。

2. 为满足需求多样化而进行的服务性加工

需求存在着多样化和多变化两个特点，为此，用户经常自己设置加工环节，如生产消费型用户的再生产往往从原材料初级处理开始。就用户来讲，现代生产的要求是生产型用户尽量减少流程，集中力量从事较复杂的、技术性较强的劳动，而不是将大量初级加工包揽下来。这种初级加工带有服务性，应由流通加工来完成，这样，生产型用户可以缩短自己的生产流程，提高生产技术密集程度。对一般消费者而言，这种初级加工可省去烦琐的预处置工作，集中精力从事较高级且能直接满足需求的劳动。

3. 为保护产品而进行的加工

在物流过程中，产品在投入使用前都存在对产品的保护问题，防止产品在运输、储存、装卸、搬运、包装等过程中遭到损失，保证其使用价值能顺利实现。和前两种加工不同，这种加工并不改变进入流通领域的“物”的外形及性质。这种加工主要采取稳固、改装、冷冻、保鲜、涂油等方式对产品进行加工。

4. 为提高物流效率、方便物流而进行的加工

一些产品本身的形态使其难以进行物流操作，如鲜鱼的装卸等。进行流通加工可以使物流各环节易于操作，如鲜鱼冷冻等。这种加工往往改变“物”的物理状态，但不改变其化学特性，并最终能恢复产品的原物理状态。

5. 为促进销售而进行的加工

流通加工可以从多个方面起到促进销售的作用。例如，将大包装或散装物（这是提高物流效率所要求的）分装成适合一次销售的小包装的分装加工；将原以保护产品为主的运输包装改换成以促进销售为主的装潢性包装，以起到吸引消费者和指导消费的作用；将零配件组装成用具、自行车等，便于直接销售；将蔬菜、肉类洗净切块，以满足消费者要求等。这种流通加工可能不改变“物”的本体，只进行简单改装的加工，也有许多是组装、分块等深加工。

6．为提高加工效率而进行的加工

由于数量有限，许多生产企业的初级加工效率不高，也难以投入先进的科学技术。流通加工以集中加工形式解决了单个企业加工效率不高的弊病，以一家流通加工企业代替了若干生产企业的初级加工工序，加速了生产水平的提高。

7．为提高原材料利用率而进行的加工

流通加工利用其综合性强、用户多的特点，实行合理规划、合理套裁、集中下料的办法，这样能有效地提高原材料利用率，减少损失浪费。

8．衔接不同运输方式，使物流合理化的加工

在干线运输及支线运输的结点设置流通加工环节，可以有效地解决大批量、低成本、长距离干线运输，多品种、少批量、多批次末端运输和集货运输之间的衔接问题。在流通加工点与大生产企业之间形成大批量、定点运输的渠道，又以流通加工中心为核心，组织对多用户的配送；也可以在流通加工点将运输包装转换为销售包装，从而有效衔接了不同的运输方式。

9．以提高经济效益、追求企业利润为目的的加工

流通加工的一系列优点可以形成一种“利润中心”的经营形态。这种类型的流通加工是经营的一环，在满足生产和消费要求的基础上取得利润，同时在市场和利润的引导下使流通加工在各个领域中有效地发展。

10．生产-流通一体化的加工

依靠生产企业与流通企业的联合，或者生产企业涉足流通，或者流通企业涉足生产，从而形成合理分工、合理规划、合理组织和统筹安排的生产与流通加工，这就是生产-流通一体化的流通加工形式。这种形式可以促成产品结构及产业结构的调整，充分发挥企业集团的经济技术优势，是目前流通加工领域的新形式。

连锁企业常用的流通加工方式有：① 冷冻加工。这是为解决鲜肉、鲜鱼或药品等在流通中的保鲜及搬运装卸问题而采取的低温冷冻方式的加工。② 分选加工。这是针对农副产品规格、质量离散较大的情况，为获得一定规格的产品，采取人工或机械分选的方式加工。③ 精制加工。这是在农牧副渔等产品的产地和销地设置加工点，去除无用部分，甚至可以进行切分、洗净、分装等加工。④ 分装加工。这是为了方便销售，在销售地区按所要求的零售起点进行新的包装、大包装改小包装、散装改小包装、运输包装改销售包装的一种加工方式。

4.1.4　流通加工的经济效益

流通加工是流通领域中对生产的辅助性加工，从某种意义上讲，它不仅是生产过程的延续，也是生产本身或生产工艺在流通领域的延续。这个延续可能具有正、反两方面的作用，一方面，可能对生产起到补充完善的作用，另一方面，各种不合理的流通加工会产生抵消经济效益的负效应。

1. 不合理的流通加工形式

（1）流通加工地点设置不合理。流通加工地点设置即布局状况，这是整个流通加工能否有效的重要因素。一般而言，为衔接单品种大批量生产与多样化需求的流通加工，加工地设置在需求地区，这样才能实现大批量的干线运输与多品种末端配送的物流优势。如果将流通加工地设置在生产地区，其不合理之处在于多样化需求的多品种、小批量产品由产地向需求地的长距离运输不合理；另外，在生产地增加一个加工环节的同时，也增加了近距离运输、装卸、储存等一系列物流活动。

通常，为方便物流，流通加工环节应设在产出地，即设置在进入物流之前；如果将其设置在物流之后，即设置在消费地，则不但不能解决物流问题，还在流通中增加了一个中转环节，因而也是不合理的。

即使在产地或需求地设置流通加工的选择是正确的，还要考虑流通加工在小地域范围的正确选址问题，如果这个问题处理不善，仍然会出现不合理状况。这种不合理主要表现在交通不便、流通加工与生产企业或用户之间距离较远、流通加工点的投资过高（如受选址的地价影响）、加工点周围社会与环境条件不良等。

（2）流通加工方式选择不当。流通加工方式包括流通加工对象、流通加工工艺、流通加工技术、流通加工程度等。流通加工方式的确定实际上是与生产加工进行合理分工。分工不合理，本来应由生产加工完成的任务，却错误地由流通加工完成，或者本来应由流通加工完成的任务却错误地由生产加工去完成，这都会造成流通加工的不合理。

流通加工不是对生产加工的代替，而是生产加工的补充和完善。所以，一般而言，如果工艺复杂、技术装备要求较高，或者加工可以由生产过程延续或轻易解决，都不宜再设置流通加工环节，尤其不宜与生产过程争夺技术要求较高、效益较高的最终生产环节，更不宜利用一个时期的市场压力使生产者完成初级加工或前期加工，而流通企业完成装配或最终形成产品的加工。如果流通加工方式选择不当，就会出现与生产夺利的恶果。

（3）流通加工作用不大，形成多余环节。有的流通加工过于简单，或者对生产者和消费者作用都不大，甚至有时出现盲目的流通加工，这非但不能解决品种、规格、质量、包装等问题，相反却增加了环节，这也是流通加工不合理的重要形式。

（4）流通加工成本过高，效益不好。流通加工之所以能够具有生命力，重要原因之一是其具有较大的产出投入比，因而对生产有效地起着补充完善的作用。如果流通加工成本过高，则不能达到以较低投入实现更高使用价值的目的。除了一些必需的、从政策要求上讲即使亏损也应该进行的加工外，其他都应看做不合理的。

2. 流通加工合理化

流通加工合理化的含义是实现流通加工的最优配置，不仅做到避免各种不合理，使流通加工有存在的价值，而且要做到最优选择。

实现流通加工合理化需要考虑以下几个方面。

（1）加工和配送相结合。这是将流通加工设置在配送点上，一方面，可以按配送的需要进行加工，另一方面，加工是配送业务流程中分货、拣货、配货的一个环节，加工后的产品可以直接投入配货作业。这就无须单独设置一个加工的中间环节，使流通加工有别于独立的生产，而是使流通加工与中转流通巧妙地结合在一起。同时，由于配送之前有加工，配送服务水平可以大大提高。

（2）加工和配套相结合。在对配套要求较高的流通中，配套的主体来自各个生产单位，但是，完全配套有时无法全部依靠现有的生产单位，而适当的流通加工可以有效促成配套，提高流通桥梁与纽带的能力。

（3）加工和合理运输相结合。流通加工能有效地衔接干线运输与支线运输，促进两种运输形式的合理化。在支线运输转干线运输或干线运输转支线运输这个本来就必须停顿的环节，不进行一般的支转干或干转支，而是按照干线或支线运输的合理要求进行适当加工，即进行流通加工，可以大大提高运输及运输转载水平。

（4）加工和合理商流相结合。通过加工有效促进销售，使商流合理化，这也是流通加工合理化需要考虑的方向之一。加工和配送结合，通过加工，提高了配送水平，强化了销售，这是加工与合理商流相结合的一个成功例证。此外，通过简单地改变包装，形成方便的购买量；通过组装加工解除用户使用前进行组装、调试的难处，这都是有效促进商流的例子。

（5）加工和节约相结合。节约能源、节约设备、节约人力、节约耗费是流通加工合理化需要考虑的重要因素，也是目前我国设置合理化的流通加工的普遍形式。

对于流通加工合理化的最终判断，需看其是否能够实现社会和企业本身两个效益，而且是否取得了最优效益。流通加工企业与一般生产企业的一个重要不同之处是，流通加工企业更应树立社会效益第一的观念，懂得只有在以补充完善为己任的前提下，自身才有生存的价值。如果只是追求企业的微观效益，不恰当地进行加工，甚至与生产企业争利，就违背了流通加工的初衷，或者其本身已经不属于流通加工范畴。

4.2 包装

包装开始于 19 世纪末 20 世纪初。工业革命使生产力水平得到大幅度提高，企业需要向外大批量地销售产品。同时，生产的发展也使消费者的购买力逐渐增强，他们对商品的数量、质量要求亦随之提高。为了保证流通领域的商品安全，使之在从生产到消费的流动过程中保持卫生、无毒、无污染且保质保量，包装就成了必不可少且行之有效的手段。大约在 20 世纪 30～40 年代，包装由原先的单纯保护商品的作用逐渐发展到具有推销产品的作用，出现了销售包装。

新型包装材料、新型包装形式和新型包装技术的出现为包装工业拓展了新的发展空间。随着物流新技术的不断开发和应用，尤其商品配送被当做一个整体受到重视和研究以后，市场对包装又提出了更高更新的要求。事实证明，包装在商品配送合理化进程中起着非常重要的作用。

4.2.1 包装的功能

1．保护功能

保护功能是包装最基本的功能，它保证商品不受各种外力的损坏。一件商品要经过多次流通才能进入商场或其他场所，最终到达消费者手中。这期间，需要经过装卸、运输、库存、陈列、销售等环节。在储运过程中，很多外因，如撞击、潮湿、光线、气体、细菌等因素，都会威胁到商品的安全。

（1）防止商品的破损变形。商品的包装必须能够承受装卸、运输、储存等物流过程中的各种冲击、震动、颠簸、压缩和摩擦，形成对外力的防护作用。所以，包装材料或包装容器必须具备相应的强度，以便抵御或减缓这些外力的影响。

（2）防止商品发生化学变化。为防止商品发生受潮、发霉、变质、生锈等化学变化，商品包装必须能在一定程度上起到阻隔水分、潮气、光线及空气中各种有害气体的作用，避免商品受到外界不良因素的影响。

（3）防止有害生物对商品的影响。鼠、虫及其他有害生物对商品具有很大的破坏性。包装封闭不严会给细菌、鼠、虫造成入侵机会，导致商品变质、腐烂，特别会对食品造成较大危害。鼠、白蚁等生物会直接吞食纸张、木材等商品。

（4）防止异物混入、污物污染、丢失与散失。

2．便利功能

所谓便利功能，也就是商品的包装是否便于使用、携带、存放等。合理的包装可以为物流全过程的所有环节提供操作上的方便，有助于物流效率的提高和物流成本的降低。

（1）方便商品的装卸、搬运。商品经适当的包装后可为装卸与搬运作业提供方便。商品的包装有利于各种装卸、搬运机械的使用，从而提高装卸、搬运机械的使用效率。包装的规格尺寸标准化为包装提供了条件，能够极大地提高装卸、搬运效率。

（2）方便商品的运输。包装的规格、形状、质量等与货物运输的效率密切相关。如果包装的尺寸与各种运输工具的空间相吻合，就能够极大地方便运输，提高运输效率。

（3）方便商品的储存。因为包装可以方便商品的装卸与搬运，所以它能大大提高储存的出入库作业速度。从保管的角度看，包装对商品本身的原始使用价值有利，为保管工作提供了方便条件；包装物的各种标志、标记使仓库管理者易于识别、存取和盘点，有特殊要求的商品容易引起管理人员的注意；从商品验收的角度看，易于开包或可以重新打包的包装方式为验收工作提供了方便。此外，包装的集合性和定量性也为节约验收时间、加快验收速度起到了十分重要的作用。

3．促销功能

常言道，“酒香不怕巷子深”，“一等产品、二等包装、三等价格”，这其实是说，只要产品质量好，就不愁卖不出去。而在市场竞争日益激烈的今天，包装的作用与重要性也为厂商深谙。

人们已经感觉到“酒香也怕巷子深”。想让自己的产品得以畅销、让自己的产品从琳琅满目的商品中吸引顾客的眼球，只靠产品的质量与媒体的轰炸是远远不够的。因为在各种超市与自选卖场如雨后春笋般纷纷出现的今天，直接面对消费者的是产品自身的包装。好的包装能直接吸引消费者的视线，让消费者产生强烈的购买欲，从而达到促销的目的。

4. 信息传递作用

通过商品的包装，可以对商品进行识别、跟踪和管理。随着商品配送的发展，包装的信息传递作用日益明显，包装已成为配送系统重要的一环。包装的信息传递作用主要体现在可以通过包装识别里面的商品。信息通常包括制造厂商、商品名称、容器类型、个数、通用的商品代码等。商品包装能使收货、储存、取货、出运等各个环节进行商品跟踪，对商品实施积极控制，减少商品的货差。使用扫描设备和代码标准化提高了商品跟踪能力和效率。

4.2.2 包装材料

包装材料运用是否得当，对包装的作用、效果及环境保护具有很大影响。常用的包装材料有金属、玻璃、木材、纸、塑料、纤维等。

1. 金属包装材料

金属包装材料是指把金属压制成薄片用于产品包装的材料。它主要指钢材和铝材，其形式为薄板和金属箔，薄板为刚性材料，金属箔为软性材料。在超市或卖场中，巧克力、茶叶等一般采用金属箔包装。

金属材料用于包装的优点有：① 金属材料牢固结实、不易破碎、不透气、防潮、避光，能有效地保护内装物。② 金属具有良好的延展性，容易加工成形。③ 加工技术成熟，金属表面有特殊的光泽，使金属包装容器具有良好的装潢效果。④ 金属材料易于再生使用。

但是，金属材料在包装上的应用受到成本高、能耗大、在流通中易产生变形、易生锈等因素的限制。

用于包装的金属材料有以下几种。

（1）镀锡薄板。镀锡薄板俗称马口铁，是表面镀有锡层的薄钢板。表面锡层的作用使这种材料除了具有良好的延展性、刚性和加工性能以外，还具有很强的耐腐蚀性。镀锡薄板的钢基成分和钢板工艺使其具有不同的调质加工性能，可以加工成各种形状的容器。镀锡薄板具有防水、防潮、防污染等优点，主要用来制造高档罐容器，如各种饮料罐、食品罐等。

（2）涂料铁。涂料铁是在镀锡薄板与食品接触的一面涂上涂料，经过烘烤、干燥制造而成。利用涂料铁生产的罐容器可以增强耐腐蚀能力，进一步保持内装物的质量。

（3）铝合金。在铝中加入一定比例的其他金属可以制成各种铝合金。按照其他合金元素的种类及含量不同，铝合金可分为许多型号，分别可制成铝箔、饮料罐、薄板、铝板和型材，还可制成各种包装物，如牙膏皮、饮料罐、食品罐、航空集装箱等。铝合金包装材料的主要特点是隔绝水、气及一般腐蚀性物质的能力较强，强度质量比大，因而包装材料轻、无效包装较少、无毒、外观性能好、易于装饰美化。

2．玻璃包装材料

玻璃凭其自身的优良特性及不断进步的加工技术成为现代包装的主要材料之一。玻璃用于销售包装，主要是玻璃瓶和平底杯式的玻璃罐，用来存装酒、饮料、其他食品、药品、化学试剂、化妆品和文化用品等。

玻璃用于包装的优点是：① 玻璃的保护性能良好，不透气、不透湿，有紫外线屏蔽性，化学稳定性高，耐风化、不变形、耐热、耐磨、耐酸、无毒无异味，有一定的强度，能有效地保护内装物。② 玻璃的透明性好，易于造型，具有特殊的传达商品信息和美化商品的效果。③ 玻璃易于加工，可制成各种规格式样，适应性较强。④ 玻璃的强化、轻量化技术及复合技术的发展加强了其对产品包装的适应性，尤其在一次性使用的包装材料中具有较强的竞争力。⑤ 玻璃包装容器易于反复使用、回收，便于洗刷、灭菌，能保持良好的清洁状态，一般不会造成公害。⑥ 玻璃作为包装原材料，其资源丰富且便宜，价格较为稳定。

但是，玻璃用做包装材料存在耐冲击强度低、碰撞时易破碎、自身重量大、运输成本高、能耗大等缺点，这些缺点限制了玻璃的应用。

3．木材包装材料

木材是包装工业中一种重要的包装材料。它的应用较为普遍，长期以来，一直被用于制作运输包装。常用的木材一般有杉木、松木等。以木材为原料制成的胶合板、纤维板、刨花板等板材也用于制作包装箱、桶等。

木材是一种天然材料，由于树种不同、生长环境不同、树干部位不同，材料的性质也会产生很大差异，因此使用时应进行合理的选择和处理。

木材用于包装的优点有：① 木材具有优良的强度、重量比，有一定的弹性，能承受冲击、震动、重压等。② 木材资源广泛，可以就地取材。③ 木材加工方便，不需要复杂的机械加工设备。④ 木材可以加工成胶合板等，减轻包装重量，提高木材的均匀性，改善包装外观，扩大木材的应用范围。

但是，木材易吸收水分、易变形开裂、易腐蚀、易受白蚁蛀蚀、常有异味，还不利于成批机械化加工。这是木材作为包装材料的不足之处。受资源的限制，国家已经采取了限制使用木材的措施。因此，木材作为包装材料，前景不佳，使用比重也在不断下降，虽然有逐步被其他材料所替代的趋势，但木材包装至今在包装材料中仍占有十分重要的地位。

4．纸质包装材料

纸质包装材料主要是纸和纸板。它的品种最多，耗量也最大，在包装材料中应用最为广泛。它既被广泛应用于运输包装，又被广泛应用于销售包装，在现代包装中占有重要地位。纸属于软性薄片材料，无法形成固定形状的容器，常用做裹包衬垫和口袋。纸板属于刚性材料，能形成固定形状的容器。

纸和纸板用于包装的优点有：① 纸和纸板的成形性和折叠性优良，便于加工，并能高速连续生产，适合包装生产的机械化。② 纸和纸板容易达到卫生要求。③ 纸和纸板易于印刷，便于介绍和美化商品。④ 纸和纸板的价格较低，不论单位面积价格还是单位容积价格，与其他材料相比都是经济可行的。⑤ 纸和纸板本身重量轻，能降低运输费用。⑥ 纸和纸板质地细腻、均匀，耐摩擦、耐冲击，容易粘合，不受温度影响，无毒、无味，易于加工，适用于不同包装的需要。⑦ 纸和纸板的废弃物容易处理、可回收利用、可再生、可降解，不会造成公害，可以节约资源。⑧ 纸板和瓦楞纸板具有适宜的坚固度、耐冲性和耐摩擦性，能安全有效地保护内装物。

但是，纸质包装也有一些弱点，如难于封口，受潮后强度下降，以及气密性、防潮性、透明性差等。

常用的包装纸类制品有以下几种。

（1）牛皮纸。牛皮纸的用途比较广泛，可用做铺衬、内包装和外包装，可制成纸袋，还可以用做瓦楞纸面层。牛皮纸的主要特点是柔韧结实、富有弹性，有较高的耐破度和一定的抗水性。它能防止内装物受潮，是包装纸中最结实的一种纸张。

（2）玻璃纸。玻璃纸是透明或半透明的防油纸。它用于内装、小包装及包装盒外、瓶外的封闭包装，有装饰、防潮、防尘的作用。其主要特点是具有抗静电性能，有一定的挺括度，易于印刷且印刷性能好，美观、透明，有很强的装饰性。其缺点是强度较低。

（3）硫酸纸。硫酸纸是经过硫酸处理的半透明纸。它主要用于带一定装饰性的小包装，如用于包装食品、药品等，可防止物品在长时间存放中受潮、干硬、走味、变质。硫酸纸的特点是纸张紧密、硬挺而富有弹性，不透油，不能透过紫外线，不易燃。

（4）板纸。板纸有以稻草及其他植物纤维为原料制成的档次比较低的草板纸（又称黄板纸）、有多层结构而面层用漂白纸浆制成的高档白板纸和密度较高的箱板纸三种类型。草板纸用做包装衬垫物及不讲究外观效果的包装盒；白板纸用于价值较高商品的内包装及中、小包装的外包装；箱板纸用于强度要求较高的纸箱、纸盒、纸桶及各种衬垫。

（5）沥青纸、油纸及蜡纸。它们是指包装原纸经过浸渍沥青、油或蜡而制成的纸。它们有较强的防水、防潮、防油、耐磨等保护性能，主要用于商品的个体包装、内包装及包装箱、盒的内衬。工业品包装中较多采用。

（6）瓦楞纸板。瓦楞纸板是目前世界上常用的一种包装纸板，由面层纸板和瓦楞芯纸黏合而构成。它的面层一般用箱板纸。面层纸板的作用是使瓦楞纸板具有一定的强度，它的质量在很大程度上决定瓦楞纸板的应变性能。瓦楞芯纸的主要功能是在瓦楞纸板受力的情况下隔开上、下两层面层纸板，使瓦楞纸板具有一定的厚度，提高抗压强度。瓦楞芯可制成不同形状，主要有 U 形、V 形和 UV 形三种。瓦楞纸板按其构成的层数分单层、三层、五层和七层。和相同厚度的其他纸制品相比，瓦楞纸板的主要特点是质量轻、强度性能好、有很好的抗震性及缓冲性、生产成本较低、面层有一定装饰和促销作用。因此，瓦楞纸板被广泛应用于运输包装的各个领域。

5．塑料包装材料

塑料用做包装材料大大改变了商品包装的面貌。塑料在包装中的应用已成为现代商品包装的重要标志之一。各种塑料容器、塑料瓶、塑料袋和塑料箱的使用范围十分广泛，塑料在整个包装材料中的比例仅次于纸和纸板，有逐步取代纸、木材、金属和玻璃的趋势。塑料包装在现代包装中所处的地位越来越重要。

塑料用于包装材料的优点有：① 塑料具有良好的物理机械性能，如有一定的强度、弹性，具有耐折叠、耐摩擦、抗震动、防潮、气体阻漏等性能。② 塑料的化学稳定性好。它耐酸碱、耐药剂、耐油性能好，能防腐蚀且无毒。③ 塑料属于轻质、节能材料。④ 塑料加工成形简单，它可以制成薄膜、片材、管材、编织布、无纺布、发泡材料等。⑤ 塑料具有良好的透明性和表面光泽，印刷和装饰性良好，能很好地传达商品信息和美化商品。

但是，塑料用做包装材料也有其弱点，如强度不如钢铁，耐热性不如玻璃，在外界因素长期作用下容易老化；有些塑料有异味；有些塑料的内部分子有可能渗入内装物；易产生静电；废弃物难处理，易产生公害；其价格受石油价格影响而波动。

塑料品种很多，用于包装的主要有聚乙烯、聚丙烯、聚氯乙烯、聚苯乙烯、酚醛树脂、氨基塑料等。

6．纤维包装材料

纤维包装材料主要指用各种纤维制作的袋状容器。天然的纤维材料有黄麻、红麻、大麻、青麻、罗布麻、棉花等，经工业加工的纤维材料有合成树脂、玻璃纤维等。

7．复合包装材料

复合包装材料就是将两种或两种以上具有不同特性的材料通过各种方法复合在一起，以改进单一包装材料的性能，发挥包装材料更多优点的材料。常见的复合材料有三四十种，使用最广泛的是塑料与玻璃纸复合材料，塑料与塑料复合材料，金属箔与塑料复合材料，金属箔、塑料、玻璃纸复合材料，纸张与塑料复合材料等。

4.2.3 包装容器技术

包装容器是以方便储存、运输、销售为目的而使用的任何容纳、限制或封闭物品（或内包装件）的器具，如袋、盒、箱、瓶、罐等。其中用金属、木材、玻璃、硬质塑料等刚性材料制成的容器在装填或取出物品后，其形状和尺寸不发生变化。我们把这种容器称为刚性容器。用软质塑料、瓦楞纸板等制成的容器，其受到一定外来压力后会发生变形，压力取消后会恢复或基本恢复成原样。我们把这种容器称为半刚性容器。另外，用纸、塑料薄膜、铝箔或布等挠性材料制成的容器，具有柔软性，装填或取出物品后其形状和尺寸发生变化。我们把这种容器称为挠性容器。

1. 包装袋

包装袋是用挠性材料制成的管状结构的容器。包装袋可用任何一种挠性材料（如纸、塑料薄膜等）制成，可以是单层材料，也可以由多层同种材料或不同的挠性材料复合而成。包装袋所使用的挠性材料一般具有较高的韧性、抗拉强度和耐磨性。包装袋一般是筒管状结构，一端预先封死，包装结束后再封装另一端，包装操作一般采用充填操作。

根据所装物品的性质及使用要求，包装袋所能盛装的重量及其尺寸可相应变动，以便获得最好的经济效益。就包装容器自身的重量与其所能盛装的物品的重量比来说，包装袋是各种包装容器中成本最低的。包装袋可以完全密封，因此能较好地防止外界的污染。包装袋在储藏和运输过程中所占空间较少，但是其比较柔软，缺乏一定的硬度，因此易于碰撞、损坏，没有盒、箱等容器坚固。

2. 包装盒

包装盒是一种刚性或半刚性容器，呈规则几何状，一般多为长方体，但也有制成尖角形或其他外形的。其容量较小，一般在 10 升以下，设有开闭装置。包装操作一般采用码入或装填，然后将开闭装置闭合。包装盒整体强度不大，包装量也不大，不适合做运输包装，适用于销售包装、内包装，适合包装块状及各种异形物品。

包装盒通常用纸板、金属、硬质塑料及纸板与塑料、铝箔等复合成的材料制成。它不易变形，有较高的抗压强度，刚性高于袋装材料。可以运用多种印刷技术装饰美化包装盒的外观，促进商品销售。

包装盒一般可以分为以下两种类型。

（1）固定包装盒。这种包装盒外形固定，在使用过程中不能折叠变形。它通常由盒体和盒盖两个主要部分组成，有时也包括其他附件，如隔板、内衬盒等。固定包装盒的特点是易于开启和关闭，适宜在货架上布置陈列，一般装饰美观，但制作成本较高，体积较大。

（2）折叠式包装盒。折叠式包装盒的盒体在未盛装物品时可以折叠变形。它一般由纸板或以纸板为基材的复合材料制成，外形以长方体最为普遍。折叠式包装盒的使用范围最广，用量最大。折叠式包装盒一般由生产企业进行裁剪及划压摺痕，以折叠压平形式送交包装使用单位。它所占空间较小，既方便运输，又节省费用。

3. 包装箱

包装箱是一种刚性或半刚性容器。它的包装结构与包装盒相同，只是容积、外形都大于包装盒，两者以 10 升为界。包装操作主要为码放，然后将开闭装置闭合或将一端固定封死。包装箱整体强度较高，抗变形能力强，包装量也较大，适合做运输包装、外包装。包装范围较广，主要用于固体杂货包装。

包装箱有以下几种类型。

（1）瓦楞纸箱。瓦楞纸箱是用瓦楞纸板制成的箱形容器。瓦楞纸箱是纸制容器中应用最广泛的一种包装容器，具有轻便、牢固、便于机械化生产的特点。它可以回收利用，有利于环境保护，也有利于装卸运输。它既可以用于运输包装，也可以用于销售包装。按瓦楞纸箱的外形结构分类，瓦楞纸箱可以分为折叠式瓦楞纸箱、固定式瓦楞纸箱和异形瓦楞纸箱三种。按瓦楞纸箱箱体的构成材料分类，瓦楞纸箱可以分为普通瓦楞纸箱和钙塑瓦楞纸箱。

（2）木箱。木箱是流通领域中常用的一种包装容器，其用量仅次于瓦楞纸箱。木箱主要有木板箱、框板箱和框架箱三种。

木板箱一般用做小型运输包装容器，能装载多种性质不同的物品。作为运输包装容器，木板箱具有很多优点，如有抗碰裂、溃散、戳穿的性能，有较大的耐压强度，能承受较大负荷，制作方便等。其缺点是箱体较重，体积也较大，本身没有防水性。

框板箱是先由条木与人造板材制成箱框板，再经钉合装配而成。框板箱的特点是：对于具有相同容量的包装箱箱体，框板箱比木板箱轻，但箱体的外径尺寸比木板箱大；由于框板有条木加固，因此框板箱具有良好的耐压强度；框板箱箱体均由整块板材制成，因此它具有一定的密封能力，但是耐戳穿强度较小。

框架箱是由一定截面的条木构成的箱体骨架，根据需要也可在骨架外面加木板覆盖。这类框架箱有两种形式：无木板覆盖的称为敞开式框架箱，有木板覆盖的称为覆盖式框架箱。框架箱由于有坚固的骨架结构，因此具有较好的抗震和抗扭力，有较大的耐压能力，而且装载量大。

（3）塑料箱。塑料箱一般用做小型运输包装容器，其优点是重量轻、耐腐蚀性好、可装载多种商品、整体性强、强度和耐用性能满足反复使用的要求、可制成多种色彩以对装载物分类、手握搬运方便、没有木刺、不易伤手。

4．包装瓶

包装瓶是瓶颈尺寸有较大差别的小型容器，是刚性包装中的一种。它的包装材料有较高的抗变形能力，刚性、韧性要求一般也较高。个别包装瓶介于刚性与柔性材料之间，瓶的形状在受外力时虽可发生一定程度的变形，但外力一旦撤除，它仍可恢复为原来的形状。包装瓶的结构是瓶颈口径远小于瓶身，且在瓶颈顶部开口；包装操作是填灌操作，然后将瓶口用瓶盖封闭。包装瓶的包装量一般不大，适合美化装饰，主要用做商业包装、内包装，用来包装液体、粉状物体等。包装瓶按外形可分圆瓶、方瓶、高瓶、矮瓶、异形瓶等。瓶口与瓶盖的封闭方式有螺纹式、凸耳式、齿冠式、包封式。

5．包装罐

包装罐是罐身各处横截面形状大致相同、罐颈短、罐颈内径比罐身内径稍小或无罐颈的一种包装容器，是刚性包装的一种。它的包装材料强度高，罐体抗变形能力强。包装操作是装填操作，然后将罐口封闭，可用做运输包装、外包装，也可以用做商业包装、内包装。

包装罐主要有三种类型。

（1）小型包装罐。这种包装罐的外形是典型的罐体，可用金属材料或非金属材料制造，容量不大；一般用做销售包装、内包装；罐体可采用各种方式装潢美化，如罐装可口可乐。

（2）中型包装罐。其外形也是典型的罐体，容量较大；一般用做化工原材料、土特产的外包装，起运输包装的作用。

（3）集装罐。这是一种大型罐体，外形有圆柱形、圆球形、椭球形，还有卧式、立式等形状。集装罐罐体大而罐颈小，采取灌填式作业，灌进作业和排出作业往往不在同一罐口进行，另设卸货出口。集装罐是典型的运输包装，适合包装液状、粉状及颗粒状货物。

4.2.4　包装保护技术

产品的种类繁多，性能各异，所以，包装必须根据产品的类别、性能及聚集状态等因素采用正确的包装方法及相应的包装技术，这样才能保证以最低的货物消耗，将产品完整地送到消费者手中。

1. 一般包装方法

（1）内包装方法。产品经过包装后置于包装容器之内，并适当加以衬垫，即完成内包装。其目的是吸收震动，防止产品在容器内发生移动和摩擦现象，避免产品与包装容器相撞，保护产品安全。内包装容器外表面应粘贴适当标志，标志上尽可能按需要说明产品名称、规格号码、数量、单位、合同号码、生产名称及地址、包装日期、包装方法等。

（2）外包装方法。外包装的目的是方便储运，使产品获得足够保护。外包装主要包括挡塞与支撑、衬垫、防水设施、包装容器、捆扎标志。使用内包装容器再装入外包装容器后的产品，通常可省去挡塞及支撑。

挡塞与支撑的目的是固定产品于容器内，防止产品在储运作业中移动，增加容器的承受负荷面积，使负荷能平均地分布于容器面上；支撑产品的突出部分，以防其松脱或折断；使不规则产品能适当地装入容器内。

外包装容器需要有足够的强度，可以抗拒运输中一切外力危害；同时，外包装容器的形状和外径尺寸必须便于储运作业。外包装容器种类很多，可分为木制、纸制、金属及塑料制容器等。包装时应视产品装载、产量、形状及性质等，选用相应的外包装容器。

产品装入外包装容器后，视其载重量的大小可相应采用退火或回火之钢皮束或钢丝、塑料扁带在箱外捆扎，使外包装容器在受到震动或冲击时不溃散，并可保证箱内挡塞与支撑物不易松动。

2. 防震包装技术

防震包装又称缓冲包装，在各种包装方法中占有重要地位。产品从生产出来到开始使用，要经过运输、保管、堆码和装卸等一系列过程，这些过程中的每个环节都会有力作用在产品之上，使产品发生机械性损坏。为了防止产品遭受损坏，就要设法减小外力的影响。防震包装就是为了防止商品在运输过程中受到冲击和震动，在内装材料中插入各种防震材料以吸收外部冲击，保护商品免受损坏所采取的具有一定防护措施的包装。

防震包装一般采用以下三种形式。

（1）全面防震包装。全面防震包装是指内装物和外包装之间全部用防震材料填满以进行防震的包装方法。

（2）部分防震包装。对于整体性好的产品和有内装容器的产品，仅在产品或内包装的拐角或局部地方使用防震材料进行衬垫即可。所用包装材料主要有泡沫塑料防震垫、充气型塑料薄膜防震垫和橡胶弹簧等。

（3）悬浮式防震包装。对于某些贵重易损的物品，为了有效地保证其在流通过程中不被损坏，要求外包装容器比较坚固，然后用绳、带、弹簧等将被装物悬吊在包装容器内。在物流过程中，无论是什么操作环节，此类内装物都被稳定地悬吊而不与包装容器发生碰撞，从而减少损坏。

3．防破损包装技术

缓冲包装具有较强的防破损能力，是防破损包装方法中十分有效的一类。此外，还有以下几种防破损保护技术。

（1）捆扎及裹紧技术。这种方法使杂货、散货形成一个牢固的整体，增加其整体性，可以有效减少、处理及防止散堆带来的破损。

（2）集装技术。集装可以减少流通过程中人、物等与货物的直接接触，从而防止破损。

（3）选择高强度保护材料。这是通过外包装材料的高强度来防止内装物受外力作用而产生破损。

4．防锈蚀包装技术

防锈蚀包装技术是采用一定的工艺，将防锈蚀材料涂在被包装的金属制品上，防止其锈蚀损坏的一种包装方法。一般的防锈蚀包装方法是先将待包装的金属制品表面清洗处理，涂封防锈材料，再选用透湿率小且易封口的防潮包装材料进行包装。其包装容器接缝处的透湿率不应大于包装材料本身的透湿率，包装的表面积要尽可能小，以减少与外界大气的接触面。我们可以采用防锈油和气相缓蚀剂来防止包装的金属制品被锈蚀。

（1）防锈油防锈蚀包装。大气锈蚀是空气中的氧、水蒸汽及其他有害气体等作用于金属表面引起化学作用的结果。如果使金属表面与引起大气锈蚀的各种因素隔绝（将金属表面保护起来），就可以起到防止金属被大气锈蚀的作用。防锈油包装方法就根据这一原理将金属涂封来防止锈蚀。用防锈油封装金属制品，要求油层具有一定厚度，油层的连续性好，涂层完整。不同类型的防锈油要采用不同的方法进行涂覆。连锁超市中销售的剪刀等金属制品表面通常都会附着防锈油。

（2）气相防锈蚀包装。气相防锈蚀包装方法是指用气相缓蚀剂（挥发性缓蚀剂）在密封包装容器中对金属制品进行防锈处理的技术。气相缓蚀剂是一种能够减慢或完全使金属在侵蚀性介质中的破坏过程停止的物质，在常温下具有挥发性。在密封包装容器中，它在很短的时间内挥发或升华产生的缓蚀气体就能充满整个包装容器内的每个角落和缝隙，同时吸附在金属制品的表面，从而起到抑制大气对金属锈蚀的作用。

5．防霉腐包装技术

防霉腐包装技术是通过劣化某一不利的环境因素，从而达到抑制或杀死微生物、防止内装物霉腐、保证产品质量目的的一种包装方法。这种方法主要适用于需要保鲜的水果、食品和粮食等。

在运输包装内装运食品和其他有机碳水化合物货物时，货物表面可能生长霉菌，在流通过程中如遇潮湿环境，霉菌生长繁殖极快，甚至伸延至货物内部，使货物腐烂、发霉、变质，因此要采取特别防护措施。

包装防霉烂变质的措施通常是采用冷冻包装、真空包装或高温灭菌方法。冷冻包装的原理是使包装物品能较长时间地存放在低温条件下，从而减慢细菌活动和化学变化的过程，以延长储存期，但不能完全防止食品变质；高温杀菌法可消灭引起食品腐烂的微生物，可在包装过程中用高温处理防霉。有些经干燥处理的食品包装，应防止水气浸入，以防霉腐，可选择防水汽和气密性好的包装材料，采取真空或充气包装。

真空包装法也称减压包装法或排气包装法。这种包装可以阻挡外界的水汽进入包装容器，也可以防止密闭的防潮包装内部存有潮湿空气，从而在气温下降时结露。采用真空包装法要注意避免过高的真空度，以防损伤包装材料。

防止运输包装内货物发霉还可使用防霉剂。防霉剂的种类甚多，用于食品包装时必须选用无毒防霉剂。

6．防虫害包装技术

防虫害包装技术常用的是驱虫剂，即在包装中放入具有一定毒性和嗅味的药物，利用药物在包装中挥发的气体杀灭和驱除各种害虫。常用驱虫剂有对位二氯化苯、樟脑精等，也可采用真空包装、充气包装、脱氧包装等技术，使害虫无生存环境，从而防止虫害。

此外，为了防止虫害，用于包装的包装材料和包装容器应当不用有虫蛀的木材，竹片或条筐必须经过消毒或蒸煮，糊纸盒的浆糊中应放入防腐剂，防止蛀虫的滋生。

7．特种包装技术

（1）充气包装。充气包装是指采用二氧化碳气体或氮气等不活泼气体置换包装容器中空气的一种包装技术，因此也称为气体置换包装。这种包装方法是根据好氧性微生物需氧代谢的特性，在密封的包装容器中改变气体的组成成分，降低氧气的浓度，抑制微生物的生理活动、酶的活性和鲜活商品的呼吸强度，达到防霉、防腐和保鲜的目的。薯片等易碎食品皆采用此种包装。

（2）真空包装。真空包装是指将物品装入气密性容器后，在容器封口之前抽成真空，使密封后的容器内基本没有空气的一种包装方法。一般的肉类商品、谷物加工商品及某些容易氧化变质的商品都可以采用真空包装。采用这种方法不但可以避免或减少脂肪氧化，而且抑制了某些霉菌和细菌的生长。同时，在对其进行加热杀菌时，由于容器内部气体已排除，因此加速了热量的传导，提高了高温杀菌效率，也避免了加热杀菌时由于气体的膨胀而使包装容器破裂的现象发生。

（3）收缩包装。收缩包装就是用收缩薄膜包裹物品（或内包装件），然后对薄膜进行适当加热处理，使薄膜收缩而紧贴于物品（或内包装件）的一种包装方法。收缩薄膜是一种经过特殊拉伸和冷却处理的聚乙烯薄膜，由于薄膜在定向拉伸时产生残余收缩应力，这种应力受到一定热量后便会消除，从而使其横向和纵向均发生急剧收缩（收缩率通常为 30%～70%，收缩力在冷却阶段达到最大值，并能长期保持），同时使薄膜的厚度增加，以此达到保护物品的作用。

（4）拉伸包装。拉伸包装是 20 世纪 70 年代开始采用的一种新型包装技术，它由收缩包装发展而来。拉伸包装是依靠机械装置在常温下将弹性薄膜围绕被包装件拉伸、紧裹，并在其末端进行封合的一种包装方法。拉伸包装不需进行加热，所以消耗的能源只有收缩包装的 1/20。拉伸包装可以捆包单件物品，也可用于托盘包装之类的集合包装。

（5）脱氧包装。脱氧包装是继真空包装和充气包装之后出现的一种新型除氧包装方法。脱氧包装是在密封的包装容器中，使能与氧气发生化学作用的脱氧剂与氧气发生反应，从而除去包装容器中的氧气，达到保护内物的目的。脱氧包装方法适用于某些对氧气特别敏感的物品，对那些即使有微量氧气也会促使品质变坏的食品非常有用。

无论在理论上还是实践中，连锁企业的农产品物流仍处于起步阶段，物流形式仍以常温物流或自然物流形式为主，使农产品在流通过程中损失很大。据统计，我国粮食产后损失占粮食总产量的 12%～15%，如能挽回此项损失的 50%，便可供 2 000 万人口消费 4 年，相当于开发数百万公顷的“无形粮田”；我国每年在运送路上腐烂的果蔬达 3.7 万吨，可供 2 亿人食用。这就要求我们在农产品的流通加工和包装方面进行改进。

4.2.5 包装标志

包装标志是指在运输包装外部制作的以特殊图形、符号和文字来传达一定信息的标志。其主要作用是在货物的收发管理中便于识别各种货物，针对不同种类的货物根据不同的标志采取不同的防护措施，以保证货物在物流各环节中的安全。

包装标志根据作用不同主要可分为以下几类。

1. 收发货标志

收发货标志是指把事先规定的商品分类图示标志和附加说明印制在货物的外包装件上，来说明商品的流转信息及注意的问题。

收发货标志规定，中文用仿宋体字，代号用汉语拼音大写字母，数字用阿拉伯数字，英文用大写的拉丁文字母。

在实际的应用中，按照运输包装容器的不同形式，可以通过印刷、刷写、粘贴、拴挂等方式来表现物品的收发信息。

（1）常见的纸箱、纸袋、钙塑箱、塑料等适于在物品外包装上印刷收发货标志。一些通用的收发货标志在包装容器制造过程中，按标志颜色的规定将需要的项目印刷在包装容器上。对于不固定的标志，通常的做法是在包装物品后，根据具体的情况填写相关内容。

（2）木箱、桶、麻袋、布袋、塑料编织袋通常采用刷写的方式。刷写的收发货标志一定要醒目、牢固，尤其在受到外界的环境影响，如雨淋、风沙侵蚀时不会发生变化。

（3）粘贴通常用于不固定的标志，对于临时的信息变更，如在收货单位和到达站需要临时确定的情况下，先将需要的项目印刷在 60 克牛皮纸上或白纸上，然后粘贴在包装件有关栏目上。

（4）拴挂。对于不便印刷、刷写的运输包装件筐、篓、捆扎件，将需要的项目印刷在不低于 120 克的牛皮纸或布、金属片上，拴挂在包装件上（不得用于出口商品）。

2．包装储运图示标志

包装储运图示标志是根据产品的某些特性，如怕湿、怕震、怕热、怕冻等确定的。其目的是在货物运输、装卸和储存过程中，引起作业人员的注意，使他们按图示的标志要求进行操作。

2008 年，我国参照国际标准 IS0780-1997《包装—货物搬运图示标志》，制定了我国《包装储运图示标志》国家标准。该标准适用于铁路、水路、公路和航空储运中怕湿、怕震、怕热、怕冻等有特殊要求的货物的运输包装。标志名称和图形如表 4-1 所示。

表 4-1　标志名称和图形

序号	标志名称	标志图形	含义
1	易碎物品		运输包装件内装易碎品，因此搬运时应小心轻放
2	禁用手钩		搬运运输包装件时禁用手钩
3	向上		表明运输包装件的正确位置是竖直向上
4	怕晒		表明运输包装件不能直接照晒

续表

序号	标志名称	标志图形	含义
5	怕辐射		包装物品一旦受辐射便会完全变质或损坏
6	怕雨		包装件怕雨淋
7	重心		表明一个单元货物的重心
8	禁止翻滚		不能翻滚运输包装
9	此面禁用手推车		搬运货物时此面禁放手推车
10	禁用叉车		不能用升降叉车搬运的包装件

续表

序号	标志名称	标志图形	含义
11	由此夹起		表明装运货物时夹钳放置的位置
12	此处不能卡夹		表明装卸货物时此处不能用夹钳夹持
13	堆码重量极限		表明该运输包装件所能承受的最大重量极限
14	堆码层数极限	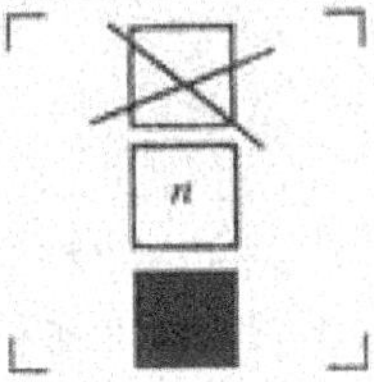	相同包装的最大堆码层数，*n* 表示层数极限
15	禁止堆码		该包装件不能堆码并且其上也不能放置其他负载

包装储运图示标志图形应按规定的颜色印刷。需要涂打的标志，如因货物包装关系不宜按规定的颜色涂打时，可根据各种包装物的底色，选配与其底色不同的符合明显要求的其他颜色。印刷时外框线及标志名称都要印上；涂打时外框线及标志名称可以省略。印刷标志用纸应采用厚度适当、有韧性的纸张。

包装储运图示标志使用时，对粘贴的标志，箱状包装应位于包装两端或两侧的明显处；袋、捆包装应位于包装明显的一面；桶形包装应位于桶盖或桶身。对涂打的标志，可用油漆、油墨或墨汁，以镂模、印模等方式按上述粘贴标志的位置涂打或书写。对于钉附的标志，应用涂打有标志的金属板或木板，订在包装的两端或两侧的明显处。对于“由此夹起”和“重心”两种标志，要求粘贴、涂打或钉附在货物外包装的实际位置。

4.3 装卸搬运

4.3.1 装卸搬运概述

1．装卸搬运的概念

同一地域范围内（如车站范围、工厂范围、仓库内部等），为改变“物”的存放、支撑状态的活动称为装卸；为改变“物”的空间位置的活动称为搬运。两者共称装卸搬运。有时候或在特定场合，单称装卸或单称搬运也包含了装卸搬运的完整含义。

习惯上，物流领域（如铁路运输）常将装卸搬运这一整体活动称做货物装卸；生产领域中常将这一整体活动称做物料搬运。在实际操作中，装卸与搬运是密不可分的，因此，物流学中并不过分强调两者的差别，而是将两者作为一种活动来对待。

搬运的“运”与运输的“运”并不完全相同，它们的区别之处在于搬运是同一地域的小范围内的活动，而运输则是在较大范围内发生的活动，两者是量变到质变的关系，中间并无一个绝对的界限。

2．装卸搬运的地位

在物流过程中，装卸活动是不断出现和反复进行的，它出现的频率高于其他各项物流活动。每次装卸活动都要花费很长时间，所以它往往成为决定物流速度的一个关键因素。装卸活动所消耗的人力很多，所以装卸费用在物流成本中所占的比重也较高。我国铁路运输的始发和到达的装卸作业费大致占运费的20%，船运占40%。

此外，进行装卸操作时往往需要接触货物，因此，这是物流过程中造成货物破损、散失、损耗、混合等损失的主要环节。

3．装卸搬运的特点

（1）装卸搬运是附属性、伴生性的活动。装卸搬运是物流每项活动开始与结束时必然发生的活动，因而有时被人忽视，有时被看做其他操作不可缺少的组成部分。例如，一般而言，汽车运输实际就包含了相随的装卸搬运，仓库中泛指的保管活动也含有装卸搬运活动。

（2）装卸搬运是支持性、保障性的活动。装卸搬运的附属性不能理解成是被动的。实际上，装卸搬运对其他物流活动具有一定的决定性，会影响其他物流活动的质量和速度。例如，装车不当会引起运输过程中的损失；卸放不当会为货物进入下一环节带来困难。许多物流活动必须在有效的装卸搬运支持下实现高水平作业。

（3）装卸搬运是衔接性的活动。任何其他物流活动的互相过渡都需要装卸搬运来衔接，因而装卸搬运往往成为整个物流的瓶颈，是物流各功能之间能否形成有机联系和紧密衔接的关键，而物流各功能之间的衔接又是整个系统的关键。所以，建立一个有效的物流系统，关键看这一衔接是否有效。比较先进的系统物流方式——联合运输方式就是在解决了这种衔接的基础上实现的。

（4）装卸搬运是增加物流成本的活动。尤其对于传统物流而言，物流过程中多次的装卸搬运活动不仅延长了物流时间，而且要投入大量的活劳动和物化劳动，这些劳动不能给物流对象带来附加价值，而是增加了物流的成本。由于装卸搬运反复进行的次数多，其累计成本的数量不可忽视。

4.3.2　装卸搬运合理化

1. 装卸搬运合理化的标志

装卸搬运合理化是指以尽可能少的人力和物力消耗，高质量、高效率地完成仓库的装卸搬运任务，保证供应任务的完成。装卸搬运合理化是针对装卸不合理而言的。合理与不合理是相对的，由于各方面客观条件的限制，装卸搬运不可能实现绝对合理。

装卸搬运合理化的标志主要有：① 装卸搬运次数最少。② 装卸搬运距离最短。③ 各作业环节衔接要好。④ 库存物品的装卸搬运活性指数较高，可移动性强。

装卸搬运合理化应从减少装卸次数、缩短搬运距离、提高物品的活性指数、实现装卸搬运省力化等方面加以考虑。

2. 减少装卸次数

物品在仓储过程中从进库到出库一般需要经过卸车、计量、入库码垛、下垛出库、集中货位、装车发运等多道工序。每道工序都要发生一次装卸搬运作业，因此一个单位的储存量往往会发生数个单位的装卸作业量。

物品的装卸只能使物品在空间上发生某种位移，不能提高也不能增加物品的使用价值；相反，多次的装卸还容易造成物品的损坏，降低甚至使其完全丧失使用价值。同时，物品装卸中活劳动和物化劳动的消耗要追加到该物品的价值中，因而提高了物品的价值。因此，要提高物品的使用价值，降低其物品的价值，必须设法减少装卸次数，避免不必要的装卸，把装卸次数减少到最低限度。为了减少装卸次数，应尽可能组织一次性作业。一次性作业有两种方式：一是纯一次性作业。它是利用同一台设备一次完成收料或发料任务，如使用叉车从库内下垛，然后至库外装车发运。二是具有一次性作业性质的多机联合作业，也称一条龙作业，如在库内利用桥吊从料垛吊取材料并装到轨道平车上，然后将轨道平车牵引至库外，由门吊将材料装入敞车。采用这种作业方式，物品不落地，形成一条龙连续作业。以上两种一次性作业方式虽然不同，但与不连续的多次作业方式相比，它们具有速度快、时间短、损失少、费用省等优点，是最佳的作业方式，应大力提倡。

一次性作业只是解决收发料中减少装卸次数的问题。仓库除物品的收发外，还有物品的检斤、码垛、倒垛、分拣、集中等多种作业，这些也都属于装卸搬运作业。仓库能否实现收发料中的一次性作业，能否减少其他环节的装卸次数，主要取决于仓库的设施条件和组织管理水平。

仓库设施条件主要包括以下内容。

（1）仓库的布局。仓库的布局是否合理与装卸搬运次数有很大关系。例如，专用线靠近主要库房，车辆到达后可直接进行装卸。否则，在远离库房的专用线卸车，需要进行倒运，增加装卸次数。

（2）仓库建筑物的结构特点。仓库建筑物要有足够的跨度和高度，库门要有适当的高度和宽度，使装卸运输设备能自由进出；专用线可通入主要库房，可以直接在库内装卸车辆；有些库房可设库边站台，便于直接进行装卸。

（3）仓库设备的类型及性能。仓库应尽量采用通用性设备，做到一机多能，多机联用。例如，叉车灵活机动，适应性强，作业范围广，既能装卸又能搬运。若配以托盘，还能完成包装物品的一次性作业。主要库房内安装桥式起重机，露天料场安装门式起重机；采用轨道衡、地中衡或自动计量设备（如使用动态电子秤），在装卸作业过程中就能完成计量工作，无须单独过磅检斤。

（4）仓库设备的协调与配套。为了实现物品装卸搬运一条龙作业，各种设备之间必须协调配套。例如，保管设备与装卸设备之间、装卸设备与检斤设备之间、装卸设备与搬运设备之间等，都要协调一致，使各种设备配套成龙，充分发挥每台设备的作用。

综上所述，仓库设施对组织合理装卸、减少装卸次数具有一定的影响，而组织管理工作与减少装卸次数关系更为密切。

组织管理工作主要包括以下内容。

（1）组织货物在车站、港口中转。对于到达车站或港口的货物，在可能的情况下，应尽量在车站或港口直接中转发运，不必进厂。这就需要根据进料、发料计划，使进发料很好地衔接，当接到到货报告后，及时下达发料计划，并提前做好车皮计划。特别对大宗进口货物，在卸船时直接装车发运，既可以减少装卸次数，又能节省运输车辆。

（2）进厂物品置放货位。对于必须进厂的物品，首先应考虑置放发料货位，避免货物入库后马上又出库，发生重复装卸搬运。为了实现置放发料货位，必须预先了解该批货物的发料去向和车皮计划。凡在几天内发运或正在等待发运的货物，允许其进厂但不入库，直接在发料货位检验和装运。

（3）合理组织作业流程。为了减少装卸次数，必须合理规划和组织仓库作业流程。

3. 缩短搬运距离

物品在收发保管过程中，除多次装卸外，还在库区范围内发生大量的水平位移，即搬运作业。例如，装卸车货位与各库房、料棚之间，库房与料场之间，收发料站台与各库房之间，库内（或场内）料垛与备料区之间等，经常有物品做短距离的水平移动。这种作业与装卸作业是不可分的，一般的形式为装—搬运—卸，即搬运在中间，两端为装卸。前面已提及应尽量减少装卸次数，与此同时，还要尽量缩短搬运距离。这里所说的缩短搬运距离是指在仓库的库存量和吞吐量一定的情况下，所发生的搬运作业总距离最短。搬运作业总距离的长短主要取决于仓库的合理布局和组织管理水平。为此，要缩短搬运作业的总距离，必须从合理规划仓库布局和合理组织搬运作业做起。

（1）合理规划仓库布局。在库区范围内，库房、料棚、料场、收发料站台、专用线与公路的布局对搬运距离影响很大。在确保防火安全的前提下，各主要仓库建筑物应紧凑密集排列；收发料站台应设在距各库比较适中的位置或靠近收发作业量大的库房；专用线与公路应靠近物品的保管场所，专用线可引入库内；金属库房、料棚、料场应相邻，彼此靠近；体积大、收发频繁的物品仓库应靠近厂（库）门；地中衡或大型衡器应设在车辆入口处等。

（2）合理组织搬运作业。在仓库平面布局一定的情况下，它就不易进行改变，缩短搬运距离唯一的办法就是合理组织作业过程。例如，对整车到达或发运的货物，应选择好卸车和装车货位；对于待发料，在卸车地点边验收边配料，不再入库；有条件者可让火车、汽车入库装卸；库内的验收区、配料区应靠近库门。

4．提高物品的活性指数

被装卸搬运的物品处于什么状态，对装卸搬运作业影响非常大。为了便于装卸搬运，我们总是期望物品处于最容易移动的状态。物品便于装卸搬运的程度称为活载程度，简称活性，可以用活性指数来表征。活载程度一般分为五个等级，用相应的活性指数 0～4 表示。活性指数愈小，愈不容易移动；活性指数愈大，愈容易移动。存放方式与活性指数的关系如表 4-2 所示。

表 4-2　存放方式与活性指数的关系

存放方式	需要作业阶段				需要阶段数	取消阶段数	活性指数
	整理	架起	提取	运走			
散放地上	√	√	√	√	4	0	0
一般容器	×	√	√	√	3	1	1
托盘	×	×	√	√	2	2	2
车辆	×	×	×	√	1	3	3
输送带	×	×	×	×	0	4	4

从表 4-2 中我们可以看出，若物品散乱地堆放在地面上，欲将其运走需要经过四个作业阶段，即进行整理、装入容器（整理），将容器架起（为铺放钢丝绳或铲脚叉入做准备）（架起），用起重机械将其吊起（提取），最后运走（运走）。如果物品一开始就放在容器内，运走它就可省去一个作业阶段。若物品堆码在具有叉口的托盘上，利用叉车可直接叉取，这样就省去了整理和架起两个阶段。若物品直接装在车辆上，何时需要即可运走，这样就省去了整理、架起、提取三个阶段。当然最好是将物品放置在移动的输送带上，输送带不停地运动，物品随时都能

被运走，这就完全取消了上述四个作业阶段。

从理论上讲，活性指数愈高愈好，但还必须考虑到实施的可行性。例如，活性指数为 4 的输送带和活性指数为 3 的车辆，通常很少被一般仓库所采用，因为大批量的物品不可能存放在车辆或输送带上，这两种方式其实没有实际意义。仓库采用活性指数为 2 的托盘是最适宜的。

5．实现装卸搬运省力化

物品的装卸搬运就是使物品发生垂直或水平位移。无论哪种位移，必须通过做功才能实现。物品装卸搬运属于重体力劳动，劳动强度大、条件差、消耗体力多，单靠拼体力提高劳动生产率是很有限的。

实现装卸搬运作业的省力化主要有以下几种方法。

（1）利用货物的重力。装卸搬运作业应尽可能利用货物本身产生的重力，让重力转变为促使货物位移的动力，这既不需要复杂的设备、不消耗能源，又能大大减轻作业人员的劳动强度，提高作业效率。例如，采用无动力轻便型辊式输送机对火车、汽车卸车时，利用货物自身的重力在输送机斜面上产生的水平分力，使货物从车上滑溜下来。最常用的滑道、滑板、滑槽等都利用这个原理使货物从高处降到低处，并移动一段距离，在特定的条件下完成货物的装卸搬运。实现滑溜化的必要条件是车底与卸货货位或待装货物与车底之间有一定的高度差，因为只有存在高度差，才能构成斜面，产生向下滑动的分力，最终使货物能够自身滑动。其滑动的速度与货物的重量、滑动斜面的角度、滑动面摩擦类型等因素有关。货物的重量愈大，斜面的倾角愈大，滑动面的摩擦阻力愈小，货物下滑的速度愈快；反之，货物下滑的速度就愈慢。为了减少滑面的摩擦阻力，应选用摩擦系数小的光滑斜面；或者变滑动摩擦为滚动摩擦，采用安装滚轮、辊柱或滚动轴承的斜面。在货物重量一定和滑面一定的条件下，可通过调节斜面倾角控制下滑速度。

（2）减少货物的垂直位移。在物品的装卸搬运过程中，应尽量减少货物在垂直方向上产生的位移，设法使储存货物的地面与运输车辆的车底保持在同一个水平面上，这样就能减少相当于车辆高度的一段垂直位移。若能减少这段垂直位移，那么用人力装卸时，就能少费很多力气；用叉车等机械化作业，叉车可直接开进车内进行装卸。为了达到上述目的，可建造站台或开挖地沟，使车底与仓库地面平齐、车底与站台平齐。

（3）减少重力造成的搬运阻力。在物品的搬运作业中，力求使重力造成的搬运阻力减至最小。例如，用人力搬运货物时，由于不使用任何机械，只能由人力克服货物的全部重力；如果使用搬运车辆，则人力只要克服车辆行走时的滚动摩擦阻力就可以了。为了减小这种行驶阻力，可在车轮上安装轴承，从而达到进一步省力的目的。

在我国，由于机械化水平还不太高，人力作业仍占相当大的比重，所以必须设法减轻这部分人员的劳动强度，提高劳动生产率，做到省工、省力。在资金和能源比较紧张的情况下，应大力推广不需要太多资金、不需要太多能源的省力化方法。

（4）进行动作分析，制定动作标准。动作分析的基本思想是对若干作业人员在进行某项作业时所发生的手、脚及其他身体部位的各种动作进行研究、分析和比较，去掉多余的动作，把必要的和有效的动作很好地组合起来，排成标准动作系列，并设计与之相配合的工具，提供必要的作业场所。

在进行动作分析、制定动作标准时，应遵循使人体的基本动作最经济的原则。这主要包括以下几个方面：① 尽可能减少不必要的动作。② 动作距离的长度要尽可能短。③ 动作轨迹应尽可能圆滑。④ 采用引起疲劳最少的动作。⑤ 尽可能使动作有节奏和旋律。

作业人员的疲劳可分为肉体疲劳、精神疲劳、生理疲劳和病态疲劳。引起疲劳的原因除作业内容、作业制度外，还有作业环境的因素，如温度、湿度、通风、照明、气味、噪声等。因此，为作业人员创造良好的作业环境也是减少疲劳的必要条件。

6. 六不改善法

在日本，物流界为了提高装卸搬运和整个物流过程的效率，曾经提出了一种叫做“六不改善法”的物流原则。

（1）不让等。要求通过合理的安排使作业人员和作业机械闲置的时间为零，实现连续的工作，发挥最大的效用。

（2）不让碰。通过机械化、自动化设备的利用，使作业人员在进行各项物流作业时不直接接触商品，减轻作业人员的劳动强度。

（3）不让动。通过优化仓库内的物品摆放位置和自动化工具的应用，减少物品和作业人员移动的距离和次数。

（4）不让想。通过对作业的分解和分析实现作业的简单化、专业化和标准化，从而使作业过程更为简化。

（5）不让找。通过详细的规划，把作业现场的工具和物品摆放在最明显的地方，使作业人员在需要利用设备时不用去寻找。

（6）不让写。通过信息技术及条形码技术的广泛利用，真正实现无纸化办公，降低作业的成本，提高作业的效率。

通过各种先进技术的应用和先进理念的引入，装卸搬运的作业会逐步实现合理化，这必将大大提高整个物流过程的效率，从而提高企业整体的效率，使企业更好地满足顾客的需求。

4.4 集装单元化技术

4.4.1 集装单元化概述

1. 集装单元化的概念

集装单元是指用各种不同的方法和器具，把有包装或无包装的物品整齐地汇集成一个被扩大的、便于装卸搬运的作业单元，这个作业单元在整个物流过程中保持一定的形状。以集装单元来组织货物的装卸搬运、储存、运输等物流活动的作业方式称为集装单元化作业。

集装单元化的概念源于装卸搬运方式的演进，杂散货物的组合方式是随着科学技术进步而发展的。在起重、装卸机具没有被普遍采用，装卸作业还要依靠人力进行时，杂散货物的组合包装程度主要受两个因素的制约：一个是包装材料的限制，包装材料强度和材料自身的重量约束了包装体的大型化；另一个是人力装卸能力的限制，包装必须限制在人的最大体能范围之下。随着运输业的迅速发展，运输工具的大型化和高速化使高效运输与一件一件的低效率装卸成为物流过程中的主要矛盾。集装是材料科学和装卸技术两个方面取得突破进展之后出现的，用大单元实现组合是整个包装技术的一大进展。集装化是解决这一矛盾最有效的途径，因而它得到了稳定、快速的发展。世界各国目前大都采用了集装单元化进行物流活动。

2．集装单元化的条件

标准化和批量化是现代化产生的两项基本原则。标准化是生产社会化、机械化、自动化的前提，批量化是降低生产成本的主要途径。集装单元化是这两项基本原则在物流过程中的运用。在现代生产中，同一产品在本企业甚至全国范围内实现了标准化和批量化，但成千上万种产品同时进入物流系统，对物流系统来说，它们是非标准化的，是零星的。采用集装单元化技术可以使物流实现标准化和批量化，物流也可以像生产一样实现社会化、机械化和自动化，并降低物流成本。因此，现代集装单元化应具备三个条件：第一，通用化，即集装单元化要与物流全过程的设备与工艺相适应，不同形式的集装单元化方法之间、同一集装单元化方法的不同规格的集装工具之间要相协调，以便其在物流全过程中畅通无阻。第二，标准化，即从集装单元化术语的使用，集装工具的外形和重量，集装工具的材质、性能、试验方法、装卸搬运加固规则等，一直到编号和标志，都必须标准化，以便进行全社会和国际间的流通和交换。第三，系统化，集装的概念不单纯指集装工具，而是包括集装工具在内的成套物流设施、设备、工艺和管理的总和，是一个联系生产与生产、生产与消费的动态系统。

4.4.2 托盘化

1．托盘的定义

托盘是一种用于机械化装卸、搬运和堆放货物的集装工具，夹以纵梁（或垫块）或单层铺板下设纵梁（或垫块、支腿），组成一定数量的单件货物，并按要求捆扎加固，组成一个运输单位，是一种随货同行的载货工具。各式托盘如图 4-1 所示。

图 4-1　各式托盘

托盘是物流领域为适应装卸机械化而发展出来的一种重要的集装器具，托盘的发展可以说是与叉车同步的，叉车与托盘共同使用所形成的有效装卸体系大大地促进了装卸活动的发展，使装卸机械化水平大幅度提高，改善和解决了长期以来运输过程中存在的装卸“瓶颈”。所以，托盘的出现有效地促进了整个物流水平的提高。

托盘最初是在装卸领域出现并发展起来的，在应用过程中，托盘作为储存设施和一个运输单位的重要作用又得到了发展，使托盘成为物流系统化的重要装备机具，对现代物流的形成和物流系统的建立起到了很大的作用。托盘的出现也促进了集装箱和其他集装方式的形成与发展。现在，托盘已成为和集装箱同样重要的集装方式，两者形成了集装系统的两大支柱。

2．托盘的种类

（1）平板托盘。我们平时所说的托盘主要是指平板托盘，它是托盘中使用量最大的一种。平板托盘可按不同的分类标准分为不同的类型。

1）按托盘台面分类。按托盘承托货物的台面，可将托盘分成单面型、单面使用型、双面使用型、翼型四种。单面型托盘只有一面有铺板，结构强度较小，适用于轻载荷和小型托盘，一般不能用于堆垛。单面使用型托盘两面均有铺板，但只有一面是载货面，物流中一般多使用这种类型的托盘。双面使用型托盘两面均有铺板，并且两面都是载货面，结构强度也大，可以放在滚筒输送机上运送，也可堆垛，多用于运输行业中。翼型托盘分为单翼型和双翼型两种。单翼型上铺板的两端突出纵梁侧面，供起重机搬运时吊挂；双翼型上、下铺板的两端都突出纵梁侧面，其用途与单翼型相同。

2）按叉车叉入托盘的方式分类。按这个分类标准，可将托盘分为双向叉入型和四向叉入型两种。双向叉入型托盘在面对的两个方向有插口，结构强度大。物流中通常使用的托盘多为这种类型。四向叉入型托盘四侧都有插口，可以插入货叉。在铁路货车、载重汽车上及仓库内部需要变换托盘的方向来堆垛作业时，多采用这种类型的托盘。

3）按托盘的制造材料分类。按制造材料可将托盘分为木制、钢制、塑料制、纸制四种。木制托盘制造方便，便于维修，自身重量也较轻，装载的货物不打滑，价格也比较便宜，是目前世界各国使用最广泛的一种托盘。钢制托盘最大的特点是强度高、使用寿命长、不易损坏和变形、维修工作量较小；但它造价较高、自身重量较大、货物容易打滑、人力搬运较为困难。塑料托盘的主要特点是本体重量轻、耐腐蚀性能强、卫生、可按各种颜色分类区分；由于塑料托盘是整体结构，不存在透钉刺破货物的问题，但其承载能力不如钢制、木制托盘，造价高、挠度大、货物容易打滑，所以这种类型的托盘还有待研究改进。纸制托盘又称滑片，其实就是一张厚实的纸片，成本很低，供一次性使用，但需要与专用叉车配合作业。

（2）柱式托盘。柱式托盘的基本结构是托盘的四个角有固定式或拆卸式的立柱，从对角的柱子上端用横梁联结成门型框架是其进一步发展的方向。从棒料与管材等长型物料的储存搬运到商品陈列的广大范围都可以应用这种托盘。

柱式托盘的立柱主要有两个作用，一是防止托盘上所置货物在运输、装卸等过程中发生塌垛；二是利用立柱支撑承重，可以将托盘货载堆高叠放，不用担心压坏下面托盘上的货物。

（3）箱式托盘。箱式托盘的基本结构是沿托盘的四个边有板式、栅式、网式等各种平面组成的箱体，有些箱体上有顶板，有些箱体上没有顶板。顶板有固定式、折叠式和拆卸式三种。箱式托盘在工件等零散货物的存放或铁路、载重汽车等的杂货运输等方面使用最多。

箱式托盘主要有两个特点，一是防护能力强，可有效防止塌垛，防止货损；二是四周有护板、护栏，使这种托盘的装运范围较大，不但能装运可整齐码垛的包装货物，也可装运各种异型、不能稳定堆码的物品。

（4）轮式托盘。轮式托盘的基本结构是在柱式、箱式托盘下部装有小型轮子。这种托盘不但具有一般柱式、箱式托盘的优点，而且可利用轮子做短距离移动，可在不需要搬运机具的情况下实现搬运。装卸时可利用轮子做滚上滚下的装卸，也可在货物装入车内、船内后移动其位置，所以轮式托盘具有很强的搬运性。此外，轮式托盘在生产物流系统中还可以兼做作业车辆。

（5）特种专用托盘。上述托盘都具有一定通用性，适合装多种中、小件和杂、散、包装货物。由于托盘制作简单，造价较低，所以针对某些运输数量较大的货物和有某种特殊需求的货物，都可以制作装载效率高、装运方便、适合其运输要求的特种专用托盘。目前各国采用的特种专用托盘种类很多，大都在某些特殊领域发挥作用，如航空货运或行李托运使用的航空托盘、平板玻璃集装托盘、油桶专用托盘、轮胎专用托盘等。

3．托盘作业的优点

（1）装卸效率高。使用托盘作业可以大大缩短装卸时间，提高装卸效率；用机械一次装卸较多数量的货物，可以缩短作业时间和节省劳动力。由于装卸时间缩短，运输工具的停留时间相应缩短，从而提高其利用率。使用叉车可使高层堆垛便利迅速，并能有效利用空间。用于托盘作业的装卸机具一般多是移动式的，因此可以通过机动地运用这些设备来提高其利用率。集装单元货物减少了换装货物次数，可以避免出现较大的损失。托盘的自身重量小，在货物的装卸、运输中所消耗的劳动较少，无效运输及装卸较集装箱相对较小。

（2）可实行货物统一集装化。尽管货物的品种和形状不一，但一旦被码放在托盘上，所有不同的货物就变成完全同样的统一集装货物，这样可以有计划地实现标准化作业，提高作业效率；也可以把货物放在输送线上，实现搬运自动化。我们往往错误地认为，只有同一品种的大量货物才能运用托盘系统，其实，这种作业系统更适合多品种货物的搬运。只要把多个托盘按不同的货物品种或按运往地点分开，就不必担心造成不同品种或不同运往地点混杂的现象，而且保管场地也容易整理。

（3）搬运灵活。托盘装载货物经常处于容易移动的状态，或者说处于所谓活动货物的状态。把货物多次装卸搬运对货物是不利的，所以用人力逐件搬运货物时，必须小心作业，防止货物破损。但是，货物装在托盘上后，只要有机械，就可以简单地将全部集装货物一次搬动，即使经过多次搬运，货物也比较安全。对于那种出入库作业频繁、保管货物品种多的中转仓库来说，利用托盘作业可以大大提高保管质量。

由于使用托盘搬运货物较为灵活，货物流通过程中各交接点的调配工作也比较容易进行。

车站的汽车和铁路货车之间及港口的汽车和船舶之间换装货物时，在运输交接点将货物从某一运输工具直接换装到另一运输工具上总要等待一些时间。为了消除这种时间上的浪费，可以把货物暂时装到托盘上，或者把已经装在托盘上的货物暂时存放。这样，运输工具就不用等待了。这也是搬运灵活性带来的好处。

（4）有利于保护货物。码放在托盘上的货物不需逐件搬动，从而可以防止货物的破损、污损、丢失、混装等现象。码盘货物的包装可以简化，或者不用单件包装而把货物包装的本身做成托盘单元的大小，这样可以更加节约包装费用。码放在托盘上的货物在储存时可以防止受潮和损坏。需要通风的货物码垛在托盘上也会收到较好效果。

4．托盘作业的缺点

（1）间歇作业时有窝工的可能。当一个托盘正在码货时，或在载货托盘和空托盘互换期间，装卸作业必须停止。解决这个问题的方法之一是同时使用各种装卸搬运机械。例如，把托盘放在滚筒输送机上依次输送，或经常准备手动叉车之类的简单机械放在附近，用来暂时存放托盘，这样就可以消除叉车到来之前的窝工现象。解决这个问题的方法之二是保持一些暂时的储备量。上述两种方法实际上用得非常少，但也都是保持储备量的方法。在货物流通过程中有意识地积存一定数量的货物，窝工现象就不会出现，就可以均衡作业。

（2）运输工具的装载量减少。如果把旧式的包装货物码放在托盘上，单是托盘自身的体积和重量就会减少运输工具的货物装载量。为了解决这个问题，首先应考虑改进货物的包装方法。采用托盘码货必须设法简化货物包装，这样就可以提高货物装载量；同时也应当使托盘、货物包装和运输工具等各项的尺寸互相配合，也就是通过系列化来消除被浪费的空间。

（3）托盘管理难度大。物流企业实行托盘作业必须备有很多托盘，还应有制造、保管和修理托盘的业务，特别是要注意防止托盘丢失。托盘只在一个工厂、仓库、车站或企业内部使用时其管理还不成问题，但人们希望托盘货物尽可能原封不动地在尽量大的范围内流通，这样，托盘势必要从一个企业运到另一个企业。一般来说，托盘一旦运出，保管就比较困难，也难以按照要求返回。管理这些托盘的方法是在使用托盘的企业之间实行交换制度，进一步发展就会成为托盘联营制度。为简化托盘管理，也可以使用廉价的消耗性托盘，这样就不需要回送托盘。

（4）作业环境要求高。使用托盘进行装卸搬运作业需要较好的路面、较宽的通道等，修好路面以便叉车及其他车辆运行是进行托盘作业的先决条件。如果条件实在不允许，就应该考虑配合使用其他装卸机械。例如，路面差时可以用输送机输送托盘，或者用起重机及电动葫芦等进行吊运。

5．托盘的使用及管理

物流托盘化是物流集装化的一种重要形式，是实现货物装卸、储存等物流作业机械化的基本和必要的前提。我国的物流托盘化仍然是一个十分薄弱的环节。在物流系统化组织设计中要解决的问题主要是托盘标准化、系列化及托盘经营的流通问题，其中托盘标准化是首要问题。我国物流托盘化起点低，直接以国际标准作为规范的依据比较适宜。

（1）托盘的使用。托盘的使用有以下两种方法。

1）托盘联运。托盘联运是托盘的重要使用方式。托盘联运又称一贯托盘运输，其含义是将载货托盘货体从发货人开始，通过装卸、运输、转运、保管、配送等物流环节，原封不动地送达收货人的一种“门到门”的运输方法。托盘联运是社会化的问题，很难在一个行业、一个部门或一个小地区范围内自行解决。因此，要解决托盘联运问题，必须实行全社会统一的托盘技术标准和托盘管理制度。

实行联运的托盘有固定的尺寸标准和有限的种类。我国联运托盘的规格尺寸和国际标准化组织规定的通用尺寸一致，主要有三个规格，即 800mm×1 000mm、800mm×1 200mm、1 000mm×1 200mm。联运用的托盘都采用平托盘，便于叉车、货架和仓库的标准化。

2）托盘专用。各个产业领域、各小流通领域和各工厂、车间、仓库内部都存在提高工作效率、追求物流合理化的问题。因此，托盘专用也是托盘使用的一个不可忽视的方法。

托盘专用是按某一领域的要求，在这领域的各个环节都采用专用托盘作为贯通的手段，这实际上是一个小领域的托盘联运。托盘专用则可按照这一领域的特殊性选择和设计效率最高的专用托盘，而无须照顾社会物流标准化的要求，因而托盘的选择更加合理，采用这种专用托盘可以在这一领域获取其他领域无法比拟的技术经济效果。例如，平板玻璃集装托盘解决了其他种类托盘不能解决的立装、紧固等问题，是托盘专用的典型例子。但是，专用托盘的流通有时要配以专用机具和设施，这样会降低这些机具和设施的使用效率，限制了它们的发展，这是专用托盘的缺点。

（2）托盘的管理和联营体系。联运托盘种类少，尺寸及材料大体相同，托盘价格相差不大，因此不像集装箱那样要严格按计划返运，也不像集装箱那样有明确的不可变的归属。基于这个特点，托盘可只保留相对数量的归属权，大部分托盘可在联营系统中广泛交换使用，而不强调个别托盘的归属和返盘。

联营共用托盘有以下几种方式。

1）对口交流方式。有关单位之间签订协议，各单位所属托盘可在若干有关单位之间运营，共同承担接收、回送等义务，到一定时期再进行清算。我们把托盘的这种运营方式称做对口交流方式。

2）即时交换方式。以运输承担人和发货人为双方，当发货人发出一批托盘后，运输承担人则给予发货人同等数量托盘。托盘的这种运营方式被称做即时交换方式。这种方式在趋于一体化的欧洲采用颇为广泛。

3）租赁方式。托盘由托盘公司所拥有，托盘公司在各地设立营业点，货主自己不备托盘，使用时从附近租赁公司租用，接货方接货后将空盘就近归还租赁公司，托盘公司拥有全部托盘并负责调配、维修、更新托盘。这是一种社会化很强的托盘管理形式。

4）租赁交换并用方式。指运输当事人与货主之间采用交换方式，而与托盘公司之间采用租赁方式的一种联营方式。

5）结算交换方式。这是针对即时交换方式而制定的。即时交换方式容易出现现场空托盘数量不足的情况，空托盘无法及时回收与返还致使托盘货物滞留，从而影响整个发送过程的进行。采用结算交换方式，其托盘的流动方式与即时交换方式程序相同，只是无须在现场交换托盘，而是通过传票处理，在规定的日期内返还即可，对于不能按期返还或造成丢失的要支付赔偿金。该方式对托盘回收、返还的责任范围等有明确规定，因而较即时交换方式更有优越性。

合理的托盘经营方式是提高托盘流通性的关键因素。托盘标准化、系列化是提高托盘流通性的基础。只有切实做好托盘租赁、交换、交流的组织设计，才能实现托盘装卸、搬运、储存、运输、配送、销售等，使托盘化物流活动顺畅运行。

宜家在全球的采购和销售过程中都采用集装箱运输。在集装箱的装卸过程中，如果使用托盘作业，每只集装箱的装卸时间只需要 30～40 分钟；不使用托盘的话，则需 3～4 小时，托盘的使用无疑大大降低了综合物流成本。托盘的运用是物流中心高效运作的基础。事实上物流中心使用的托盘规格非常多，管理上也非常细致。

欧洲的托盘标准体系有 10 个不同的规格，编号为 E0～E9，但使用最普遍的是 800mm×1 200mm 这一规格。根据货物的不同规格，可以选择相应尺寸的托盘。所以宜家在供应分布在欧盟 38 个不同国家的商店时都使用标准托盘运输。

宜家仓库货位架的结构和尺寸是按照不同的托盘规格来设计的。除了欧洲标准体系中的 10 种规格之外，宜家还规划了自己的托盘标准（I1~I9），它是依据欧洲的托盘标准，再结合宜家自身情况而制定的，在尺寸上有一些微调。

4.4.3　集装单元装卸搬运机械的配置

单元化货物是指以托盘、捆扎等包装方式形成便于机械装卸搬运的集装单元。这种货物的装卸可以采用效率较高、工作可靠的叉车，同时也可以采用汽车起重机、汽车随车吊、托盘搬运车、皮带输送机、堆垛机等机械设备。不同的装卸搬运作业类型在配备装卸搬运设备时需采用不同的配置方案。方案的具体内容如表 4-3 所示。

表 4-3　集装单元装卸搬运机械配置方案

装卸搬运作业类型	拟配装卸搬运设备	装卸搬运作业说明
库内托盘及集装单元拆码垛、箱内集装单元装卸	电瓶叉车 电动前移式叉车 三动力拆码垛机 桥式起重机 移动式平衡起重机	箱内小包装集装单元，可采用移动式皮带输送机进行装卸；条件受限或机械设备不足时，也可使用人力配以手铲车或其他简易机械进行装卸
库外汽车装卸； 库外火车装卸； 库外站台及其他集散地拆码垛	内燃叉车 前移式叉车 汽车随车吊 汽车起重机	汽车在库外装卸时，可采用固定装卸货台辅助叉车装卸作业；在火车站台装卸时，可采用搭接跳板进行火车或平板车装卸

续表

装卸搬运作业类型	拟配装卸搬运设备	装卸搬运作业说明
库内外集装单元搬运	电瓶牵引车 混合动力牵引车 平板拖车 电动托盘搬运车 手动托盘搬运车	牵引车或搬运车可搬运单元货物出入库或直至装卸地点

4.4.4 集装单元化技术的意义

集装单元化技术是物流管理硬技术（设备、器具）与软技术（为完成装卸搬运、储存、运输等作业的一系列方法、程序和制度等）的有机结合，是先进的科学技术与科学的管理方法相结合的复合技术。它既有设备、器具的机械化、自动化技术，又有合理组织这些设备、器具充分发挥作用的管理技术，是物流技术进步和结构创新的一个重大举措，具有重要的现实意义。

集装单元化技术的具体意义主要体现在以下几个方面。

（1）为装卸机械化、自动化创造了条件，加速了运输工具的周转，缩短了货物送达时间，从总体上提高了运输工具载重量和容积的利用率，促进了装卸合理化。

（2）节约了包装材料，减少了包装费用，同时减少了物流过程中的货损、货差，保证了货物的安全。

（3）便于堆码，提高了仓库、货场单位面积的储存能力。

（4）便于清点货件，简化了物流过程中各个环节间及不同运输方式间的联合运输，实现了“门到门”的一条龙服务。

（5）减轻或完全避免污秽货物对运输工具和作业场所的污染，改善了环境状态。

总之，通过集装单元化技术的推广应用，物流费用大幅降低，同时传统的包装方法和装卸搬运工具发生了根本性的变革。集装单元本身成了包装物和运输工具，改变了过去那种对包装、装卸、储存、运输等各管一段的做法，对物流进行了综合规划，有效地改善了物流机能。因此，集装单元化技术是物流过程中一种行之有效的技术。

复习思考题

1. 怎样避免或减少不合理的流通加工？
2. 怎样做到装卸搬运的合理化？
3. 如何做好集装单元化？

案例分析

松下电器包装的保护性

上海松下微波炉有限公司位于张江高科技园区，是日本松下电器和上海广电集团的生产型合资企业，成立于 1994 年，工厂占地面积 35 000 平方米，有员工 1 000 名。这里共有四条装配生产线，年生产能力可达 300 万台。各条线上装配完成的微波炉经由输送带到达各自的包装工位，包装工人的右侧是一条滑道。二楼的工人将底部封口、铺好塑料保护膜和泡沫塑料缓冲垫的纸箱从这个滑道依次推下，停留在装箱工人身旁。工人将产品放入纸箱，贴上外标签，传送到下一个工位。下一个工位的工人负责装入配件，加上上层缓冲泡沫塑料，然后传送至胶带封箱机下方自动封箱。封箱完毕的产品还会经过一台梅特勒托勒多自动称重机进行称重，不同型号的产品在包装后有其标准重量，在产品重量不符合标准的情况下，称重机会发出警报，提醒工人检查是否存在装箱配件遗漏或其他问题——虽然概率很低，但有问题的产品包装一旦流入市场，就会给公司带来更大损失。

为了充分利用有限的空间，产品从下线到码垛之间的传送是利用高架传送带进行的。完成包装的微波炉被输送至提升机，提升至上层传送带，输送到码垛间，再由斜式传送带下降至货物装盘处，工人在此进行堆垛。松下公司部分应用了纸质货盘，可码垛 5~6 层，每层四台或六台微波炉。

松下公司追求“零库存”的目标，就近选择包装供应商，每两小时进行一次送货；而且目前产品在堆垛间停留的时间一般不超过半小时，即由货车发运。

据上海松下微波炉有限公司技术科有关人员介绍，公司 70%的产品专供出口，产品及包装的设计往往由海外公司统一完成，上海的工厂技术科会根据不同的产品和不同的市场设计一些不同的缓冲包装。欧美国家的道路条件比较好，物流业发达，同时也有关于包装物比例的限制，所以出口到欧美国家的产品选用三层瓦楞纸箱。公司自己的实验室可以进行跌落和低温仓储试验，震动试验则委托专业检测机构进行。

问题：

1．上海松下微波炉有限公司在装卸搬运合理化方面有何建树？

2．产品包装出现问题会产生哪些后果？

实训项目

现场观看配送中心装卸机械作业

实训目的：通过观看配送中心装卸作业的资料，了解装卸搬运机械的作业过程，认识装卸搬运作业机械的外在形态和作业特点，掌握装卸搬运机械的作业场合和作业地点；能够对装卸搬运机械进行简单的选择和配置。

实训任务：

① 回顾教材中装卸搬运机械的种类和类型，了解装卸搬运机械的种类及其工作特点与场所。

② 观看现场货物装卸的视频资料或到配送中心作业现场观看货物装卸的过程，熟悉常用的装卸方式，了解不常见的货物装卸作业过程。

③ 观看后讨论各种机械装卸作业的流程，并及时做出总结。

实训要求：要求学生认真复习理论知识，仔细观看视频资料（或积极到现场参观）；积极讨论；结束后认真总结，力求使装卸搬运的理论与实践达到一般程度上的结合。

实训报告：报告中要包括如下问题。

① 配送中心装卸搬运机械有哪些?

② 各种搬运机械的造价和需投入的成本情况如何?

③ 开展集装箱运输是否对装卸搬运环节作业有影响？有哪些影响?

第 5 章

连锁配送信息系统

引导案例

物流信息化构造企业核心竞争力

沃尔玛是全球第一个发射物流通信卫星的企业。物流通信卫星使沃尔玛产生了跳跃性的发展，很快超过了美国零售业的龙头——凯玛特和西尔斯。沃尔玛从乡村起家，而凯玛特和西尔斯在战略上以城市为主。沃尔玛通过便捷的信息技术急起直追，终于获得了成功。

沃尔玛建立了全球第一个物流数据的处理中心，在全球首先实现集团内部 24 小时计算机物流网络化监控，使采购库存、订货、配送和销售一体化。例如，顾客到沃尔玛店里购物，然后通过 POS 机打印发票，与此同时，负责生产计划、采购计划的人及供应商的计算机上就会显示相应信息，各个环节就会通过信息及时完成本职工作，从而减少了很多不必要的时间浪费，加快了物流的循环。

20 世纪 70 年代，沃尔玛建立了物流的信息系统（Management Information System，MIS），也叫管理信息系统，这个系统负责处理物流系统报表，加快了系统的运作速度。80 年代与休斯公司合作发射物流通信卫星，1983 年的时候采用了 POS 机，全称 Point of Sale，就是销售时点数据系统。1985 年建立了 EDI，即电子数据交换系统，进行无纸化作业，所有信息全部在计算机上运作。1986 年的时候它又建立了 QR，即快速反应机制，对市场快速拉动需求。凭借这些信息技术，沃尔玛如虎添翼，取得了长足的发展。

配送中心设立在 100 多家零售店的中央位置，也就是配送中心设立在销售主市场。这使得一个配送中心可以满足 100 多个附近周边城市的销售网点的需求。另外运输的半径基本上比较短，比较均匀。

商品在配送中心停留不超过 48 小时。沃尔玛要卖的产品有几万个品种，吃、穿、住、用、行各方面都有。尤其像食品、快速消费品这些商品的停留时间直接影响到使用。

每家店每天送 1 次货（竞争对手每 5 天 1 次）。至少 1 天送货 1 次意味着可以减少商店或零售店里的库存，这就使得零售场地和人力管理成本都大大降低。要达到这样的目标就要通过不断完善组织结构，建立一种能够满足这样的需求的运作模式。

本章学习目标

通过本章的学习，学生应该掌握以下几个方面的内容：

1. 了解物流配送信息的概念；
2. 掌握物流配送信息的功能；
3. 了解连锁物流配送信息系统的主要内容及基本功能。

学习导航

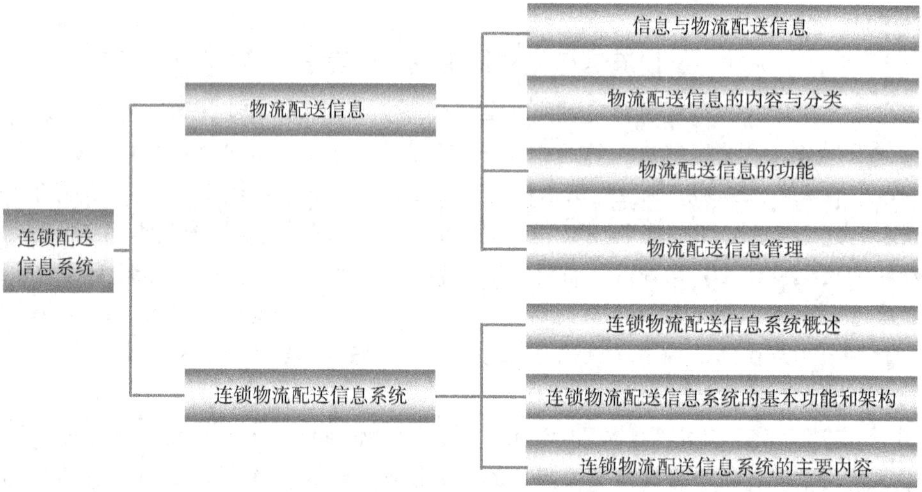

职业指导

零售企业的物流配送部门在招聘助理时，一般都给新人机会，他们看重的主要是沟通能力和应变能力。苏宁电器一位人力资源主管在接受采访时说："在计算机方面，Word 和 Excel 的使用一定要熟练。"因为做数据分析和撰写报告，以及商业信函往来，都必须使用这些工具。如果你打算去像沃尔玛这样的外资企业，则良好的英语素养是必不可少的。沃尔玛强大的物流系统基于全球采购系统，如果你连英文标签都读不出来，你将很难得到他们的工作。特别提醒，学会使用一种统计学、经济学市场分析工具软件（方法），如 SPSS，对得到零售企业人力资源部门的青睐很有帮助。

5.1 物流配送信息

5.1.1 信息与物流配送信息

1. 信息的概念

当连锁企业经营规模扩大到拥有成百上千名雇员，经营范围分散在很广阔的区域并实行连锁经营时，其管理者的决策便更多地依赖于信息。沃尔玛、家乐福公司的管理者几乎不得不完全依赖于信息，并将信息视为他们最有价值的资源。

在企业的生产和经营管理活动中，在市场需求信息的拉动下，企业管理者和决策者做出生产和经营决策；通过收集和比较原材料、能源等信息，采购人员决定原材料、能源等资源的采购；生产线各道工序上的生产和操作人员通过信息传递实现原材料向半成品、成品的转换；营销人员通过收集市场信息将生产出来的产品及时推向下游的分销商、零售商和最终客户。可以看出，人类的一切社会实践活动，不论其存在方式和运动规律如何，信息活动都是其最基本的表现形式。

信息（Information）是主体对客体的认识和揭示，它包括数据、字符、文字、图形等。信息是事物的内容、形式及其发展变化的反映，具体指能够反映事物内涵和外延的知识、资料、情报、图像、数据、文件、语言、声音等。

在信息系统研究中，人们更习惯于通过与数据、知识的比较来认识信息的概念。数据（Data）通常是指记载客观事物的性质、状态及相互关系的物理符号或这些物理符号的组合。它可以是数字，也可以是文字、声音、图像、视频或其他物理符号，表现形式多种多样。数据不同于信息，但与信息密切相关。原始数据经过处理、比较和解释后往往可以提炼出对决策活动有支撑作用的信息。例如，某市场上生产某种产品的厂家有 50 家，通过采集该数据，结合其他相关的背景资料，通过数据处理、比较和解释，投资者认为该产品的生产厂家太多了。在这个例子中，“50 家”是数据，“生产厂家太多了”是通过对数据的处理、比较和解释而形成的信息。需要指出的是，投资者更多依托转换后的信息来做决策，而不是依托原始数据做决策。从这种角度来理解，信息是数据合理升华的产物。数据只有转化为观念性的信息，才能成为决策的依据。

2. 物流配送信息的含义

信息是物流系统的核心构成要素。作为事物运动状态和方式的反映形式，信息广泛存在于物流活动的各个领域。物流系统内部各要素之间，以及物流系统与外部环境之间，大量存在着信息和信息交换。例如，现代物流体系的运作流程是在客户需求的拉动下，通过输入客户需求信息和供应商货源信息，形成战略计划、生产能力计划、物流计划、制造计划、采购计划等，并在此基础上进行成本核算。物流配送系统通常涉及顾客和补给部门的订货情况、各种存货要求、仓库作业命令、货运单证、发票等信息。物流系统的快速、高效和经济运行实际上就是这些信息流的有效传递。

一般情况下，我们可以从狭义和广义两种角度理解物流配送信息。

从狭义角度理解，所谓的物流配送信息，是指与物流活动（运输、库存、包装、搬运、流通加工等）直接相关的信息，如库存（库存品种、数量、时间、地点等）信息、物流设施（运输工具、搬运机械、包装材料等）信息、物流活动方式（物流配送路线、服务档次等）信息、物品品质信息、物流人员信息、物流标准信息等。在运输手段与路线的选定、运输单位的决定、库存期间的决定、接受订货和订货处理等过程中，都存在着必要的物流配送信息。

从广义角度理解，物流配送信息不仅指与物流配送活动直接相关的信息，而且包括与物流活动间接相关的信息，如商品交易信息、市场信息等。其中，商品交易信息是指与买卖双方的交易过程有关的信息，如销售和购买信息、订货和接受订货信息、发出货款和收到货款信息等；市场信息是指与市场经济活动有关的信息，如商品价格信息、竞争者信息、客户需求信息等。物流与商流之间存在密切关系，商流是物流的前提，物流是实现商流的保证，因此将商品交易信息和市场信息纳入广义的物流配送信息是可行的。

5.1.2 物流配送信息的内容与分类

1. 物流配送信息的内容

物流配送是整个物流业务的核心活动，企业 90%以上的客户业务单据由物流配送部门接收、处理，并通过网络传输到相关的业务部门，如运输部门、流通加工部门等。现代物流配送管理大量应用条形码技术，依靠信息流控制物流，真正实现精确、快捷、高效、灵活的物流配送管理，从而提高物流配送管理的水平。

物流配送的物流活动要求在接到系统的选货后，工作人员分批发出印有条形码的拣货标签；分拣人员根据计算机打印的选货单在仓库中进行拣选，并在商品上贴上拣货标签；拣出的货物由自动分类机检验有无差错，并分岔流向按分店分类的滑槽中；然后将不同分店的货物装入不同的货箱中，并在货箱外面贴上印有条形码的送货地址卡，输送到不同的发货区。当发现拣货出错时，货物会流入特定的滑槽内，方便工作人员更正。条形码配合计算机应用于作业流程管理，使系统能够及时获得各个环节的操作信息。

物流配送的物流活动会产生货物（分类、编号、包装、特性、数量、重量、体积等）、设施（编号、性能、容量、载重、数量等）、流量（运输量、物流配送量、库存量、流通加工量等）、流向（进货、发货、退换货等）、流程（路线、距离、节点等）、流速（时间、速度）等信息，这些信息的产生也需要进发货指示、物流流程、单证格式与交接、各种决策评价等信息做先导，并获得它们的支持和控制。

综上所述，从表面意思上看，物流配送信息是物流配送组织（如物流配送中心）生产、运作、经营和发展情况的反映，是物流配送组织方方面面的体现，包括物流配送组织的组织结构信息、后勤生活服务信息、运作信息和经营管理信息。这个含义明显比较宽泛，因为物流配送组织的信息收集、传输、加工多在其建立和组织结构定型后发生（虽然信息管理的成效也影响物流配送组织的组织结构并要求其做出相应的设置），并且主要关注其作业与管理，故而此处将物流配送信息的内容界定为与物流配送组织（物流配送中心）、物流配送作业及经营管理有关的信息。

物流配送组织（物流配送中心）的物流及信息流如图 5-1 和图 5-2 所示。

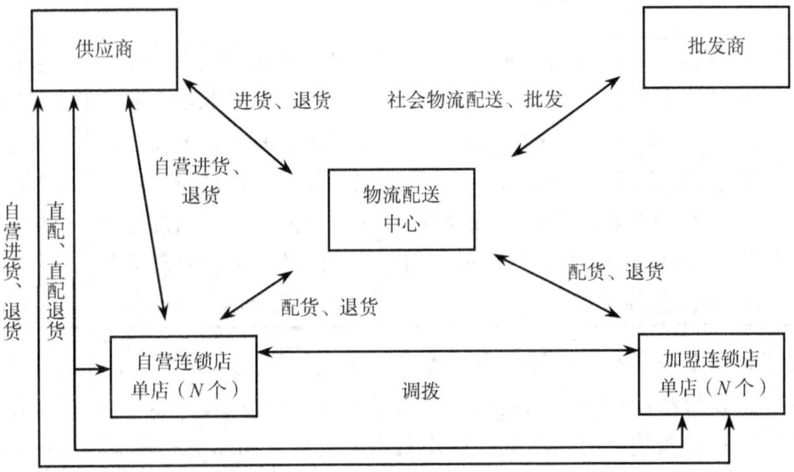

图 5-1　物流配送组织的物流

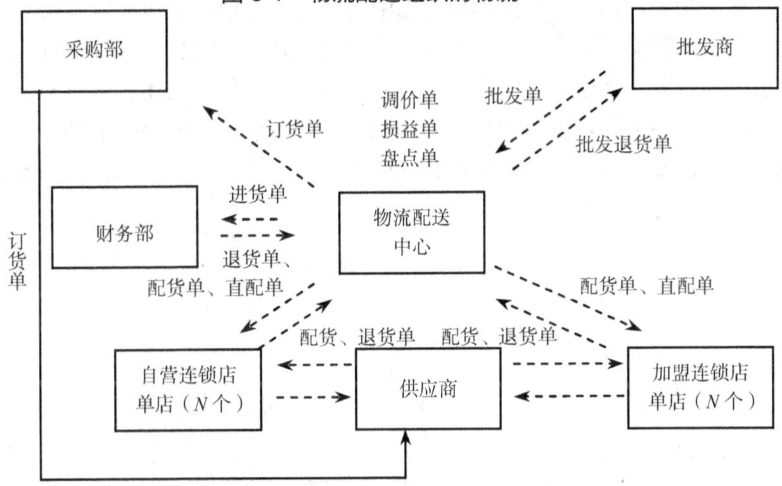

图 5-2　物流配送组织的信息流

2．物流配送信息的分类

按物流配送信息对应的操作活动分类，物流配送信息分为信息作业信息、实物作业信息及相关组织的经营管理信息三部分。物流配送信息按对应的操作活动分类的详细内容如表 5-1 所示。

表 5-1　物流配送信息按对应的操作活动分类

类　型	信息作业信息	实物作业信息	相关组织的经营管理信息
内容	包括订货与接受订货的流程和内容，货款的收付流程和内容，物流配送中心所用各类单证的格式和内容，数据的收集、分类和使用，物流配送中心所需各类设施设备、人员及处理货物的编号、分类和历史记录，关于信息的信息等	包括物流配送中心进出货、库存管理和物流配送路线优化的总体流程、各个环节（如进货、检验等）的分流程、人员与设备的使用情况、货物移动信息（如时间、地点、事故等）	包括岗位职责、设备器具的使用规定与操作要领、货物的存放处理要求、绩效考核与评定等信息

按反映货物移动或所有权交接情况分类，物流配送信息分为物流活动信息和相关的商流活动信息。其中，物流活动信息中的商品流转信息是指商品分类、特性、移动等信息；物流配送高、中、低层信息是指物流配送活动的操作及决策信息，如高层的物流配送中心发展规划、服务的项目及水平的设定是否外包等，中层的中短期计划、车辆调度、成本核算、绩效管理等，低层的短期作业计划、出勤等。商流活动信息中的商品交易信息是指卖方和买方在交易时所发生的买卖信息、订货和接受订货信息、收发货款信息等。其中，订货和接受订货信息属于与物流有关的商流信息，所以要严格地区分物流活动信息和商品交易信息是比较困难的；市场信息是指与市场决策有关的各种各样的信息，包括为了刺激消费者需求的销售促进活动信息，竞争者或竞争性商品信息等。物流配送信息按反映货物移动或所有权交接情况分类的详细内容如图 5-3 所示。

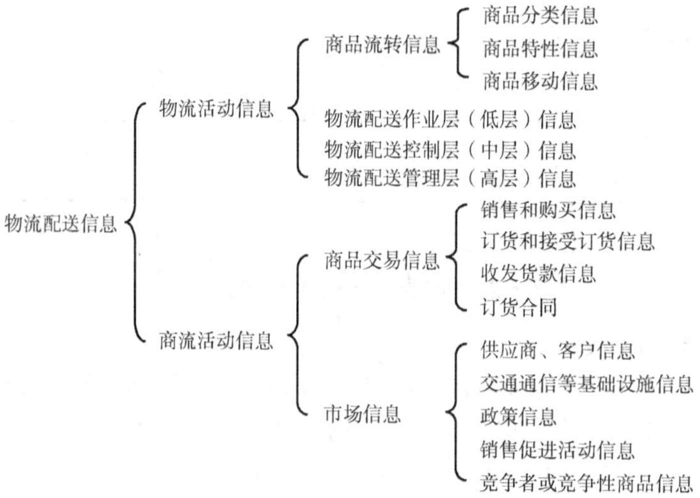

图 5-3　物流配送信息按反映货物移动或所有权交接情况分类

5.1.3　物流配送信息的功能

连锁企业的物流配送活动，尤其是物流配送中心的运营会产生大量的信息；相反，信息对于物流配送中心的运营也极为重要，如果缺少信息，物流配送中心的经营运作就如盲人摸象而不能把握全局。尤其是作为物流配送中心主要活动的物流及其主要目的或风险的资金流，它们在产生信息的同时更需要信息流的支持、约束和推动。物流配送信息的具体功能体现在以下四个方面。

1．流程控制功能

物流配送信息的流程控制功能就是记录、控制物流配送活动的基本内容。例如，一次物流配送活动从收到各连锁门店的订单开始，记录相应的交易信息，随后按记录的信息安排存货、选择作业人员及作业程序、制定拣货单、指挥组配、装卸搬运、按订单要求制定物流配送路线、安排物流配送车辆和人员、到门店的验收与交货等，这一系列物流配送活动过程都是在物流配送信息的控制下完成的。

2．管理控制功能

物流配送服务的水平、质量及人员、资源的管理等都要由信息系统来控制。因此，应该通过建立完善的考核指标体系及通过互联网、局域网、EDI、GIS、GPS 等技术提高管理力度，这里特别强调信息对加强控制力度的作用。

3．协调功能

物流配送信息沟通供应商、总部、连锁门店和物流配送中心之间的联系，满足不同物流配送环节协调运作的需要。例如，各连锁门店与物流配送中心实行商品销售信息的联网和共享，物流配送中心就可以据此预测库存情况并及时补货，使各连锁店库存保持在最佳水平。在物流配送运作过程中，加强信息的交流，有利于提高工作效率。物流配送信息从生产者经过批发商、连锁企业总部、物流配送中心，最后到连锁店，起到了连接供应链的作用。如果这些信息实现了系统化，并构成了企业的网络化，整个供应链的效率就能提高。例如，关联伙伴之间实现了联网，连锁店对供应商的订货信息可同时发送给物流配送中心，这样物流配送中心就能够直接接收商品。

4．支持决策和战略功能

通过对物流配送信息的分析与利用，可以为连锁企业决策层提供相应的信息支持，这样决策层就能更好地进行短期与长期决策，更好地调整和发展企业经营战略。

5.1.4　物流配送信息管理

1．物流配送信息管理的含义

连锁企业物流配送信息具有复杂多样、量大和多处分布的特点，因此对其实施有效管理是一件比较困难的事情，但这又是连锁企业必须做的事情。连锁企业的物流配送信息管理是利用适当的物流信息技术和方法，快速实现物流配送活动中相关信息的收集、传输、存储与加工，加强物流配送信息的利用和控制。

物流配送信息管理必须借助于一定的技术和方法，是采用人工管理还是自动化管理，是用手工、人脑还是电子设备解决信息的收集和存储加工，是对信息进行局部管理还是集成管理，信息管理是局限于某一环节、某一部门还是延伸到整个物流配送中心甚至外部，这些都关系到连锁企业物流配送信息管理的成效。

物流配送信息管理的内容是对信息进行收集、传输、存储、加工、输出与反馈，这是一个循环执行的过程，因为新信息不断出现，如进出货信息（每次都不一样）；老信息需要进行加工以便不断重复利用。物流配送信息管理的流程是先把各环节、各节点信息收集好，传输到一处集中储存，此时可以按意向加工处理物流配送信息，待需要时将加工或存储的信息传至需求处。其流程如图 5-4 所示。

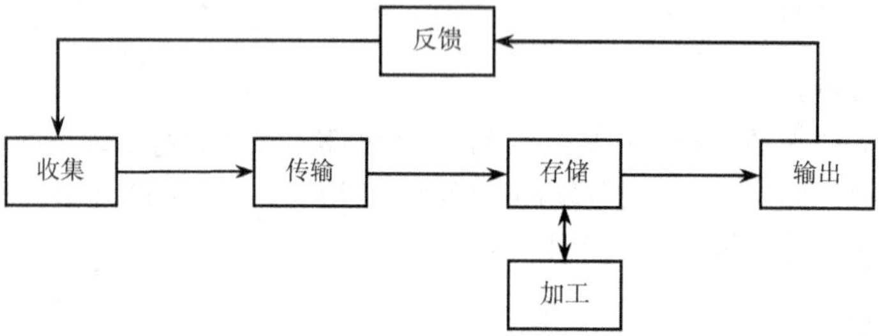

图 5-4　物流配送信息管理的内容及流程

物流配送信息管理的主要目的是充分利用物流和商流活动信息，规范、严密、约束和推动信息的收集、传输、存储、加工等活动，提高信息利用效率和效益，为经营决策提供依据，带动物流配送中心服务水平、物流效率的提高和经营成本的降低。

2．物流配送信息管理的途径

物流配送信息管理的目的可以通过物流配送活动管理的信息化来实现。物流配送活动管理的信息化是通过物流配送活动、相关的信息活动和经营管理活动等信息的界定、规范与集成，应用一定的物流信息硬软件设备或技术，实现连锁企业物流配送信息作业的电子化、自动化、网络化和智能化，提高物流配送活动、信息作业和决策活动的效率与科学性。

物流配送活动管理的信息化不是要求物流配送中心信息管理一步达到最好水平，完全实现信息作业的电子化、自动化、网络化和智能化。其信息化是分层次的，可以在不同的范围内进行，即信息化可以针对不同的活动、环节、部门或整体运作分别实现。

（1）信息作业的电子化。信息作业的电子化是指信息作业要充分利用电子设备和技术，实现信息收录、传输、储存、加工的无纸化，实现连锁企业复杂和海量信息的快速而少失误处理。这些技术包括商品、仓库、货位的射频识别和修改技术，各类信息存储的软盘、硬盘、光盘和数据库技术，进行信息加工的数据库挖掘等应用软件技术，数据和信息显示的多媒体技术等。

（2）信息作业的自动化。信息作业的自动化是指通过各类技术和理论的综合应用，将电子技术、计算机技术、通信技术、自动化设备和经济、管理、数学、系统科学知识结合起来，实现物流配送中心进、出、存全过程的全面自动化处理，提高信息作业效率。各类技术包括光电扫描技术、库存的自动盘点、EOS（电子订货系统）、EFT（电子转账系统）、MIS 等。

（3）信息作业的网络化。信息作业的网络化是指将连锁企业的供应商、物流配送中心、连锁店、各环节、各部门连接起来的信息网络建设（包括通信网络和业务专用信息网络建设），运用常涉及第三方专门的网络运营商的通信技术、EDI 技术、Internet 技术及相关的一系列网络安全技术，实现信息的异地实时传输与共享。

（4）信息作业的智能化。信息作业的智能化是指利用计算机技术解决和处理定量问题的同时，可通过软件的开发和使用，实现信息作业能够辅助和参与定性问题处理的智能决策，提高物流配送作业管理决策的科学性。智能决策包括 DSS（决策支持系统）、Es（专家系统）等。

3．物流配送信息管理的管理方法

实现连锁企业物流配送信息的有效管理，达到物流配送活动管理信息化的“四化”要求，需要从连锁企业物流配送活动中心内外部两个方面着手。在外部，要充分利用公共物流信息平台；在内部，要认真进行物流配送信息系统的建设和物流信息技术的应用。

（1）建设连锁物流配送信息系统。将物流配送中心某一环节、某一部门或某一活动的信息集成，借助于计算机硬软件设备与技术，实现物流活动的指挥和控制，提高信息作业效率和正确性。

（2）应用物流信息技术。物流配送中心内外部物流活动信息的收集、传递、储存和加工都需要一定的技术和相应的设备，而物流信息技术正是物流信息系统建设的支撑，物流信息技术也为物流信息系统提供并传输数据和信息。

（3）利用外部公共物流信息平台。物流配送中心经营活动是一个开放的系统，其经营商品、连锁店、供应商的信息经常变化，与此对应的商品量、交通与物流配送路线等信息也在变化。因此，物流配送中心要注意利用外部公共物流信息平台获取市场信息和交易信息，并且从多个方面获取相关信息。

1）从政府行为中获取信息。政府是物流活动的重要推动者与管制者，其法规政策、规划建设都会对物流配送中心的物流活动产生重要影响。国家政府的用地法规、物流配送中心经营的卫生安全规范等对物流配送中心的经营成本和操作流程复杂程度有重要作用；交通和通信设施、物流园区、通关系统、水电暖等硬软件条件的情况会对物流配送中心的成本和服务水平产生影响。因此，物流配送中心管理者要注意从政府的行为中获取有关信息。

2）从行业中获取信息。物流配送中心的物流管理和所属企业性质要求物流配送经营注意了解所在行业和物流业等行业协会的信息，以便对物流配送中心经营的规范性、发展趋势、信息化建设有清楚的认识。例如，经营食品的物流配送中心要注意食品安全、加工等协会信息，还要了解物流行业协会信息，在经营操作达到食品行业的要求外，力求实行物流活动的标准化和低成本。

3）从企业中获取信息。物流配送中心还可以从所属企业、上下游供应商和客户、同行竞争企业、各类物流配送中心那里获得丰富有益的信息。所属企业的决策思想和规定目标要在物流配送中心的经营管理中得以体现和实现。供应商和客户的要求影响商品种类、包装、服务项目和服务水平，也影响物流配送中心作业流程。同行竞争企业和各类物流配送中心的物流活动影响物流配送中心的经营。

4）从社会上获取信息。社会上大大小小的物流、商流活动个体与集体更可以为物流配送中心经营提供丰富的物流信息，如各类电子商务企业及其网站、物流企业及其网站等。淘宝网依托雅虎搜索功能和支付宝的网上资金支付功能实现了企业与企业之间、企业与消费者之间的电子商务平台，集中了许多企业和消费者的供给、需求及物流配送信息。各类物流企业，尤其是 3PL 和 4PL 服务提供商经常与各类企业进行业务往来，熟悉物流配送中心的业务运作，所以也是物流配送中心物流管理的重要信息来源。各种物流网站也会提供大量的物流配送活动需求信息，如物流资源网、物流信息网等。

5.2 连锁物流配送信息系统

5.2.1 连锁物流配送信息系统概述

连锁经营的强大生命力来源于企业商流、物流、信息流高效率运转产生的规模经济。随着高科技迅猛发展和计算机、网络技术的广泛应用，信息技术改变了企业应用供应链管理获得竞争优势的方式，成功的企业纷纷应用信息技术支持其经营战略并选择其经营业务，利用信息技术提高物流配送的效率，增强其经营决策能力。

沃尔玛公司拥有世界一流的卫星通信系统，投资高达 7 亿美元，公司总部与全球各家分店和供货商通过共同的信息系统进行交流。它们拥有相同的补货系统、EDI 条形码系统、库存管理系统、会员管理系统和收银系统，分店发出订单后 1～2 天就可以收到物流配送中心送来的商品。正是在这些信息技术的支撑下，沃尔玛做到了商店与物流配送中心、物流配送中心与供应商的同步。如此快捷的信息反馈使各分店的存货量大大降低，成本下降，同时给采购员、公司管理层和供货商带来了极大的方便。

我国连锁业在物流配送效率上的落后很大程度上是因为信息技术的落后。搞好物流信息化的关键主要是解决物流信息资源的管理问题。物流配送中心业务功能多、处理量大、信息覆盖面广泛、数据量大、管理复杂多变，许多信息需要动态适时地传输和处理。无论对于提高物流配送中心的日常运作效率，还是对于提升物流配送中心的服务能力，建设物流配送中心的信息管理系统都具有十分重要的意义。

信息化是一切现代物流配送活动的基础，物流配送信息化是现代物流配送的根本要求。物流配送信息化表现为物流配送信息的商品化、物流配送信息传递的标准化和实时化，以及数据仓库、数据挖掘技术在物流配送信息处理中的应用。传统的物流配送方式需要置备大面积的仓库，引入物流配送信息系统后，地理上分散的仓库可以通过网络连接起来，进行统一的管理和调配，扩大了其服务半径和货物集散空间。传统的物流配送过程由多个业务流程组成，受人为、时间因素的影响很大。物流配送信息化能够实现整个物流配送过程的实时监控和决策，可以在极短的时间内对需求做出反应，并拟定详细的物流配送计划，通知并监督各个环节工作。由于信息流的快速和准确传递，实现物流配送信息化后，物流配送过程可以相应地得到有效简化和有效管制。

实现连锁物流配送信息化后，连锁物流配送过程就像一条流水线，把原来分散经营的各个物流配送环节系统化，将它们有效地整合、提升，使之成为具有增值功能的综合物流配送系统。物流配送信息化能够实现系统之间、企业之间及资金流、物流、信息流之间的无缝链接，而且这种链接具备预见功能，可以帮助企业最大限度地控制和管理库存；同时还可以全面应用客户关系管理、商业智能、地理信息系统、全球定位系统、无线互联技术等先进的信息技术手段，优化物流配送调度、动态监控、智能交通、仓储优化配置等物流配送管理技术和物流配送模式。

5.2.2　连锁物流配送信息系统的基本功能和架构

1．连锁物流配送信息系统的基本功能

连锁企业的物流配送信息管理是利用适当的物流信息技术和方法，快速实现物流配送活动相关信息的输入、传输、存储、加工等，加强物流配送信息的利用和控制。这就是连锁物流配送信息系统的基本功能，以下详细说明。

（1）数据的收集和输入功能。在连锁物流配送信息系统处理流程中，首先需要对数据进行收集和记录，当数据记录在一定介质上并经校验后，即可输入系统进行处理。在实际处理中，可通过输入设备将系统所需数据随时输入。例如，在物流配送信息系统中，可以利用 POS 系统完成部分数据的收集和输入，通过数据传输，为零售商提供决策支持。

（2）数据的加工处理功能。数据的加工处理包括代数运算、统计量的计算、各种检验、各种最优算法、模拟预测等。该功能的强弱直接关系连锁物流配送信息系统质量的优劣。

（3）数据的存储功能。把数据存储在相应的介质上，方便管理者的日常业务处理，提高工作效率。

（4）数据传输功能。随着企业业务量的不断增加和信息技术、计算机网络覆盖面的不断扩大，连锁物流配送信息系统中需要传输的数据量也在不断增加。较大的连锁物流配送信息系统一般都具有较大的规模，在地理上有一定的分布，此时数据传输就成为连锁物流配送信息系统必备的一项基本功能。

（5）信息输出功能。连锁物流配送信息系统服务的对象是管理者，因此，它必须具备向管理者提供信息的手段和机制。信息可以以不同的方式输出，有的信息直接供管理者使用，可以以报表、图形等形式输出；有的则供计算机进一步处理、分析，可以将这些中间结果输出到有

关介质上。

2. 连锁物流配送信息系统的硬软件构成

连锁物流配送信息系统是一种由计算机和连锁企业物流活动管理规则组成的集成化系统。它将硬件和软件结合在一起，实现了部分或全部物流活动管理、控制和衡量的无纸化、电子化。

硬件部分是连锁物流配送信息系统发挥作用的实体基础，包括计算机、输入与输出设备、网络设备、通信设施和储存媒体等，如计算机主机、显示器、硬盘、打印机、键盘、扫描仪、服务器、通信电缆等。

软件部分是连锁物流配送信息系统进行信息收集、传输、加工的直接作用部分，具有非物质性，一般指用于处理交易、管理控制、决策分析和制定战略计划的系统和应用程序，包括系统软件、实用软件和应用软件三类。

（1）系统软件。系统软件指控制协调硬件资源、提供其他软件运作平台的物流配送信息系统不可缺少的基础性软件，主要有操作系统（Operation System，OS）、网络操作系统（Net Operation System，NOS）等。这种系统软件的种类较少。

（2）实用软件。实用软件指基于系统软件，具有开发应用软件、管理数据资源、实现通信等功能的软件，主要有数据库管理系统（Data Base Management System，DBMS）、计算机语言、各种开发工具、互联网上的浏览器等。这种软件种类多，版本更新快。

（3）应用软件。应用软件指直接处理和解决物流配送中心具体经营问题，实现其业务运作信息化的软件，可辅助物流配送中心的业务管理，如物流配送中心的进销存软件等。不同的物流配送中心可以根据其功能、要求等开发或购买。

在建设信息系统时，相关硬件和系统软件、实用软件可以从相应的计算机厂商、专门的软件开发公司购得，而应用软件作为最重要的部分，一般要根据物流配送中心的实际情况和需要进行开发、安装和调试。

3. 连锁物流配送信息系统的结构

一般来说，连锁物流配送信息系统呈现层次结构。从不同的侧面或角度观察，该系统层次结构的情形和内容存在差异。

（1）硬软件组成的层次结构。一般的连锁物流配送信息系统建设都是由硬件到软件的过程，即先考虑可用的硬件平台，不同质量的硬件设备影响信息系统的效率和功能，然后结合物流配送中心和所属企业的管理思想与理念、管理制度与规范，收集、整理、规范各类数据，建立信息系统的数据库，接着选择和购置系统软件与实用软件，最后是应用软件的开发、安装和调试。具体结构如图 5-5 所示。

连锁企业的管理思想与理念、管理制度与规范是其信息系统建设的先导与灵魂，虚拟经营、电子商务、业务外包等管理思想与理念及部门与岗位职责、各类业务流程、组织结构形式等管理制度与规范都会制约连锁物流配送信息系统的功能、适用范围与效果，因为物流配送信息系统是所属连锁企业管理思想与理念、管理制度与规范的体现。

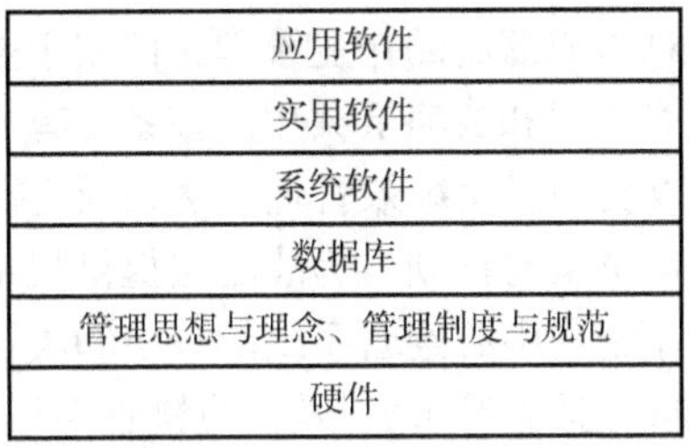

图 5-5　连锁物流配送信息系统硬软件组成的层次结构

数据库是连锁物流配送信息系统运行时所依赖的物流配送中心各类最基本数据的仓库，这些数据包括各类实际发生的数字，如各类业务量、价格、时间等，还包括约定的图形、符号、量化后的定性知识等，如各类单证的规范表格、商品、设施、设备、人员的编号等。数据库的数据必须完整。

（2）内容的层次结构。按照服务对象或应用主体的不同，连锁物流配送信息系统可分为数据处理系统、辅助管理信息系统、评价与控制信息系统、战略决策信息系统四个子系统，这四个子系统具有由低到高的层次结构，这与连锁企业物流配送组织管理的三个层次（业务层、战术层、战略层）是相对应的。具体的层次结构如图 5-6 所示。

数据处理系统是业务层的信息作业系统，主要任务是事务数据处理和查询，包括基本数据、规范的收集和制作，如各种表格、单证样式的规范、商品信息的采集等，还包括对活动中购销合同、进存出货所用各种票据及财务报表的保存、填写、传递、制作，以及部门间的信息传输。

辅助管理信息系统用于部门、环节的作业管理，即用于部门内物流活动的计划、组织、协调和决策的信息作业系统。它依托于数据处理系统，完成采购计划、库存计划、仓库作业计划和销售计划，实现订货、进货、仓储、接受订货、出货等作业的组织，进行物流配送车辆运行路径选择、库存管理等中短期决策。

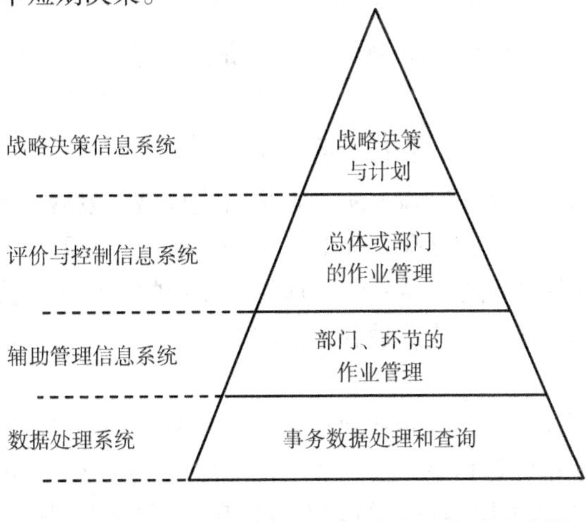

图 5-6　连锁物流配送信息系统内容的层次结构

评价与控制信息系统用于总体或部门的作业管理，即用于整个物流配送中心或各部门经营活动评价控制的信息系统，为战术层和战略层共用。该系统有一套进行整体和部门评价的指标体系、评价标准、评价方法，以实现经营绩效管理，达到预定控制目标。

战略决策信息系统用于战略决策与计划，为战略层提供战略计划制定和战略决策所需要的战略管理信息。它要求建立物流配送中心经营系统的分析和决策模型，为战略决策提供重要的量和表（如规模、商品价格、财务报表等），以及供应链管理和所属企业的战略管理等情况。

（3）计算机网络架构。

1）主机或终端方式（Mainframe）。在一台主机系统上连接多台客户端的工作方式，即主机或终端方式，这是20世纪80年代以前所采用的一种方式。在这种方式下，全部的应用系统和数据库均在一台计算机上运行，因此对主机的性能要求比较高，如要求主机有较高的CPU运算速率、较大的内部存储器容量和外部的磁盘存储空间、较高的I/O吞吐能力等。其结构如图5-7所示。

主机或终端方式的优点是终端连接可靠，数据传输稳定；缺点是用户数有限，数据传输距离短，使用维护复杂等。

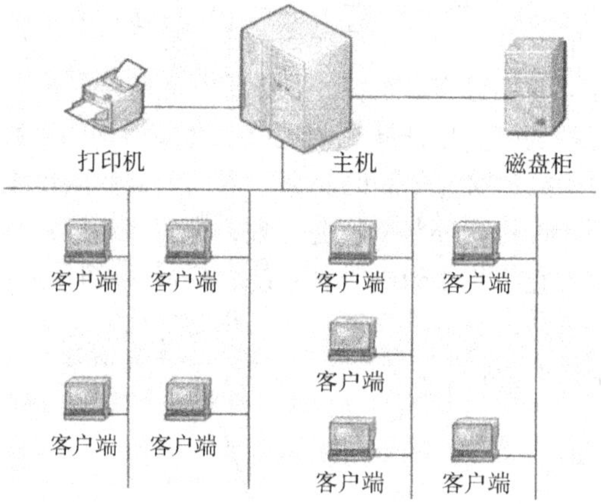

图5-7　主机或终端方式

2）客户机或服务器方式（Client/Server）。随着社会经济的发展，连锁企业的经营模式、业务领域和服务范围也发生了巨大的变化，尤其是连锁行业业务发展十分迅猛，企业规模和范围得到扩展，这都要求连锁物流配送信息系统能够给予相应的支持。受技术的约束，传统的主机或终端方式扩展能力较差，难以适应这种要求。同时，其投资与维护费用较高，只有少数企业能够承担。

自20世纪90年代以来，为适应企业业务的扩展和网络技术的发展，客户机或服务器方式发展起来。该方式的整个系统包括服务器和客户机两部分。用户使用客户机通过网络系统向服务器提出服务请求，服务器根据客户机的请求将信息进行相应的加工，向客户机返回对应的信息。

与主机或终端方式不同，客户机或服务器方式将信息处理分为两部分，主要部分由服务器完成，另一部分由客户机完成。客户机或服务器方式的常用模式有两层架构和三层架构两种，如图 5-8 所示。

3）浏览器方式（Brower/Server）。客户机或服务器方式虽然解决了主机或终端方式存在的问题，并且也适应企业高速扩张的要求，但是这种方式对网络的依赖性较强，对网络连接的稳定性要求较高。我国的基础通信线路租用费用较高，覆盖范围有限，导致企业信息管理系统的运营成本较高，甚至有些地方无法使用信息管理系统。鉴于此，一种浏览器方式被开发出来。

基于互联网技术的信息管理系统允许用户采用 PDA 等，通过 Wed 服务器、应用服务器和数据库服务器直接访问信息管理系统，不需要编制专用的客户机软件。浏览器方式架构如图 5-9 所示。

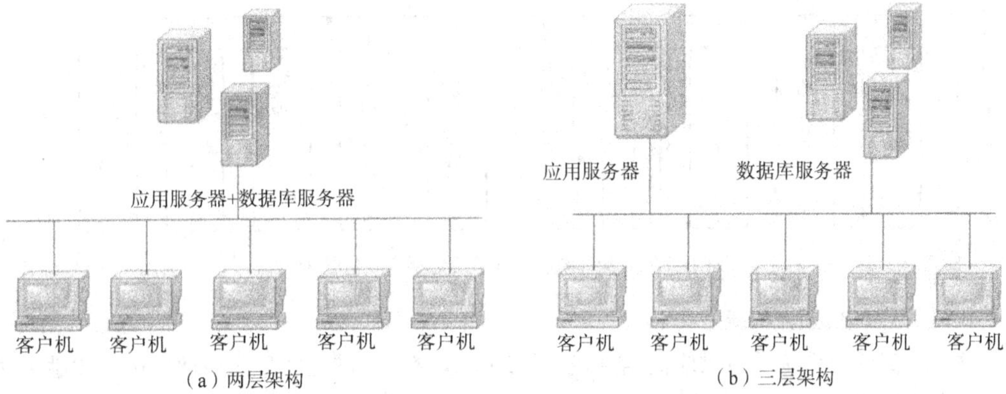

图 5-8　客户机或服务器方式

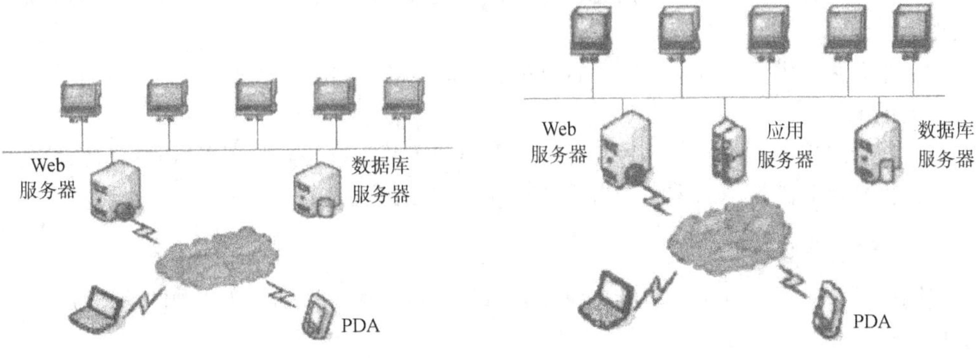

图 5-9　浏览器方式

5.2.3　连锁物流配送信息系统的主要内容

在具体建设信息系统时，由于连锁企业的类型、规模、区域范围、经营商品情况等不同，物流配送信息系统的组成模块和具体内容也不一样。连锁企业的供应商结构现状、门店的地区分布、物流配送中心布局、运输和物流配送业务是否外包，都会极大地影响连锁物流配送信息系统的功能和模块。

连锁企业物流配送信息系统是针对连锁企业的业务特点，主要实现将商品按物流配送方向分类，制定车辆物流配送计划和物流配送路线计划的管理信息系统。一个完善的连锁物流配送信息系统由供应商管理、采购进货管理、库存管理、销售出货管理、物流配送作业管理、财务会计管理、连锁门店管理、绩效评价、辅助决策、系统服务等子系统和相应功能模块组成，如图5-10所示。

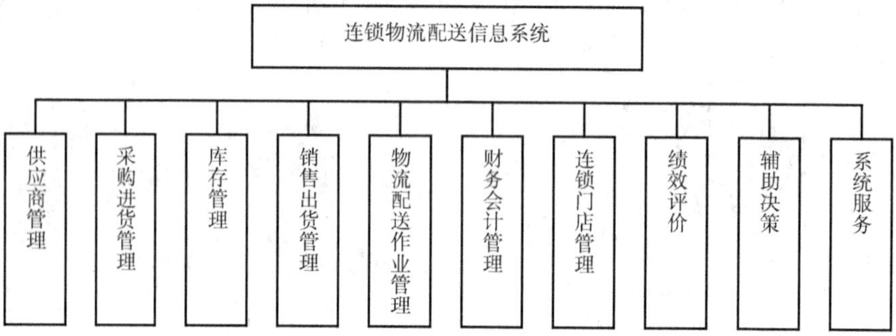

图5-10　连锁物流配送信息系统的主要内容

1．供应商管理子系统

供应商管理子系统是对供应商信息进行管理的系统，目的是实现供应商队伍的优胜劣汰，督促供应商改善供货水平，保障货源稳定。其主要功能体现在以下几个方面。

（1）建立并提供供应商基本信息，如名称、代号、地址、联系方式、规模、财务状况、付款条件等。

（2）建立并提供商品有关信息，如商品名称、规格、数量、质量、价格、性质、交货时间、供货历史记录等。

（3）进行供应商的开发、选择、评价、分类分级及供货合同管理等，对供应商的合同执行情况、供货质量和数量、信誉度、重要度等做出评价。

2．采购进货管理子系统

采购进货管理子系统是对向供应商订货和采购品入库前的一系列活动的信息管理。其主要功能体现在以下几个方面。

（1）对采购的基本数据和信息进行处理。这些基本数据和信息包括采购商品的价格、数量、运费、性质、厂家、时间、流程、采购合同的历史情况。系统对这些数据和信息进行适当处理并做好订货的准备，如将客户需求量、在运量、库存量、数量折扣条件等进行结合，汇总预测各品种的订货量，确定订货时机。

（2）向供应商下采购订单。经过对订货价格、交货时间的交涉，确认满意后将规范格式的订单通过网络传送给供应商，并确认订货成功。

（3）进货指示。将订货商品名称、数量、质量、包装、到货时间等情况或要求传送给物流配送中心各部门，以便及时接货、检验和入库。

（4）购货付款申请。接到供应商销货发票和确认所购物品的数量与质量后，通知财务部门进行该类订货的付款。

（5）采购计划和评价。根据历史、市场和需求等情况制定采购商品、时间、人员、厂商的计划，并对采购成本、效率及负责人员绩效进行评价。

3. 库存管理子系统

库存管理子系统是对商品库存量、时间及相应的出入库活动的信息管理。其主要功能体现在以下几个方面。

（1）库存基本资料、信息储存及其查询、处理。这些信息和资料包括库存商品编码、名称、单位、库存单价、零售单价、库存数量、库存金额、最高库存、最低库存、累入数量、累入金额、累出数量、累出金额、生产日期、有效期等。系统能提供任意存货的信息查询，如某一商品的出入库信息，某一段时间内所有的出入库明细、库存商品占压资金情况分析表等。另外，还能进行库存量汇总、库存期末结算和货位安排。

（2）出入库活动管理。包括出入库时间和数量的指示、出入库登记管理、货品入库期间统计、货品出库期间统计、收货单位期间收货统计、供货单位期间供货统计、供货单位期间供货金额统计和收货单位期间收货金额统计。

（3）盘存管理。包括盘点单的生成与打印、盘点数量的录入、盘差分析、盘点单的查询和盘点结果的报账等工作。

（4）数据传送管理。接受外部传送的商品变动信息，如新增商品、商品价格调整等，以及商品进货、批发销售、商品物流配送及客户的退货信息等。向外部传送相关信息，如进货入库验货信息、销售出库验货信息、库存商品盘点情况、报损情况、向各客户的配货及其退货情况、发现商品积压或损坏时的退货等。

（5）调拨与报警管理。包括商品在不同货位间的调拨管理，报损报残商品的录入、查询和安置，以及库存商品上、下限的报警及保质期的报警。

（6）计划与评价决策。根据进出货和仓库设施设备情况进行库存品种、数量、时间、人员等计划安排，对库存管理水平和人员绩效进行评价，并对库存水平、订货点、订货量进行决策。

4. 销售出货管理子系统

销售出货管理子系统是关于销售和出货活动的信息管理系统。其主要功能体现在以下几个方面。

（1）销售基本数据、资料处理。这些数据和信息包括销售和出货商品的名称、规格、价格、数量、包装、销售合同、历史记录等情况和要求。做好接受客户订货的准备，还要进行销售分析与市场预测，以明确商品流量和流向，了解销售周期、市场动态和趋势。

（2）客户订单处理。与客户协商好要货价格和交货时间后，要做好接受订货、分配存货工作，并将订货信息转换成拣货单。

（3）出货指示。将出货信息传送给仓库和其他相应人员，完成货位拣货、集货、分货、配载与装车活动，并接受退换货信息。

（4）售货收款通知。当客户接货或收到销售发票后，通知财务部门收款。

（5）制定销售和出货计划，评价绩效。为销售和出货的商品种类、名称、数量、包装、价格、时间、数量折扣、人员和设备计划制定提供信息基础，并对销售和出货效率、人员工作绩效进行评价。

5. 物流配送作业管理子系统

物流配送作业管理子系统是对进货运输和销售物流配送计划进行安排的信息管理系统。其主要功能体现在以下几个方面。

（1）建立和提供物流配送的基本数据和资料。这些信息和资料包括货物、车辆、司机、承运商、客户、运行路线、运费、货运记录和单证的基本情况。若是外包，还有货运合同、运价、货运表现的信息资料等。

（2）物流配送计划安排。依据出货商品数量、性质、交货条件和客户位置，排定车型、辆次、司乘人员、运行路线和时间等。

（3）作业指示和跟踪。接受货运指示，按照货运要求，指挥司乘人员展开货运过程，对货物在途情况和车辆运行情况进行跟踪管理，并将退换货情况反馈给销售或库存管理部门。

（4）物流配送决策和评价。对车辆调度、路线选择、是否外包等重要活动做出决策，并对物流配送情况、车辆使用与人员绩效进行评价。

6. 财务会计管理子系统

财务会计管理子系统是处理财务数据，对物流配送中心及各部门进行预算控制和成本分析的财务信息管理系统。其主要功能体现在以下几个方面。

（1）总账管理。财务会计系统的数据文件一般是由销售管理系统、库存管理系统、采购入库管理系统的资料转入的，并制作成会计总账、分类账、各种财务报表等，以便分类、分析、核算和查对。

（2）应收和应付、预付和已收账款管理。根据采购部门传来的货物入库资料查核供货厂商送来的申请款项资料，根据资料给厂商付款或预付款，并做相应的应付、已付和预付账务处理。根据销售部门的出货单制作应收账款清单并收取账款，做相应的应收和已收账务处理。

（3）人事工资管理。进行人事基本资料存储和维护、工资统计、工资单打印、银行计算机转账等活动。

（4）成本分析和财务控制。成本分析是通过对各类物流作业的定量统计，取得货物进出存量、人员数等信息，然后进行物流成本分类和计算，明确物流直接费用（如运输费、包装费、保管费等）的支出情况。财务控制是通过财务状况的对比分析（如同期财务状况对比、预算和决算的对比），实现财务分析、预警和控制。

7. 连锁门店管理子系统

连锁门店管理子系统是连接连锁企业总部和物流配送中心的纽带，从该子系统输入各个连锁门店的订货单，实现对订单的管理。各个连锁门店把即时采集到的销货数据和存货数据以订货单的形式发送到连锁物流配送信息系统，连锁门店管理功能模块统计出各个连锁店接受的、销售的、在存的货物的品种、数量，提供给物流配送功能模块使用。连锁门店管理功能模块具有修改、查询、打印订货单的功能。

8. 绩效评价子系统

绩效评价子系统是收集整理物流配送中心各类经营管理信息，并对配送中心或各部门、各环节进行评价的信息管理系统。其主要功能体现在以下几个方面。

（1）绩效评价基本资料的建立和提供。这主要包括反映物流配送中心总体经营和各部门、各环节的各类量化资料，如人员、设备、货物、资金、费用、单证的数量、时间、距离、容积、次数的特征等。

（2）物流配送中心总体经营管理评价。根据各部门、各环节的各类数据、资料汇总测算反映物流配送中心总体经营情况的货物吞吐量、流动资金周转率、成本、收益等指标，按一定的评价方法，给出物流配送中心总体经营管理的评价。

（3）物流配送中心各部门、各环节、各节点的评价。根据既定的评价指标，收集并测算反映各部门、各环节的数据，运用一定的评价方法，给出各部门、各环节的效率、效益与水平评价。

9. 辅助决策子系统

辅助决策子系统是通过获取内外部各类业务信息，辅助物流配送中心中高层管理人员进行决策的信息管理系统。其主要功能体现在以下几个方面。

（1）决策问题信息的收集和汇总。将影响决策问题的因素进行收集、归类、分析、计算，形成决策必需的定性或定量化的依据资料。

（2）部门和环节决策。包括订货方式、交货方式、拣货方式、包装方式、存货单位、库存量、采购量、物流配送路线、盘点方法、货位分配方法、车辆配装方法、项目投资、设备、人员的选择和优化等。

（3）总体决策。包括商品种类、物流配送服务项目、业务自营或外包、规模扩张、预决算、整体作业流程、长远发展规划、组织结构的评价与选择等。

10. 系统服务子系统

系统服务子系统是对信息系统进行维护和使用管理的子系统。其主要功能体现在以下几个方面。

（1）建立和提供系统服务的基础数据。对系统使用或涉及部门、对象分别编码，以便管理和提高信息作业效率，如不同类型或不同等级的管理者、员工、客户等。

（2）安全管理。包括权限、服务器和防火墙的管理，针对不同对象设置不同等级的使用权限，并对系统网络运行安全性进行测试和设置。

（3）使用管理。包括系统维护和日志管理。系统维护是对数据库进行备份、恢复和整理。日志管理是记录用户登录的时间、模块和使用的功能，具有监督使用的作用。

（4）物流配送信息技术的提供。指对物流配送中心在实施物流配送前、中、后过程中的物流信息进行收集、传输、加工、储存和维护，以提高物流配送作业效率和客户服务水平的硬软件技术。其中的软件技术包括数据库技术、网络技术、通信技术、多媒体技术等。

复习思考题

1 结合实际说明连锁物流配送信息系统对连锁企业的重大意义。

2 如何充分利用连锁物流配送信息系统？

案例分析

深圳百果园的信息化解决方案

水果不同于其他食品，对“新鲜”的要求非常高，而小商贩和传统水果店都无法满足广大消费者对水果的鲜、奇、特及优质水果购买环境的需求。深圳百果园实业发展有限公司适时抓住这一商机，从沿街散卖和超市零售的传统水果营销模式中另辟蹊径，以水果专卖连锁的方式掀起深圳水果零售市场的营销革命。通过一年多的发展，百果园公司很快发展成为拥有 10 余家直营店和数十家加盟店的连锁经营企业。随着百果园规模的不断扩大和门店的不断增加，其连锁结构也变得越来越复杂。如何实现企业内外部翔实准确的基础信息管理；如何实现总部统一采购、统一结算；如何建立总部、门店的配送体系，保证果品的新鲜，管理体系又如何支持门店的快速扩张；如何建立完善的查询、分析及数据挖掘体系，为企业的决策提供可靠依据等，这些问题都摆在了百果园的面前。

为突破水果专卖连锁经营的困局，百果园强调水果销售中的管理流程，导入了科学营销管理理念，借助信息化手段加强企业管理，给国内的水果经营开辟了一条新路。经多方遴选，百果园最终选定双汇软件基于浏览器架构的“商业连锁供应链管理系统”，为自己的水果连锁超市打造现代化的信息平台。

百果园提供的信息化解决方案的部分系统模块及功能如下。

① 企业系统管理。系统管理模块是整个系统的基础模块，用于构建系统的渠道业务模式和各种系统参数的设置，主要包括部门设置、人员设置、权限管理、安全日志设置等。此模块可以帮助客户实现整个系统的初始参数设置及定义、集团企业的组织机构设定、集团企业的员工定义，以及系统的角色管理、用户管理、权限设定与财务初期建账等。

② 基础数据管理。基础数据管理用来完成企业的公共基础数据定义和企业全局的权限设置，实现企业基础数据的统一和共享，保证权限的最优控制和绝对安全，同时提供完备的查询功能，包括基础数据定义、基础数据查询和权限管理。

③ 库存管理。库存管理包括对企业内部各个地区仓库的管理，可以是实际的仓库，也可以是虚拟仓库；库存系统提供仓库定义、初期仓库数据管理、正常的出入库管理、各机构仓库的调拨和盘点管理、报废管理等功能。此外，库存系统还提供多种数据查询和对比分析功能，便于用户及时动态地掌握商品信息，从而有效地防止商品库存积压，大幅缩短物资储备周期，加快库存资金周转，降低库存储备及资金占用。

④ 配送管理。此模块全过程跟踪配送订单，能够让企业和配送机构及时看到订单的执行情况，加强、加快企业与各省、各地区机构的信息传递，使双方能够及时应对市场需求的变化。

⑤ 门店管理。提供各个销售终端用户向上级发货机构录入配送申请订单、查询门店的销售情况、查询门店理论库存等功能，同时支持网上盘点及门店订单离线录入功能，如订单管理、订单查询、门店管理。

⑥ 采购管理。采购系统主要进行采购计划处理、请购单处理、采购订单处理、账务处理，动态地掌握请购情况及采购订单的执行情况、到货情况，及时响应市场因素，保证外购品到货及时准确，压缩采购提前期，避免库存的呆滞和积压，加速资金运转。

⑦ 供应商管理。供应商管理系统是一个用户与供应商之间的交流平台。在这个平台中，供应商可以跟踪各个门店和配送中心的订货、到货、结算情况。具体功能有基础数据定义、订单处理、订单查询、库房查询、销售查询、账务查询等。

⑧ 应收管理。主要对企业的应收账款进行全面管理，使销售模块数据共享，自动生成应收台账，及时发出每份催款单，对企业的应收账款进行方便、灵活、快捷、多角度的查询和分析，实现企业债权的科学管理，全面解除企业应收账款的管理之忧。

⑨ 应付管理。主要对企业的应付账款进行全面管理，及时支付供应商货款，在节约资金、享受最优折扣的同时，树立企业良好的信誉。对企业的应付账款进行方便、灵活、快捷、多角度的查询和分析，实现企业债务的科学管理，全面解除企业应付账款的管理之忧。

⑩ 存货管理。通过从各业务子系统中读入的数据，对整个企业的项目进行存货管理和分析，为用户的正确决策提供强有力的支持。

⑪会员管理。提供任意会员卡查询及会员消费明细查询、会员消费排名查询、大类及单品消费查询、实时消费查询等功能，全面管理企业会员资源，帮助企业稳定客源。

⑫ 促销管理。根据促销计划制定合理的促销方案，规定促销机构，设定促销期限及促销商品的定义（哪类商品需要进行何种促销活动、促销折扣是多少、随赠物品捆绑等），然后具体执行制定的促销计划。系统还对促销商品及期限进行监控，最后对促销计划进行评估。

问题：

1. 通过实施商业连锁供应链管理系统，百果园对物流、资金流和信息流的管理是否得到加强。具体表现在哪些方面？

2. 实施商业连锁供应链管理系统后，百果园总部对门店的控制有了怎样的变化？这对百果园长远计划的制定有何帮助？

实训项目

现场操作物流业务信息系统

实训目的：熟练使用物流信息系统。

实训任务：

① 客服（业务受理员）接到客户电话并受理客户要求，下达运输指令（填写提到货通知单）。提到货通知单录入数据由教师随机安排。

② 调度打印提到货通知单，然后派车提货。

③ 货物提回来以后，现场调度（验货组）拿提到货通知单去现场验货。验货完成后，如发现有差异，则在系统上更新提到货通知单内容，并与客户再次协商。最后，客服确认提到货通知单，执行完成。

④ 客服根据已执行完成的提到货通知单，将提到货通知单转成运输单。运输单的内容来源于提到货通知单，在提到货通知单确认无误的情况下直接生成正式的运单。运单内容与提到货通知单内容基本一致。

⑤ 调度根据生成的运输单确定班次，根据每个班次对应的车辆信息确定舱单。

⑥ 现场调度（验货组）打印舱单，根据舱单要求装载货物。

⑦ 调度根据现场调度（验货组）传回来的舱单确认是否已经完成装车。

⑧ 调度对已完成装车的车次进行发车确认，运输开始。

⑨ 异地调度（或本地调度）根据运输车辆的到达情况完成到货确认。到货确认是对舱单下的每笔运单进行确认，如舱单内的货物都已完成则将车辆置为空车。

小型自选商场综合管理系统分析

实训目的：

① 能够正确运用系统分析的过程与方法，结合一个模拟课题，复习、巩固、管理信息系统的系统分析知识，提高系统分析实践能力。

② 熟悉业务流程图、数据流程图、数据字典的绘制。

③ 树立正确的系统分析思想，培养分析问题、解决问题的能力，提高查询资料和撰写书面文件的能力。

实训任务：

① 根据所述系统功能需求，开展实地调查或通过互联网查阅相关资料，或结合个人经验，进行系统分析。

② 明确管理业务调查过程和方法，包括小型自选商场的典型组织机构、管理功能及业务

流程。

③ 明确数据流程的调查与分析过程，绘制数据流程图，编制数据字典。

④ 在上述工作基础上，完成小型自选商场综合管理系统的系统化分析，提出新系统的建设方案。

⑤ 针对个人在实训中提出的数据库方案，对商场管理系统提出修正或完善建议。

⑥ 独立完成上述内容，并提交书面实训报告。

第 6 章

供应链管理与配送成本控制

引导案例

美的集团的供应链双向挤压

中国制造企业有90%的时间花费在物流上，物流仓储成本占据了总销售成本的30%～40%，供应链上物流的速度及成本更是令中国企业苦恼的老大难问题。美的集团针对供应链的库存问题，利用信息化技术手段，一方面从原材料的库存管理做起，追求零库存标准；另一方面针对销售商，以建立合理库存为目标，从供应链的两段实施挤压，加速了资金、物资的周转，实现了供应链的整合成本优势。

美的虽多年名列空调产业的“三甲”之位，但是不无一朝城门失守之忧。自2000年来，在降低市场费用、裁员、压低采购价格等方面，美的频繁变招，其路数始终围绕着成本与效率。在广东地区为终端经销商安装进销存软件，就是实现供应商管理库存（Vender Managed Inventory，VMI）和管理经销商库存中的一个步骤。

对于美的来说，其较为稳定的供应商有300多家，其零配件（出口、内销产品）加起来一共有3万多种。从2002年年中开始，利用信息系统，美的在全国范围内实现了产销信息的共享。有了信息平台做保障，美的原有的100多个仓库精简为8个区域仓，在8小时内可以运到的地方，全靠配送。这样一来，美的流通环节的成本就降低了15%～20%。运输距离长（运货时间3～5天）的外地供应商，一般都会在美的的仓库里租赁一个片区（仓库所有权归美的），并把其零配件放到片区里面储备。

在美的需要用到这些零配件的时候，它就会通知供应商，然后再进行资金划拨、取货等工作。这时，零配件的产权，才由供应商转移到美的手上——而在此之前，所有的库存成本都由供应商承担。此外，美的在企业资源规划（ERP）基础上与供应商建立了直接的交货平台。供应商在自己的办公地点，通过互联网页面（Web）的方式就可登录到美的公司的页面上，看到美的的订单内容，如品种、型号、数量和交货时间等，然后供应商确认信息，这样一张采购订单就已经合法化了。

实施VMI后，供应商不需要像以前一样疲于应付美的的订单，而只需保持一些适当的库存即可。供应商不用备很多货，一般能满足3天的需求就够了。美的零部件年库存周转率，在 2002 年上升到 70～80 次/年。其零部件库存也由原来平均的 5～7 天存货水平，大幅降低为 3 天左右，而且这 3 天的库存也是由供应商管理并承担相应成本的。

库存周转率提高后，一系列相关的财务“风向标”也随之“由阴转晴”：资金占用降低，资金利用率提高，资金风险下降，库存成本直线下降。

本章学习目标

通过本章的学习，学生应该掌握以下几个方面的内容：

1. 了解供应链的定义及其结构模型；
2. 掌握选择供应链合作伙伴的方法；
3. 掌握供应链管理方法的相关内容；
4. 掌握配送成本的主要构成；
5. 掌握配送成本合理化策略。

学习导航

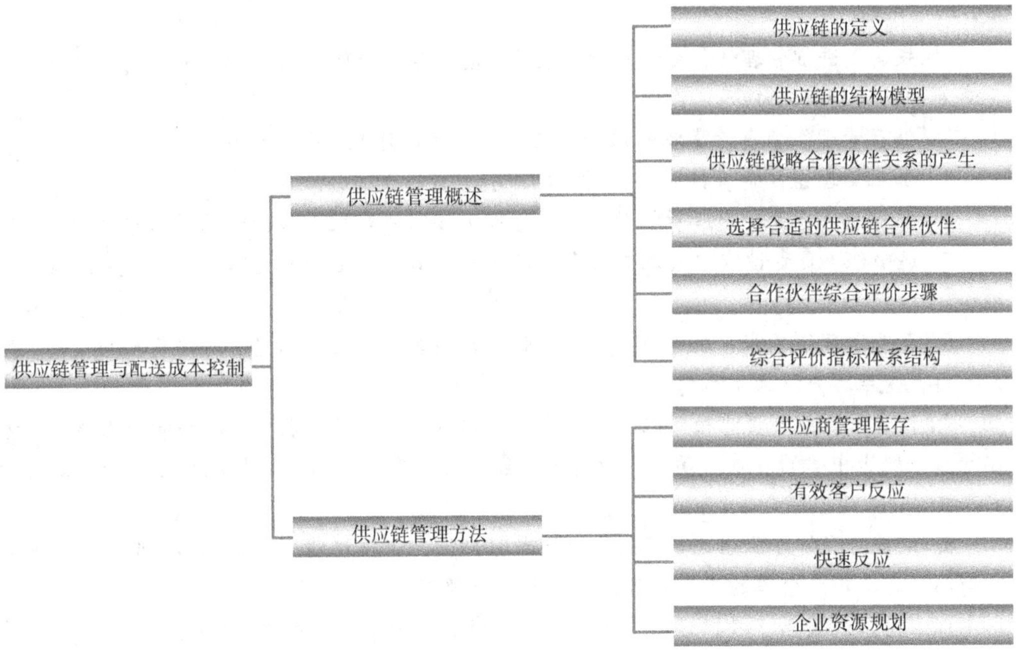

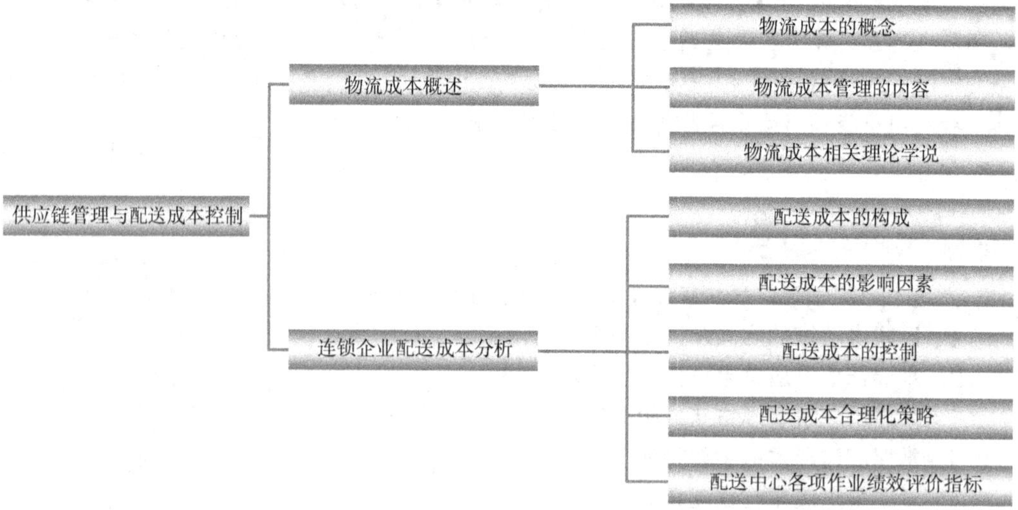

职业指导

配送中心一些必要的岗位设置由配送中心的作业流程决定。配送中心一般可以设置以下岗位：

1. 采购或进货管理组，负责订货。采购、进货等作业环节的安排及相应的事务处理，同时负责对货物的验收工作。

2. 储存管理组，负责货物的保管、拣取、养护等作业运作与管理。

3. 加工管理组，负责按照要求对货物进行包装、加工。

4. 配货组，负责对出库货物的拣选和组配（按客户要求或方便运输的要求)作业进行管理。

5. 运输组，负责按客户要求制订合理的运输方案，将货物送交客户，同时对完成配送进行确认。

6. 营业管理组或客户服务组，负责接收和传递客户的订货信息，送达货物的信息，处理客户投诉，受理客户退换货请求。

7. 财务管理组，负责核对配送完成表单、出货表单，进货表单、库存管理表单，协调控制监督整个配送中心的货物流动，同时负责管理各种收费发票和完成物流收费统计、配送费用结算等工作。

8. 退货与退货作业组。当营业管理组或客户服务组接收到退货信息后，将安排车辆回收退货商品，再集中到仓库的退货处理区，重新清点整理。

以上岗位设置是一般配送中心设置的主要岗位。由于配送中心的规模、设施设备、作业内容、服务对象不同，岗位设置也不尽相同。

6.1 供应链管理概述

6.1.1 供应链的定义

所谓供应链，是指产品在到达消费者手中之前所涉及的原材料供应商、生产商、批发商、零售商及最终消费者组成的供需网络，即由物料获取、物料加工，并将成品送到用户手中这一过程所涉及的企业和部门组成的一个网络。它是围绕核心企业，通过对信息流、物流、资金流的控制，从采购原材料开始，到中间产品及最终产品，最后由分销网络把产品送到消费者手中，全过程涉及的供应商、制造商、分销商、零售商、最终用户连成的一个整体性功能网链结构模式。它不仅是一条连接供应商到用户的物料链、信息链、资金链，而且也是一条增值链，物料在供应链上因加工、包装、运输等过程而增加其价值，给相关企业和顾客都带来收益。

供应链一般分为内部供应链和外部供应链。内部供应链是指由企业内部产品生产和流通过程中所涉及的采购部门、生产部门、仓储部门、销售部门等组成的供需网络。而外部供应链则是指由企业及与企业相关的产品生产和流通过程中所涉及的供应商、生产商、储运商、零售商和最终消费者组成的供需网络。内部供应链和外部供应链共同组成了企业产品从原材料到成品再到消费者的供应链。

6.1.2 供应链的结构模型

按照供应链的定义，供应链的结构模型见图 6-1。从图中可以看出，供应链由所有加盟的节点企业组成，其中一般有一个核心企业（可以是产品制造企业，也可以是大型零售企业），节点企业在需求信息的驱动下，通过供应链的职能分工与合作（生产商、分销商、零售商等），以信息流、资金流、物流或服务流为媒介实现整个供应链的不断增值。

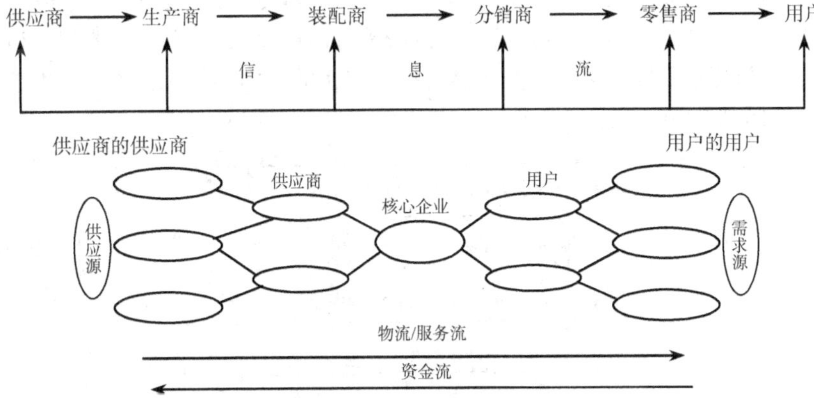

图 6-1　供应链的结构模型

供应链合作关系可以定义为供应链各成员在一定时期内的共享信息、共担风险、共同获利的协作关系。这样一种战略合作关系在集成化供应链管理环境下，形成于供应链中具有特定的目标和利益的企业之间。形成的原因通常是为了降低供应链总成本、降低总库存水平、加强信息共享、改善相互之间的交流、保持战略伙伴相互之间运作的一贯性、产生更大的竞争优势，以实现供应链节点企业的财务状况、质量、产量、交货期、用户满意度和业绩的改善和提高。显然，战略合作关系强调彼此的合作和信任。

6.1.3 供应链战略合作伙伴关系的产生

从传统企业关系过渡到创新的合作伙伴关系模式，经历了从以制造创新与技术研发为特征的物流关系，到以战略协作为特征的合作伙伴关系这样的过程（见图 6-2）。在传统的观念中，供应管理就是物流管理，企业关系主要是“买—卖”关系。基于这种企业关系，企业的管理理念是以生产为中心的，供销处于次要的、附属的地位。企业间很少沟通与合作，更谈不上企业间的战略联盟与协作。

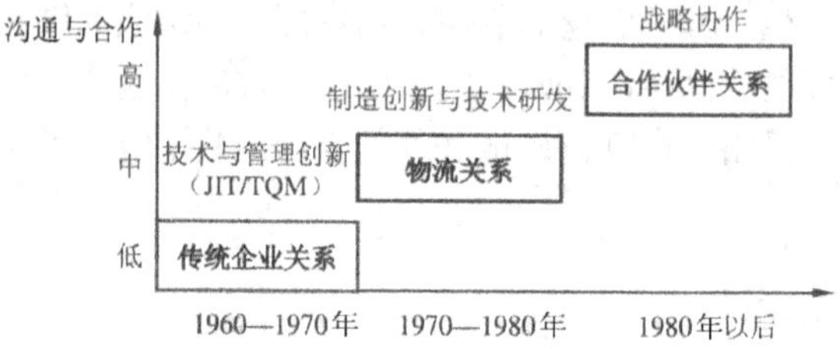

图 6-2 企业关系演变过程

从传统的以生产为中心的企业关系模式向物流关系模式转化，JIT 和 TQM 等技术与管理创新思想起着催化剂的作用。为了达到生产均衡化和物流同步化，必须加强部门间、企业间的合作与沟通。基于简单物流关系的企业合作关系，可以认为是一种处于作业层和技术层的合作。随着时间的推移，物流关系模式在信息共享（透明性）、服务支持（协作性）、并行工程（同步性）、群体决策（集智性）、柔性与敏捷性等方面都不能很好地适应越来越激烈的市场竞争的需要。以制造创新与技术研发为契机，企业需要更高层次的合作与集成，于是产生了基于战略的合作伙伴关系的企业模型（见图 6-3）。

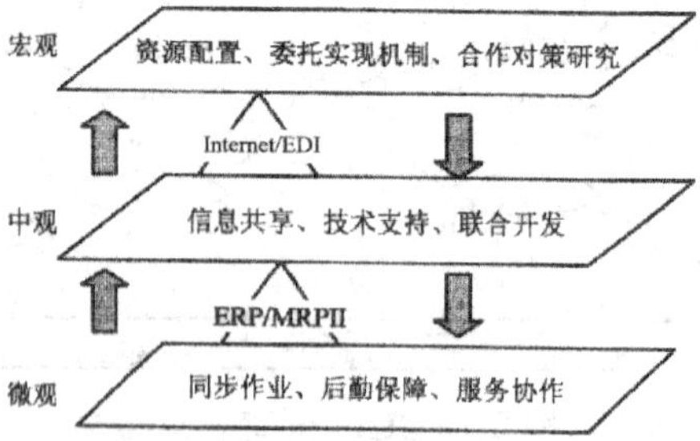

图 6-3 战略合作伙伴关系的企业模型

具有战略合作伙伴关系的企业体现了企业内外资源集成与优化利用的思想，顾客导向化程度更高，虚拟制造与动态联盟加强了业务外包这种策略的利用。企业集成从原来的中低层次的内部业务流程重组（BPR）上升到企业间的协作，这是一种最高级别的企业集成模式。

6.1.4　选择合适的供应链合作伙伴

合作伙伴的评价选择是供应链合作关系运行的基础。传统的供应关系已不再适应激烈的全球竞争和产品需求日新月异的环境，为了实现低成本、高质量、快速反应的目标，企业的业务重构就必须包括对合作伙伴的评价与选择。选择对于企业来说是多目标的，包含许多可见和不可见的多层次因素。

1．集成化供应链管理环境下合作关系的类型

在集成化供应链管理环境下，供应链合作关系的运作需要减少供应源的数量（出于短期成本最小化的需要，但是供应链合作关系并不意味着单一的供应源），相互的连接变得更专有（出于紧密合作的需要），并且核心企业会在全球市场范围内寻找最杰出的合作伙伴。合作伙伴分为两个层次：重要合作伙伴和次要合作伙伴。重要合作伙伴是少而精的、与核心企业关系密切的合作伙伴；次要合作伙伴是相对多的、与核心企业关系不很密切的合作伙伴。供应链合作关系的变化主要影响重要合作伙伴，而对次要合作伙伴的影响较小。

根据合作伙伴在供应链中的增值作用和竞争力，可画出合作伙伴分类矩阵，如图 6-4 所示。

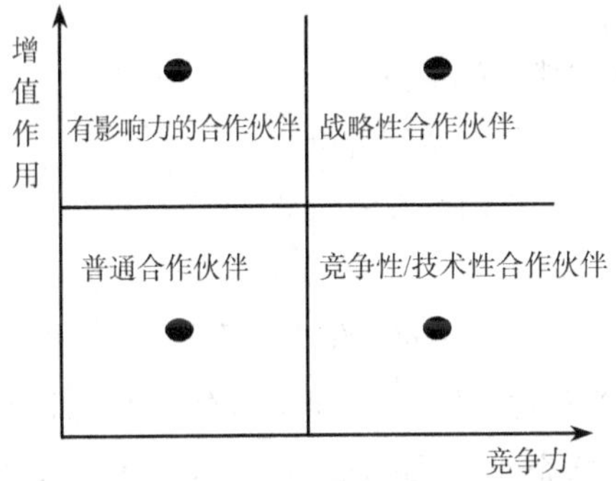

图 6-4　合作伙伴分类矩阵

图 6-4 中纵轴代表的是合作伙伴在供应链中增值的作用，对于一个合作伙伴来说，如果他不能对增值做出贡献，他对供应链的其他企业就没有吸引力。横轴代表某个合作伙伴与其他合作伙伴之间竞争力的区别，主要是设计能力、柔性、项目管理能力等方面的竞争力的区别。

在实际运作中，应根据核心企业不同的选择目标、不同的价值取向，选择不同类型的合作伙伴。对于长期合作需求而言，应选战略性合作伙伴；对于短期或某一短暂市场需求而言，只需选择普通合作伙伴满足需求则可，以保证成本最小化：对于中期需求而言，则要根据竞争力

和增值作用对供应链的重要程度，相应地选择有影响力的或竞争性 / 技术性合作伙伴。

2．选择合作伙伴的常用方法

选择合作伙伴，是对企业输入物资的适当品质、适当期限、适当数量、适当价格的总体进行选择的起点与归宿。选择合作伙伴的方法较多，一般要根据供应单位的多少、对供应单位的了解程度以及需要物资的时间是否紧迫等要求来确定。目前国内外较常用的方法综述如下。

（1）直观判断法。直观判断法主要通过直观倾听和采纳有经验的采购人员的意见，或者直接由采购人员凭经验做出判断，常用于选择非主要商品的合作伙伴。

（2）招标法。招标法由企业提出招标条件，各招标合作伙伴进行竞标，然后企业与提出最有利条件的合作伙伴签订合同或协议。这种方法主要在订单竞争激烈的情况下采用。

（3）协商选择法。协商选择法由企业在众多供货对象中，选出几个供应条件较为有利的合作伙伴，同他们分别进行协商，再确定适当的合作伙伴，适于采购时间紧迫、投标单位少、竞争程度小、订购物资规格和技术条件复杂时的情况。

（4）采购成本比较法。采购成本比较法即对质量和交货期都能满足要求的合作伙伴，通过计算采购成本来进行比较分析，选择采购成本较低的合作伙伴。采购成本一般包括售价、采购费用、运输费用等各项支出的总和。

（5）ABC 成本法（Activity-Based Costing）。ABC 成本法即通过计算和每个合作伙伴合作将发生的总成本来选择合作伙伴，总成本模型计算公式为：

$$S_i^B = (p_i - p_{\min})q + \sum_j c_j^B D_{ij}^B$$

式中 S_i^B——第 i 个合作伙伴的成本值；

p_i——第 i 个合作伙伴的单位销售价格；

$p_{\min}$——合作伙伴中单位销售价格的最小值；

q——采购量；

c_j^B——因企业采购相关活动导致的成本因子 j 的单位成本；

D_{ij}^B——因合作伙伴 i 导致的采购企业内部的成本因子 j 的单位成本。

这个成本模型用于分析企业因采购活动而产生的直接和间接成本的大小。企业将选择 S_i^B 值最小的合作伙伴。

除了上面介绍的几种方法外，企业也可采用层次分析法、神经网络算法等方法来选择自己合适的合作伙伴。

6.1.5 合作伙伴综合评价步骤

1．分析市场竞争环境

市场需求是企业一切活动的驱动源。建立供应链长期合作关系，必须首先分析市场环境和竞争环境，确认是否有建立供应链合作关系的必要；如已建立供应链合作关系，则要研究市场环境和竞争环境的变化，确认供应链合作关系调整、变化的必要性，从而确认合作伙伴评价、选择的必要性。

2．确立合作伙伴选择目标

企业必须确定合作伙伴评价程序如何实施、信息流程如何运作、谁负责，而且必须建立实质性、实际的目标。其中，降低成本、提高核心竞争能力是主要目标之一。合作伙伴评价和选择不仅是一个简单的评价、选择过程，它本身也是企业自身和企业与企业之间的一次业务流程重构过程，这个过程的实施会带来一系列的利益。

3．制定合作伙伴评价标准

合作伙伴综合评价的指标体系要根据系统全面性、简明科学性、稳定可比性、灵活可操作性的原则来建立。不同行业、企业、产品需求，以及在不同的竞争环境下，对合作伙伴的评价应是不一样的，但不外乎都涉及合作伙伴的业绩、设备管理、人力资源开发、质量控制、成本控制、技术开发、用户满意度、交货协议等可能影响供应链合作关系的方方面面。

4．成立评价小组

小组成员以来自采购、质量控制、营运管理等与供应链合作关系密切的部门的人员为主，组员必须有团队合作精神，具有一定的专业技能。同时，必须得到核心企业和合作伙伴企业最高领导层的支持，以控制和实施合作伙伴评价。

5．邀请合作伙伴参与

一旦决定进行合作伙伴评价，评价小组就必须与初步选定的合作伙伴取得联系，以确认他们是否愿意与企业建立供应链合作关系，是否有获得更高业绩水平的愿望。企业应尽可能早地让合作伙伴参与到评价的设计过程中。同时，因为企业的力量和资源有限，企业只能与少数、关键的合作伙伴保持紧密合作。

6．评价合作伙伴

评价合作伙伴的一个主要工作是调查、收集有关合作伙伴的生产运作等全方面的信息。在收集合作伙伴信息的基础上，可以利用一定的工具和技术方法进行合作伙伴的评价。在评价的过程中，有一个决策点，根据一定的技术方法选择合作伙伴，如果选择成功，则可以开始实施供应链合作关系，如果没有合适的合作伙伴可选，则返回步骤 2 重新开始评价选择。

7．实施供应链合作关系

在供应链合作关系存在的过程中，市场需求将不断变化，可以根据实际情况的需要及时修改合作伙伴评价标准，或重新开始合作伙伴评价选择。在重新选择合作伙伴的时候，应给予旧合作伙伴以足够的时间来适应变化。

6.1.6 综合评价指标体系结构

在设置评价指标体系的过程中，应坚持以下原则。

（1）系统全面性原则。评价指标体系必须全面反映合作伙伴目前的综合水平，并包括企业发展前景的各方面指标。

（2）简明科学性原则。评价指标体系的大小必须适宜，也就是指标体系的设置应有一定的科学性。如果指标体系过大，指标层次过多、过细，势必将评价者的注意力吸引到细小的问题上；而指标体系过小，指标层次过少、过粗，又不能充分反映合作伙伴的水平。

（3）稳定可比性原则。评价指标体系的设置还应考虑到是否易与国内其他指标体系相比。

（4）灵活可操作性原则。评价指标体系应具有足够的灵活性，以使企业能根据自己的特点以及实际情况，对指标灵活运用。

影响合作伙伴选择的主要因素可以归纳为四类：企业业绩、业务结构或生产能力、质量系统和企业环境。我们可以框架性地构建三个层次的综合评价指标体系（见图 6-5），对合作伙伴进行有效的评价、选择。将影响合作伙伴选择的四个主要因素建立在指标体系的第一层，影响合作伙伴选择的具体因素建立在指标体系的第二层，与其相关的细分因素建立在第三层。

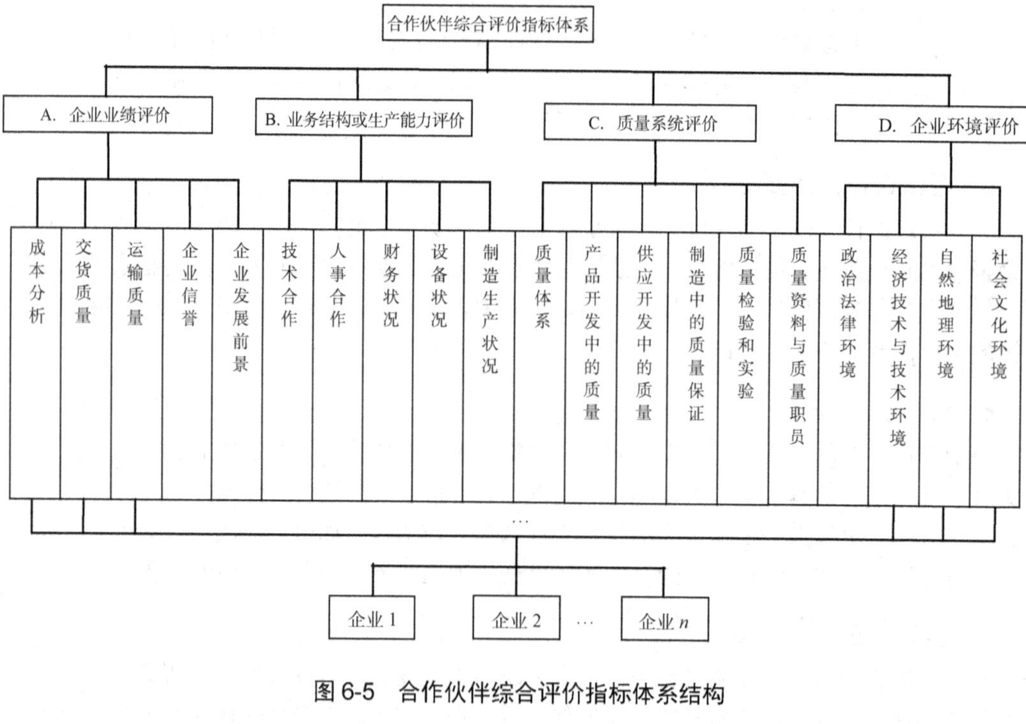

图 6-5 合作伙伴综合评价指标体系结构

6.2 供应链管理方法

6.2.1　供应商管理库存

1．供应商管理库存的概念

作为一种目前处于国际前沿的供应链库存管理模式，供应商管理库存（Vender Managed Inventory，VMI）对整个供应链的形成和发展都产生了影响。VMI 的核心思想在于零售商放弃商品库存控制权，而由供应商掌握供应链上的商品库存动向，即由供应商依据零售商提供的每日商品销售资料和库存情况来集中管理库存，替零售商下订单或连续补货，从而实现对顾客需求变化的快速反应。

对于企业而言，库存占用了大量的流动资金，影响企业的资金运转效率。确定合理库存及在较低库存的情况下保持企业正常运作是每家企业必须面对的问题。

VMI 帮助供应商等上游企业通过信息手段掌握其下游客户的生产和库存信息，并对下游客户的库存调节做出快速反应，降低供需双方的库存成本。目前许多跨国巨头和国内知名制造企业都在使用 VMI，并享受着由此带来的丰盛果实——提高库存周转率、降低库存成本、消灭库存冰山，实现供应链的整体优化。

长期以来，供应链中的库存管理都各自为政。供应链中的每个环节都有自己的库存控制策略，都由自己管理自己的库存。各自的库存控制策略不同，因此不可避免地产生了需求的扭曲现象，即所谓的需求放大现象，形成了供应链中的“牛鞭效应”，加重了供应商的供应和库存风险。

在由供应商、制造商、分销商、零售商和客户依次连接的供应链中，沿着供应链环节向上游移动，随着需求不稳定性的增加，预测的准确度也逐渐降低，这是零售商管理库存的方式所导致的结果。其中补充订货的决策及相关信息管理由库存的使用者掌握，而库存的供应者只是被动地接受信息，且响应周期长、库存积压风险大，这导致制造商和零售商库存增加。如果由供应商管理库存，将大大减少信息失真和库存积压现象，减少库存使用者的管理负担，降低总成本。

众所周知，库存与服务水平总是相互矛盾的。提高顾客服务水平就需要更多的缓冲库存以减少缺货，提高准时交货率；而降低库存水平又会增加缺货的可能性，影响服务水平。早在 20 世纪 80 年代末，沃尔玛和宝洁公司就开始实施 VMI，但当时并未引起学术界和企业界的重视。随着产品生命周期的缩短和需求不确定性的加大，顾客对服务水平的要求不断提高，库存与服务水平的矛盾更加突出。同时，随着信息技术的发展，信息共享能力增强，信息成本下降，VMI 的优越性也逐步显现出来。

国外有学者认为，VMI 是一种用户和供应商之间的合作性策略，对双方来说，都是以最低的成本优化产品的可获得性，在一个相互支持的目标框架下由供应商管理库存，这样的目标框架被经常性地监督和修正，以产生一种连续改进的环境。

VMI 目前主要应用于制造商与其分销商或代理商之间。为了准确地掌握实际需求信息，制造商将分销商的库存纳入自己的管理范围，通过库存信息间接地了解需求信息。在 VMI 中，制造商确定产品的销售价格，根据库存信息决定分销商的订货点及订货量，并以此为主要依据指导并安排自己的生产活动。

2. VMI 有利于达到零库存

VMI 不仅加快了整个供应链面对市场的回应时间，能够较早得知市场准确的销售信息，而且可以最大化地降低整个供应链的物流运作成本，即降低供应商与零售商因市场变化而带来的不必要的库存，达到挖潜增效、开源节流的目的。对于制造商来说，VMI 允许制造商以互联网为工具远距离管理它们的库存，完成补货循环，将补货时间推迟到生产线所需要的最迟时刻。对于分销商和零售商来说，VMI 可以让其拥有少量的库存，甚至接近零库存。而供应商可以通过获取分销商和零售商的销售资料与库存量，再根据市场需求预测、补货方法和安全库存模式，有计划地、快速地反映市场变化和消费者需求。

VMI 系统主要可分成两个模块：一个是需求计划模块，它可以产生准确的需求预测；另一个是配送计划模块，它可以根据客户的实际订单和运送方式产出顾客满意度高及成本低的配送。

3. VMI 的局限性

通过几年的实施，VMI 被证明是比较先进的库存管理办法。VMI 由上游企业拥有和管理库存，下游企业只需要帮助上游企业制定计划，从而使下游企业实现零库存，使上游企业库存大幅度减少。但是 VMI 也表现出一些局限性，具体体现在：① 在 VMI 中供应商和零售商协作水平有限。② VMI 对于企业间的信任要求较高。③ VMI 中的框架协议虽然由双方协定，但供应商处于主导地位，决策过程中缺乏足够的协商，难免造成失误。④ VMI 的实施减少了库存总费用，但在 VMI 系统中，库存费用、运输费用和意外损失不由用户承担，而由供应商承担。由此可见，VMI 实际上是对传统库存控制策略进行“责任倒置”后的一种库存管理方法，这无疑加大了供应商的风险。

为了有效应对上述局限性，VMI 在应用过程中要和其他先进的库存控制方法配合使用，如联合管理库存、多级库存优化和控制等。其中的联合管理库存（Jointly Managed Inventory，JMI）类似于 VMI，在这种管理方式下，供需双方在共享库存信息的基础上，以消费者为中心，共同制定统一的生产计划与销售计划，并将计划下达给各制造单元和销售单元使之执行。在计划执行的过程中，必须加强相互间的信息交换与协调。JMI 可以看做 VMI 的进一步发展与深化，通过共享库存信息联合制定统一的计划，有利于改善供应链的运作效率，增强企业间的合作关系。

另外，上述 VMI 的局限性中有的是由人的因素造成的，因此，只有建立良好的合作关系，制定合理的框架协议，才能够有效地避免它们所产生的风险。

总的来说，VMI 和传统模式的关键区别在于其供应商由原来努力将商品推销给分销商转变为努力帮助分销商销售，供应商、零售商和分销商共同关注如何更有效地将更多的商品销售给最终消费者。VMI 的理念是正确的，但是由于种种因素，它在应用的时候存在一定的风险。

6.2.2　有效客户反应

在供应物流中，有效客户反应（Efficient Consumer Response，ECR）是一种流行的供应物流形式，或者也可称为供应物流技术。

所谓有效客户反应，是指由生产厂家、批发商和零售商等供应链组成的，各方相互协调和合作，以更好、更快并以更低的成本满足消费者需要为目的的供应链管理系统。

ECR 的优势在于，供应链各方为了提高消费者满意度这个共同的目标进行合作，分享信息和诀窍。ECR 是一种把以前处于分离状态的系统以供应链形式联系起来以满足消费者需要的工具。ECR 是指在渠道中持续地更新和补充存货，以便响应最终用户的需求。ECR 涉及消费品制造商和零售商之间的合作，这一合作将加强零售的效力，提高存货和材料的流动效率和渠道管理的效率。ECR 主要作用于三个领域：物流、销售、管理。

从工厂到商店货架，使用有效率的用户反应系统可以消除无效的成本，重新构造整个零售分销供应链。ECR 涉及产品分类、促销和产品上市最优化等问题。它强调生产商和零售商之间的价值链，促使传统的后勤、销售和营销功能结合起来，以期达到最优的效率和最优用户价值。最典型的是零售商可从 ECR 中受益，可以提高单位销售空间的生产效率，减少商店的辅助库存空间。批发商可以不断改进对零售商的服务，例如，承担存货管理、库存补充管理和分类计划——将零售商从这些业务中解放出来，集中精力与购买者建立良好的关系。生产商也从 ECR 中受益，可以降低制造和分销成本，更加有效地使用促销资金。在组织中，ECR 主要包括六项主要活动：综合的电子数据交换、持续的库存补充、计算机辅助订货、流转分销、按业务活动分配费用、分类管理。

ECR 的四大要素为：快速产品引进（Efficient Product Introductions）、快速商店分类（Efficient Store Assortment）、快速促销（Efficient Promotion）及快速补充（Efficient Replenishment）。对于前三种要素，目前主要还停留在理论研究阶段，而谈论最多的要属“快速补充”了。ECR 四大要素的内容如表 6-1 所示。

表 6-1　ECR 四大要素的内容

要素名称	内　容
快速产品引进	最有效地开发新产品，进行产品的生产计划，以降低成本
快速商店分类	通过第二次包装（如为满足不同的订单需求，将一个运输包装中的产品进行不同的包装，并赋予不同的包装标识）等手段，提高货物的分销效率，使库存和商店空间的使用率最优化
快速促销	提高仓储、运输、管理和生产效率，减少预先购买、供应商库存及仓储费用，使贸易和促销的整个系统效率最高
快速补充	包括 EDI、以需求为导向的自动连续补充和计算机辅助订货，使补货系统的时间和成本最优化

ECR 作为一个供应链管理系统，需要把市场营销、物流管理、信息技术和组织革新技术有机结合起来，作为一个整体使用，以实现 ECR 的目标。组成 ECR 系统的技术要素主要有物流技术、销售技术、管理技术和信息技术。

1．物流技术

ECR 系统要求及时配送（JIT）和顺畅流动（Flow-Through Distribution）。实现这一要求的方法有连续库存补充计划、自动订货、预先发货通知、供应商管理库存、交叉配送、店铺直送等。

（1）连续库存补充计划（Continuous Replenishment Program，CRP）。连续库存补充计划利用及时准确的 POS 数据确定销售出去的商品数量，根据零售商或批发商的库存信息和预先规定的库存补充程序确定发货补充数量和发送时间，以小批量多频率方式进行连续配送，补充零售店铺的库存，提高库存周转率，缩短交货周期和时间。

（2）自动订货（Computer Assisted Ordering，CAO）。自动订货是基于库存和需要信息利用计算机进行自动订货的系统。

（3）预先发货通知（Advanced Shipping Notice，ASN）。预先发货通知是生产厂家或批发商在发货时利用子通信网络提前向零售商传送货物的明细清单，这样零售商事前可以做好货物进货的准备工作，同时可以省去货物数据的输入作业，使商品检验作业效率化。

（4）供应商管理库存（VMI）。供应商管理库存方法包括了 POS、CAO、ASN 和 CRP 等技术。在采用 VMI 的情况下，虽然零售商的商品库存决策主导权由作为供应商的生产厂家把握，但是，在店铺的空间安排、商品货架布置等店铺空间管理决策方面仍然由零售商主导。

（5）交叉配送（Cross Docking）。交叉配送是在零售商的流通中心，把来自各个供应商的货物按发送店铺迅速进行分拣装车，向各个店铺发货。在交叉配送的情况下，流通中心仅是一个具有分拣装运功能的通过型中心，有利于交货周期的缩短、减少库存、提高库存周转率，从而能节约成本。

（6）店铺直送（Direct Store Delivery，DSD）。店铺直送是指商品不经过流通配送中心，直接由生产厂家运送到店铺的运送方式。采用店铺直送方式可以保持商品的新鲜度，减少商品运输破损，缩短交货周期与时间。

2．销售技术

在 ECR 系统中采用的销售技术主要是商品类别管理（Category Management）和店铺空间管理（Space Management）。

（1）商品类别管理。商品类别管理是以商品类别为管理单位，寻求整个商品类别全体收益最大化。具体来说，企业对经营的所有商品按类别进行分类，确定或评价每个类别商品的功能、作用、收益性、成长性等指标，在此基础上，综合考虑各类商品的库存水平和货架展示等因素，制定商品品种计划，对整个商品类别进行管理，以便在提高消费者服务水平的同时增加企业的销售额和收益水平。例如，企业把某类商品设定为吸引顾客的商品，把另一类商品设定为增加企业收益的商品，努力做到在满足顾客需要的同时兼顾企业的利益。商品类别管理的基础是对商品进行分类，分类的标准、各类商品功能和作用的设定依企业的使命和目标不同而不同。但是原则上，商品不应该以企业是否方便来进行分类，而应该以顾客的需要和顾客的购买方法来分类。

（2）店铺空间管理。店铺空间管理是对店铺的空间安排、各类商品的展示比例、商品在货架上的布置等进行最优化管理。在 ECR 系统中，店铺空间管理和商品类别管理同时进行、相互作用。在综合店铺管理中，对于该店铺的所有类别的商品进行货架展示面积的分配，对于每个类别下的不同品种的商品进行货架展示面积分配和展示布置，以便提高单位营业面积的销售额和单位营业面积的收益率。

3．管理技术

应用 ECR 系统不仅需要供应链各成员的紧密协调和合作，还需要每个企业内部各个部门间的紧密协调和合作，因此，成功地应用 ECR，需要运用管理技术对企业的组织体系进行革新。

在企业内部的组织革新方面，需要把采购、生产、物流、销售等按职能划分的组织形式改变为以商品流程（Flow）为基本的职能横断型的组织形式。具体来讲，是把企业经营的所有商品按类别划分，对应于每个商品类别设立一个管理团队（Team），以这些管理团队为核心构成新的组织形式。在这种组织形式中，给每个商品类别管理团队设定经营目标（如顾客满意度、收益水平、成长率等），同时在采购、品种选择、库存补充、价格设定、促销等方面赋予相应的权限。每个管理团队由一个负总责的商品类别管理人（Category Manager）（相当于商品部经理）和 6 ~ 7 个负责各个职能领域的成员组成。由于商品类别管理团队规模小，内部容易交流，因此，各职能间易于协调。

组成供应链的企业间需要建立双赢型的合作伙伴关系。具体来讲，厂家和零售商都需要在各自企业内部建立以商品类别为管理单位的组织，这样双方相同商品类别的管理团队就可以聚集在一起，讨论从材料采购、生产计划到销售状况、消费者动向的有关该商品类别的全盘管理问题。另外，需要在企业间进行信息交换和信息分享。当然，这种合作伙伴关系的建立有赖于企业最高决策层的支持。

4．信息技术

ECR 系统应用的主要信息技术有 EDI 和销售时点信息（Point of Sale，POS）。

ECR 系统的一个重要信息技术是 EDI。信息技术最大的作用之一是实现事务作业的无纸化或电子化，利用 EDI 在供应链企业间传送交换订货发货清单、价格变化信息、付款通知单等文书单据。例如，厂家在发货的同时预先把商品清单发送给零售商，这样零售商在商品到货时，就可以用扫描仪自动读取商品包装上的物流条形码获得进货的实际数据，并自动地与预先到达的商品清单进行比较。因此，使用 EDI 可以提高事务作业效率。另外，还可以利用 EDI 在供应链企业间传送交换销售时点数据、库存信息、新产品开发信息和市场预测信息等直接与经营有关的信息。例如，生产厂家可利用 POS 把握消费者的动向，安排好生产计划；零售商可利用新产品开发信息预先做好销售计划。因此，使用 EDI 可以提高整个企业，乃至整个供应链的效率。

ECR 系统的另一个重要信息技术是 POS。对于零售商来说，通过对店铺收银台自动读取的 POS 数据进行整理分析，可以掌握消费者的购买动向，找出畅销商品和滞销商品，做好商品类别管理。可以利用 POS 数据做好库存管理、订货管理等工作。对于生产厂家来说，通过利用及时准确的 POS 数据，可以把握消费者需要、制定生产计划、开发新产品，还可以把 POS 数据和 EOS 数据结合起来分析把握零售商的库存水平，进行 VMI 的库存管理。

许多零售企业还把 POS 数据和顾客卡（Customer Card）、点数卡（Point Card）等结合起来使用。通过顾客卡，可以知道某个顾客每次在什么时间购买了什么商品，金额是多少，到目前为止总共购买了哪些商品，总金额是多少。这样可以分析顾客的购买行为，发现顾客不同层次的需要，除了进行必要的商品促销活动外，更重要的是可以及时地掌握消费动态，为下一步的进货做好准备。

6.2.3 快速反应

在供应物流中，快速反应（Quick Response，QR）是另一种流行的供应物流技术。它是美国零售商、服装制造商及纺织品供应商开发的整体业务概念，目的是减少原材料到销售点的时间和整个供应链上的库存，最大限度地提高供应链的运作效率。QR 的着眼点是对消费者需求做出快速反应。QR 的具体策略有商品即时出售（Floor Ready Merchandise）、自动物料搬运（Automatic Material Handling）等。

例如，法国巴黎的托马森电子产品公司直接向零售商销售产品，通过 QR 系统和卖主存货管理系统来降低存货水平。托马森的卖主库存管理系统意味着零售商提供销售点信息，但不发出采购订单。作为供应商，托马森利用这些信息预测需求，发出采购订单并提供产品。它利用电子手段提前将发货信息传递给零售商，使他们能够了解产品到货情况。在选择运输公司的时候，主要依据成本、运输质量、运输时间和电子数据交换的能力。在零售业，QR 是对销售点的信息及时做出反应和减少库存的能力。使用 QR 技术以前，商店一般持有 4～6 星期的库存，如今降至 1～2 星期。

实施 QR 的步骤如下。

（1）对所有的商品单元条形码化，即对商品消费单元用 EAN / UPC 条形码标识，对商品储运单元和贸易单元运用不同的条形码标识。利用 EDI 传输订购单报文和发票报文。

（2）在第一阶段的基础上增加与内部业务处理有关的策略，如自动补库与商品即时出售等，并采用 EDI 传输更多的报文，如发货通知报文等。

（3）与贸易伙伴密切合作，采用更高级的 QR 策略，以对客户的需求做出快速反应。一般来说，企业内部业务的优化相对来说较为容易，但贸易伙伴间进行合作时，往往会遇到诸多障碍，在 QR 实施的第三阶段，每个企业必须把自己当成集成供应链的一个组成部分，以保证整个供应链的整体效益。

QR 策略在过去的十几年中取得了巨大的成功。商品的供应商和零售商通过这一策略为他们的客户提供了更好的服务，同时也减少了整个供应链上的非增值成本。QR 策略作为一种全新的供应链管理理念，必将向更高的阶段发展，必将为供应链上的贸易伙伴——供应商、分销商、零售商和最终客户带来更大的价值。

6.2.4　企业资源规划

ERP 是英文 Enterprise Resourse Planning 的缩写，意思是企业资源规划。它的核心思想是实现对整个供应链的有效管理。

1. 对整个供应链资源进行管理

在知识经济时代，仅靠企业内部的资源不可能有效地参与市场竞争，企业还必须把经营过程中的外部资源（如上游的供应商和下游的顾客等）纳入一个整体的供应链中，将企业的内部资源和外部资源进行整合，这样才能有效地安排企业经营活动，有利于实现企业的动态控制和各种资源的集成优化。

2. 体现精益生产、同步工程和敏捷制造的思想

精益生产（Lean Production）是指企业在大批量组织生产时与各业务往来单位是合作伙伴关系，共同组成一个企业的供应链。当市场发生变化时，企业会遇到特定的市场和特定的产品需求，这时企业会组织一个由特定供应商和销售渠道组成的短期或一次性供应链，把供应商和协作单位看成企业的组成部分，运用“同步工程”（SE）组织生产，用最短的时间将产品打入市场，并时刻保持产品的高质量、多样化和灵活性，这也是“敏捷制造”的中心思想。

3. 体现事先计划和集中控制的思想

为了适应以“顾客、竞争和变化”为特征的市场环境，企业必须进行思想上的革命、管理模式和业务流程重组以及管理手段的更新，从而在全球范围内引发一场以业务流程重组（Business Reengineering Process，BRP）为主要内容的管理模式革命和以 BRP 的实施为主体的管理手段革命。

6.3 物流成本概述

6.3.1　物流成本的概念

在物流活动中，为了提供有关服务，要占用和耗费一定的活劳动和物化劳动，这些在物流活动中所消耗的物化劳动和活劳动的货币表现，即为物流成本，也称物流费用。

物流成本管理是指对物流成本进行的计划、协调与控制。物流成本管理可以说是以成本为手段的物流管理体系。如何以最经济的费用为用户提供多功能、一体化的综合性服务并满足其需要，应是物流成本管理的研究内容。

6.3.2 物流成本管理的内容

物流成本管理的内容一般包括物流成本核算、物流成本分析、物流成本控制、物流成本预测、物流成本决策和物流成本计划。

1．物流成本核算

物流成本核算是根据企业确定的物流成本计算对象，采用相适应的成本计算方法，按照规定的成本项目，通过物流费用汇集与分配的一定程序与方法，最终计算出各项物流活动或作业的成本计算对象的实际总成本和单位成本。

物流成本核算可以如实地反映生产经营过程中有关物流活动的实际耗费，同时，它也是对物流成本支出的控制过程。物流成本核算应为物流成本分析、物流成本控制、物流成本预测、物流成本计划和物流成本决策等环节提供真实可靠的数据，是物流成本管理的基础工作。

2．物流成本分析

物流成本分析是在成本核算及其他有关资料的基础上，运用一定的方法，揭示一定时期内物流成本水平变动程度，并进一步提示与查明影响物流成本变动的各种因素。通过物流成本分析，提出相应的改进建议，使相关责任部门采取必要措施，以便有效地控制物流成本。

3．物流成本控制

物流成本控制是根据计划目标，对成本发生和形成过程以及影响成本的各种因素和条件施加主动的影响，以保证实现物流成本控制目标的一种行为。从企业生产经营过程来看，物流成本控制包括成本的事前控制、事中控制和事后控制。

物流成本事前控制是整个物流成本控制活动中最重要的环节，它直接影响着将来各作业流程成本的高低。物流成本事前控制活动主要有物流配送中心的建设控制、物流设施与设备的配备控制和物流作业过程的改进控制等。事中控制是对物流作业过程实际耗费的控制，包括设备耗费的控制、人工耗费的控制、劳动工具耗费和其他费用支出的控制等方面。事后控制是通过定期对过去某一段时间成本控制的总结与反馈来控制成本。通过成本控制，可以及时发现物流活动中所存在的问题，采取纠偏措施，保证成本目标的实现。

4．物流成本预测

物流成本预测是根据有关成本数据和企业具体的发展情况，运用一定的技术方法，对未来的物流成本水平及其变动趋势做出科学的估计。成本预测是成本决策、成本计划和成本控制的基础工作，可以提高物流成本管理的科学性和预见性。

5．物流成本决策

物流成本决策是在物流成本预测的基础上，结合其他有关资料，运用一定的科学方法，从若干个备选方案中选择一个较为满意方案的过程。

从物流整个流程来说，有配送中心新建、改建、扩建的决策，装卸搬运设备、设施决策，货物合理配送决策，运输方式选取决策及流通加工合理下料的决策等。这些决策分析常常以总成本最小化或功能成本比最大化为目标，从而转化为成本决策问题。进行成本决策、确定目标成本是编制成本计划的前提，也是实现成本的事前控制、提高经济效益的重要途径。

6．物流成本计划

物流成本计划是根据成本决策所确定的方案、计划期的生产任务、降低成本的要求及有关资料，通过一定的程序，运用一定的方法，以货币形式规定计划期物流各环节耗费水平和成本水平，并提出保证成本计划顺利实现所采取的措施。通过成本计划管理，可以在降低物流各环节成本方面给企业提出明确的目标，推动企业加强成本管理责任制，增强企业的成本意识，控制物流环节费用，挖掘降低成本的潜力，保证企业降低物流成本目标的实现。

上述各项物流成本管理活动的内容是互相配合、相互依存的一个有机整体。成本预测是成本决策的前提，成本计划是成本决策所确定目标的具体化，成本控制是对成本计划的实施进行监督，以保证目标的实现，成本核算是对成本形成过程与结果的记录与反映，成本分析既是对成本目标是否实现的检验，也是对其差异成因的确定。

6.3.3 物流成本相关理论学说

1．“黑暗大陆”学说

1962 年，世界著名管理学家彼得·德鲁克在美国负有盛名的经济刊物——《财富》杂志上发表了一篇被认为对现代物流发展起着奠基作用的文章，题目为《经济的黑暗大陆》。在这篇文章里，彼得·德鲁克从传统经济学和现代商业学两个角度深刻分析了商品成本和价格的构成因素。他认为，商品的成本一般是由两个 50%构成的，即消费者所购买商品的总成本是由 50%生产成本和 50%流通成本共同组成的。换句话说，消费者购买商品所支付的总费用中，有 50%是用来支付与物流活动有关的流通费用的（见图 6-6）。

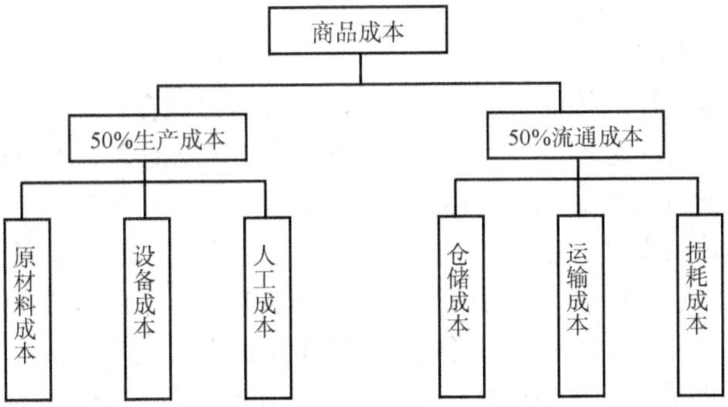

图 6-6 商品成本构成

彼得·德鲁克研究发现的商品流通成本占总成本 50%的观点，使经济学家和企业家们开始关注流通成本对商品价值的巨大影响力。他指出：“流通是经济领域里的黑暗大陆。”这里虽然泛指的是流通，但是由于流通领域中的物流活动的模糊性特别突出，是流通领域中人们认识不清的领域，所以“黑暗大陆”学说主要是针对物流而言的。他将物流比做“一块未开垦的处女地”，强调应高度重视流通及流通过程中的物流管理。

2．物流成本冰山学说

物流成本冰山学说是日本早稻田大学西泽修教授最早提出的，他研究物流成本时发现，财务会计制度和会计核算方法都不能掌握物流费用的实际情况。

一般情况下，在企业的财务数据中，只能看到支付的外部运输和仓储费用，而实际上，这部分成本在整个物流成本中犹如冰山一角。因为购买原材料所支付的费用、物流基础设施的折旧费、企业利用自己的车辆运输、利用自己的仓库保管货物、由自己的工人进行包装、装卸搬运、与物流有关的利息支出，都计入了原材料、生产成本、制造费用、管理费用、销售费用和财务费用等科目中。事实上，企业向外部支付的物流成本只是物流总成本中很小的一部分。美国、日本等国家的实践都表明，企业实际物流成本的支出往往要超过企业对外支付物流成本额的 5 倍。

3．“第三利润源”学说

“第三利润源”的说法也是日本早稻田大学西泽修教授提出的，“第三利润源”是对物流潜力及效益的描述。从历史发展来看，人类历史上曾经有过两个大量提供利润的领域。第一个是资源领域，第二个是人力领域。资源领域起初是廉价原材料、燃料的掠夺或获得，其后则依靠科技进步，节约消耗、节约代用、综合利用、回收利用乃至大量人工合成资源而获取高额利润，习惯上称为“第一个利润源”。人力领域最初是廉价劳动，其后则依靠科技进步提高劳动生产率，降低人力消耗或采用机械化、自动化来降低劳动耗用，从而降低成本，增加利润，这个领域习惯称做“第二个利润源”。然而，在前两个利润源越来越小，利润开拓越来越困难的情况下，物流领域的潜力被人们所重视，于是出现了西泽修教授的“第三利润源”的说法。

4．物流成本的效益背反理论

物流成本具有效益背反的特征。物流的若干功能要素之间存在着损益的矛盾，即某一功能要素的优化和利益发生的同时，必然会存在另一个或另几个功能要素的利益损失，反之亦如此。这是一种此涨彼消、此盈彼亏的现象，称为“效益背反”,也叫“交替损益”。例如，减少物流网络中仓库的数目并减少库存，必然会使库存补充变得频繁而增加运输的次数；简化包装，虽可降低包装成本，却由于包装强度的降低，在运输和装卸过程中的破损率会增加。所以在设计物流系统时，要综合考虑各方面因素的影响，使整个物流系统达到最优，任何片面强调某种物流功能的企业都将会蒙受不必要的损失。由此可见，物流系统就是以成本为核心，按最低成本的要求，使整个物流系统化。它强调的是调整各要素之间的矛盾，把它们有机地结合起来，使成本变为最小，以追求和实现部门的最佳效益。

5. 物流成本削减的乘法效应理论

物流成本削减的乘法效应理论是指物流成本下降后会引起销售额成倍的增长。例如，假定销售额为 100 亿元，物流成本为 10 亿元，如物流成本下降 1 亿元，就可得到 1 亿元的收益。这个道理是不言自明的。现在假定物流成本占销售额的 10%，如物流成本下降 1 亿元，销售额将增加 10 亿元，这样，物流成本的下降会产生极大的效益。这个理论类似于物理中的杠杆原理，物流成本的下降通过一定的支点，可以使销售额获得成倍的增长。

6.4 连锁企业配送成本分析

6.4.1 配送成本的构成

配送活动需要资本和劳动的投入，这些资本和劳动的投入称为配送成本。配送成本主要由配送中心建设与配送设施购置和配送中心运营的成本组成。配送作为一个整体活动有着共同的成本支出，但每个环节都有各自的成本构成。总的来说，配送成本包括资本成本分摊、支付利息、员工工资福利、行政办公费用、商务交易费用、自有车辆设备运行费、保险费或残损风险、工具及耗损材料费、分拣装卸搬运作业费、车辆租赁费等。以上各项成本可归类为固定成本和变动成本两类。

1. 固定成本

固定成本是指短期内必须支出的成本，它不随经营量发生变化，只要开展配送经营，就有固定成本支出，如资本成本分摊、固定员工工资、行政办公费用等。虽然说固定成本与配送经营量没有关系，但是配送量增大时，分配到每单位配送量的固定成本就降低。理论上说，当只有一单位配送量时，固定成本就需要完全由该一单位配送量来承担。因而说固定成本是必需的支出，分配到每单位的固定成本，就需要每单位配送的收益贡献率来弥补。

固定成本是由企业规模、生产方式、资金成本所确定的。规模越大、生产的技术手段越先进、资本越密集，其固定成本也就越高。

2. 变动成本

变动成本是指随配送量的变化而发生变化的成本，如商务交易费、设备运行费、租赁费、装卸搬运作业费、保险费等。在没有经营时，就没有变动成本支出。每增加一单位配送量所增加的成本，称为边际成本，也就是说边际成本就是变动成本。

变动成本主要由劳动力成本、固定资产的运行成本和社会资源的使用成本确定。变动成本和固定成本会因为经营方式的不同发生转化，如自购车辆配送时，购车成本为固定成本；而采用租车运输时，使用车辆的租金就成为变动成本。

6.4.2 配送成本的影响因素

1. 与产品相关的因素

（1）物品的数量和重量。物品的数量和重量增加虽然会使配送作业量增加，但大批量的作业往往使配送效率提高。配送的数量和重量是客户获得折扣的理由。

（2）货物种类及作业过程。不同的货物种类可能造成配送作业的要求不同、难度不同，承担的责任也不一样，因而对成本会产生较大幅度的影响。采用原包装配送显然成本支出要比配装配送低，因而不同的配送作业过程直接影响成本。

（3）外部成本。配送经营时或许要使用到配送企业以外的资源，如当地的起吊设备租赁市场具有垄断性，则配送企业就需要对租用起吊设备增加成本支出；当地的路桥收费普遍且无管制，则必然使配送成本剧增。

2. 与市场相关的因素

（1）时间。配送时间越长，占用配送中心的固定成本越高。但是这种成本往往表现为机会成本，也就是配送中心不能提供其他配送服务以获得收入或在其他配送服务上增加成本。

（2）距离。距离是构成配送运输成本的主要内容。距离越远，也就意味着运输成本增加，需要更多的运输设备和送货员工，从而导致配送成本增加。

6.4.3 配送成本的控制

配送成本的控制，应从以下四方面进行。

1. 加强配送的计划性

在配送活动中，临时配送、紧急配送或无计划的随时配送都会大幅增加配送成本，因为这些配送会使车辆不能满载，浪费运力。为了加强配送的计划性，需要加强与客户的沟通，建立与客户共享的基于 EDI 或互联网的配送信息网络。在实际工作中，应针对商品的特性，制定不同的配送计划。

（1）鲜活商品客户订单尽可能定时定量，配送中心定时定量配送。商品的采购量应控制在当天全部售完为宜。

（2）普通商品客户定期向配送中心订货，订货量为两次订货间的预计需求量，配送中心可以降低经营风险。

日本 7-11 便利店在食品配送方面，有许多好的解决方案。例如，针对不同食品在时间和频率方面的不同要求，做出以下配送方案：① 对于有特殊要求的食品如冰激凌，7-11 会绕过配送中心，由配送车辆早、中、晚三次直接从厂商送到各个店铺。② 对于一般食品，7-11 实行的是一日三次的配送制度。早上 3:00—7:00 配送前一天晚上生产的一般食品，早上 8:00—11:00 配送前一天晚上生产的特殊食品如牛奶、新鲜蔬菜，下午 3:00—6:00 配送当天上午生产的食品。这样一日三次的配送频率，既保证了商店不缺货，也保证了食品的新鲜度。

2．确定合理的配送路线

采用科学的方法确定合理的配送路线，是配送活动中的一项重要工作。确定配送路线的方法很多，既可采用方案评价法，拟订多种方案，以使用的车辆数、司机数、油耗、行车的难易度、装卸车的难易度及送货的准时性等作为评价指标，对各个方案进行比较，从中选出最佳方案，又可以采用数学模型进行定量分析。无论采用何种方法，都必须考虑以下条件：① 满足所有分店对商品品种、规格和数量的要求。② 满足所有分店对货物发到时间范围的要求。③ 在交通管理部门允许通行的时间内送货。④ 各配送路线的商品量不得超过车辆容积及载重量。⑤ 在配送中心现有运力及可支配运力的范围内配送。

3．进行合理的车辆配载

每个客户的销售情况不同，订货也就不大一致，因此一次配送的货物可能有多个品种。这些商品不仅包装形态、储运性质不一，而且密度差别较大。密度大的商品往往达到了车辆的载重量，但体积空余很大，密度小的商品虽达到了车辆的最大体积，但达不到载重量。实行轻重配装，既能使车辆满载，又能充分利用车辆的有效体积，会大大降低运输费用。

4．建立计算机管理信息系统

在物流作业中，分拣、配货占全部劳动的 60%，而且容易发生差错。如果在分拣配货中运用计算机管理系统，应用条形码，就可使拣货快速、准确，配货简单、高效，从而提高生产率、节省劳动力、降低物流成本。

6.4.4　配送成本合理化策略

配送成本合理化策略就是在一定的配送成本下尽量提高一定的服务水平，或是在一定的服务水平下使配送成本最小。一般来说，要想实现在一定的服务水平下使配送成本最小化，有以下策略可供参考。

1．混合策略

混合策略是指配送业务一部分由企业自己完成，一部分外包给第三方物流企业完成的配送策略。这种策略的基本思想是，尽管采用单一策略容易形成一定的规模经济，并使管理简化，但由于产品品种多变、规格不统一、销售量不均衡等情况，采用单一策略的配送方式不仅不能获得规模效应，反而还会造成规模不经济。而采用混合策略，合理安排企业自己完成的配送和外包给第三方物流企业的配送，能使配送成本最低。

2．差异化策略

产品特征不同，顾客服务水平也不同，这就是差异化策略的指导思想。差异化策略会降低配送资源利用效率，增加配送成本。因此，当企业拥有多种产品线时，应按产品的特点、销售水平来设置不同的库存、不同的运输方式及不同的存储地点，不能对所有产品都按同一标准的服务水平来配送。具体应用时，可采用 ABC 分类法，将产品分为三类：A 类产品的销售量占总销售量的 70%以上，B 类产品占 20%左右，C 类产品占 10%左右。对 A 类产品，在各销售网点都应备有库存，B 类产品只在地区分销中心备有库存而在各销售网点不备有库存，C 类产品连地区分销中心都不设库存，仅在工厂的仓库才有存货。这样，通过区分产品重要性来分别进行配送管理。

3．合并策略

合并策略包括两个方面：第一，配送方法上的合并；第二，进行共同配送。

（1）配送方法上的合并。配送成本形成的一个原因在于，配货时由于货物的体积、重量、包装、储运性能及目的地各不相同，导致一定的车辆空载率。一辆车上如果只装容重大的货物，往往达到了载重，但容积空余很多；只装容重小的货物则恰恰相反，看起来车装得满，实际上并未达到车辆的额定载重量。这两种情况实际上都造成了浪费。实行合理的轻重配装，容积大小不同的货物搭配装车，就可以不但在载重方面达到满载，而且充分利用车辆的有效容积，取得最优效果。最好借助计算机应用软件计算货物配车的最优解。

（2）共同配送。共同配送是一种产权层次上的共享，也称集中协作配送。它是几个企业联合集小量为大量共同利用同一配送设施的配送方式，其标准运作形式是：在中心机构的统一指挥和调度下，各配送主体以经营活动（或以资产）为纽带联合行动，在较大的地域内协调运作，共同对某一个或某几个客户提供系列化的配送服务。这种配送有两种情况：第一种是中小型生产、零售企业之间分工合作实行共同配送，即同一行业或在同一地区的中小型生产、零售企业，在单独配送的运输量少、效率低的情况下进行联合配送，不仅可以减少企业的配送费用，配送能力得到互补，而且有利于缓解城市交通拥挤，提高配送车辆的利用率。第二种是几个中小型配送中心之间的联合，共同协作制定配送计划，共同组织车辆设备，对某一地区客户进行配送。具体执行时由于共同使用配送车辆，提高了车辆实载率及配送效率，有利于降低配送成本。

4．标准化策略

标准化策略就是尽量减少因品种多变而导致的附加配送成本，尽可能多地采用标准部件、模块化产品。如服装制造商按统一规格生产服装，直到顾客购买时才按顾客的身材调整尺寸大小。采用标准化策略要求厂商从产品设计开始就要站在消费者的立场去考虑怎样节省配送成本，而不要等到产品定型生产出来后才考虑采用什么技巧降低配送成本。

6.4.5 配送中心各项作业绩效评价指标

1．进货作业与出货作业

进货作业是指对物资做实体上的领取，从货车上将货物卸下、开箱、检查其数量和质量，然后将有关信息书面化的物流活动。

出货作业是将拣取分类完成的货品做好出货检验后，根据各个车辆或配送路线将货品运至出货准备区，然后装车配送的物流活动。

进出货作业是配送中心整个流程中处在两端的作业，它的效率直接影响着配送的质量。衡量进出货作业绩效的指标有以下几种。

（1）空间利用率。空间利用率主要考核配送中心站台的使用情况，是否因数量不足或规划不当造成空间利用效率低下。具体评价指标的计算公式如下：

站台使用率=进出货车装卸货停留总时间 /（站台泊位数×工作天数×每天工作时数）

站台高峰率=高峰车数 / 站台泊位数

站台使用率高，表示站台泊位数量可能不足，将造成交通拥堵。可采取以下措施：① 增加站台泊位数。② 为提高效率，让进出配送中心的车辆有序行使、停靠、装卸货。③ 增加进出货作业人员，加快作业速度，减少每辆车停留装卸时间。

若站台使用率低，站台高峰率高，表示车辆停靠站台平均时间不长，站台泊位数量仍然有余，但在高峰时间进出货车辆存在拥堵现象。这种情况主要是由没有控制好进出货时间段引起的，关键是要将进出车辆到达作业面的时间岔开。可采取以下措施：① 应要求供应商依照计划准时送货，规划对客户交货的出车时间，尽量降低高峰时间的作业量。② 若无法与供应商或客户达成分散高峰期流量的共识，则应在高峰时间安排人力以保证货物快速装卸搬运。

（2）人员负担和时间耗用。人员负担和时间耗用评估进出货人员的工作分摊及作业速率，以及目前的进出货时间是否合理。具体评价指标的计算公式如下：

每人每小时处理进货量=进货量 /（进货人员数×每日进货时间×工作天数）

每人每小时处理出货量=出货量 /（出货人员数×每日出货时间×工作天数）

进货时间率=每日进货时间 / 每日工作时数

出货时间率=每日出货时间 / 每日工作时数

若每人每小时处理进出货量高，且进出货时间率也高，说明进出货人员平均每天负担过重。其原因是配送中心目前业务量过大，应增加进出货人员，以减轻每人的负担。

若每人每小时处理进出货量低，但进出货时间率高，说明配送中心每日进出货时间长，但每人进出货负担却很轻。原因是进出货作业人员过多和物品进出货处理比较繁杂、进出货作业效率低下。可采取的措施有：① 减少进出货人员。② 对低效率的人员进行督促、培训，强调报酬与绩效挂钩。③ 减少单纯依靠劳动力的装卸次数。

若每人每小时处理进出货量高，但进出货时间率低，说明上游进货与下游出货的时间可能集中于某一时段，以致作业人员必须在该时间段内承受较高的作业量。可采取分散进出货作业时间的措施。

（3）设备移动率。设备移动率评估每台进出货设备的工作分摊和工作效率。具体评价指标的计算公式如下：

每台进出货设备每天的装卸货量=（出货量+进货量）/（装卸设备数×工作天数）

每台进出货设备每小时的装卸货量=（出货量+进货量）/（装卸设备数×工作天数×每日进出货时数）

若每台进出货设备每天的装卸货量较低，说明设备利用率差，资产过于闲置。采取的措施是积极开拓业务，增加进出货量，或将部分设备出租或移至他用。

若每台进出货设备每小时的装卸货量较低，原因可能在于设备运作效率低，若无法由加强现有设备产能或改善作业方式来提高，则应考虑置换他种设备。

2．储存作业

储存作业指对存货或物品做妥善保管，充分利用仓库空间，注重库存控制，减少资金占用，降低保管成本，减少积压、过期、变质物品的物流活动。在管理方面要求善于利用仓库空间，有效利用配送中心每平方米面积；加强存货管理，保证存货可得性，降低存货的缺货率；防止存货过多而占用资源和资金。

（1）设施空间利用率具体评价指标的计算公式如下：

储区面积率=储区面积 / 配送中心建筑面积

可使用保管面积率=可保管面积 / 储区面积

储位容积使用率=存货总体积 / 储位总容积

单位面积保管量=平均库存量 / 可保管面积

平均每品项所占储位数=料架储位数 / 总品项数

储区面积率衡量厂房空间利用率是否恰当。

可使用保管面积率判断储区内通道规划是否合理。

储位容积使用率和单位面积保管量用以判断储位规划及使用的料架是否适当，以有效利用储位空间。

平均每品项所占储位数判断储位管理策略是否应用得当。该指标数值一般在 0.5 ~ 2.0。这样即使无明确的储位编号，也能迅速存取物品，不至于造成储存、拣货作业人员找寻困难，也不会产生同一品项库存过多的问题。

（2）库存周转率。库存周转率考核配送中心货品库存量是否恰当。具体评价指标的计算公式如下：

库存周转率=出货量 / 平均库存量

或

库存周转率=营业额 / 平均库存金额

库存周转率高，说明库存周转快，即用较少的库存完成同样的工作，使库存占用和积压的资金减少，或者资金的使用率高。配送中心的利润也随货品库存周转率的提高而增加。

提高库存周转率的途径有：① 降低库存量。② 增加出货量和营业额。③ 缩短订货提前期，降低订购点。④ 运用 JIT 控制库存。

（3）库存管理费率。库存管理费率衡量配送中心每单位存货库存管理费用。具体评价指标的计算公式如下：

库存管理费率=库存管理费用 / 平均库存量

库存管理费率高，说明对库存管理费用的控制不够好，应逐一检查分析库存管理费用的内容，发现问题并予以改进。一般库存管理费用包括：① 仓库租金。② 保险费。③ 损耗费（包括变质、破损、盘点短缺和盘点损失等费用。④ 仓库管理费用（包括出入库验收、保管、盘点人工费、仓库照明费、空调费、温调温控费、建筑物和设备及器具的维修费等，但不包含相应折旧费）。⑤ 货品淘汰费用（流行商品过时、季节性商品换季等造成的损失）。⑥ 资金费用（如货物变价损失、机会成本损失等）。

（4）呆废料率。呆废料率衡量配送中心货品损耗影响资金积压状况。具体评价指标的计算公式如下：

呆废料率=呆废料件数 / 平均库存量

或

呆废料率=呆废料金额 / 平均库存金额

一般配送中心发生呆废料的原因有以下几种：验收疏忽；产品变质；仓储保管不善；存货长期积压。

3. 盘点作业

对配送中心存货经常定期或不定期做检查，及早发现问题，以免造成日后出货的更大损失，这是盘点的目的。在盘点作业中，以盘点过程中所发现的存货数量不符的情况作为评估重点。评价指标具体有以下几种。

（1）盘点数量误差率。盘点数量误差率衡量库存管理优劣，作为改变管理方式的依据，以降低企业的损失。计算公式如下：

盘点数量误差率=盘点误差量 / 盘点总量

盘点误差产生的原因有以下几种：记账员的疏忽（看错字）；盘点记数错误；单据遗失，进出货未过账；捆扎包装错误；出入库作业时票据输入、检查点数错误。

（2）盘点品项误差率。盘点品项误差率说明盘点误差主要的发生原因。计算公式如下：

盘点品项误差率=盘点误差品项数/盘点实施品项数

（3）平均盘差品金额。平均盘差品金额判断是否采用 ABC 分类或已采用的 ABC 分类法是否发挥作用。计算公式如下：

平均盘差品金额=盘点误差金额 / 盘点误差量

平均盘差品金额高，说明价值高的物品误差率较大，这是未实施 ABC 分类管理的结果，对配送中心的运营将造成不利影响。

4．订单处理作业

订单处理作业是指由接到客户订单开始到着手准备拣货之间的作业阶段，包括订单资料确认、存货查询、单据处理等。主要评价指标有以下几种。

（1）订单延迟率。订单延迟率衡量交货的延迟状况。计算公式如下：

订单延迟率=延迟交货订单数 / 订单数量

订单延迟率高，说明配送中心不能按计划和客户要求的交货日期准时交货，对客户的交货能力有待提高。解决订单延迟问题，可以采取以下措施：① 分析订单处理流程，找出作业瓶颈，加以解决。② 研究物流系统前后作业能否相互支持或同时进行，谋求作业的均衡性，从而缩短交货时间。③ 掌握库存情况，防止缺货。④ 调整出车时间。⑤ 掌握路况。⑥ 与客户协调配送时间。

（2）订单货件延迟率。订单货件延迟率评价公司是否应实施客户重点管理。计算公式如下：

订单货件延迟率=延迟交货量 / 出货量

若订单货件延迟率高，说明订货件数较多的客户交货延迟率比较高，配送中心应调整营运策略。相应对策可以是根据订单资料，按客户购买量占配送中心营业额的百分比做客户 ABC 分类，将客户分为 A、B、C 三类，对 A 类客户实施重点管理，尽量减少延迟交货的次数，有效降低延迟率。

（3）紧急订单响应率。紧急订单响应率评价接单至交货的处理时间及紧急插单的处理时间，是反映服务质量的重要指标。计算公式如下：

紧急订单响应率=未超过 12 小时出货的订单 / 订单数量

提高紧急订单响应率，可以采取以下策略：① 减少紧急插单的概率。② 建立紧急插单处理系统。③ 制定快速作业处理流程及操作规程。

（4）客户取消订单率和客户抱怨率。客户取消订单率和客户抱怨率评价客户满意度。计算公式如下：

客户取消订单率=客户取消订单数 / 订单数量

客户抱怨率=客户抱怨次数 / 订单数量

客户取消订单率和客户抱怨率过高，原因在于：① 产品品质不良。② 服务态度不佳。③ 交货延迟。④ 同业竞争激烈。⑤ 客户素质较差。

（5）缺货率。缺货率衡量存货控制是否适宜。计算公式如下：

缺货率=接单缺货数 / 出货量

降低缺货率的策略有：① 加强库存管理。② 分析存货变动原因。③ 掌握采购、补货时机。④ 督促上游供应商准时送货。

（6）短缺率。短缺率衡量出货作业的精确度。计算公式如下：

短缺率=出货品短缺数 / 出货量

降低短缺率的途径有：① 表单标准化并尽可能减少传递票数。② 注重每位员工、每次作业的工作质量。③ 分清责任归属。④ 注重每个作业环节的检查。

此外，订单处理作业评价指标还有分析每天订单变化情况，据以研究拟订客户管理策略及业务发展状况等内容的指标。计算公式如下：

日均受理订单数=订单数量 / 工作天数

每订单平均订货数=出货量 / 订单数量

日均商品单价=营业额 / 订单数量

荣发配送中心在营业过程中，会经常接到许多重要客户的临时订单，这些订单需求量不大，但要货紧急，且种类较多，许多具有配套性。这影响了配送中心的正常营业。请问，该配送中心应如何应对？如何建立应变系统？

5．拣货作业

拣货作业是配送流程的中心环节，是依据客户的订货要求或配送中心的作业计划，准确、迅速地将商品从其储位或其他区域拣取出来的作业过程，拣货时间、拣货策略及拣货的精确度影响出货品质。除极少数自动化程度较高的配送中心外，大多数拣货作业是靠人工配合简单机械化设备的劳动力密集作业，耗费成本较多。主要评价指标有：

（1）拣货时间率。拣货时间率衡量拣货耗费时间是否合理。计算公式如下：

拣货时间率=每日拣货时数 / 每天工作时数

拣货时间率高，说明容易延误出货时间。原因在于出货量多、拣货人员少或拣货效率低，应采取相应策略加以改进。

（2）每人时拣取品项数、每人时拣取次数和每人时拣取材积数。这三项衡量拣货的拣取效率。计算公式如下：

每人时拣取品项数=订单总笔数 /（拣取人员数×每日拣货时数×工作天数）

每人时拣取次数=拣货单位累计总件数 /（拣取人员数×每日拣货时数×工作天数）

每人时拣取材积数=出货品材积数 /（拣取人员数×每日拣货时数×工作天数）

提高拣取效率的方法有：① 合理规划拣货路径。② 合理配置储位。③ 确定合理的拣货方式。④ 合理安排拣货人员数量及工作。⑤ 拣货的机械化、电子化。

（3）拣取能量使用率。拣取能量使用率评价拣货能量及其使用率，判断业绩与投入资源是否相适宜。计算公式如下：

拣取能量使用率=订单数量 /（一天目标拣取订单数×工作天数）

（4）拣货责任品项数。拣货责任品项数衡量拣货员的工作负荷与效率是否得当。计算公式如下：

拣货责任品项数=总品项数 / 分区拣取区域数

（5）拣取品项移动距离。拣取品项移动距离评价拣货的走行规划是否符合动线效率，目前拣货区布置是否得当。计算公式如下：

拣取品项移动距离=拣货行走移动距离 / 订单总笔数

（6）拣货人员装备率、拣货设备成本产出和每人时拣取材积数评价配送中心对拣货作业的投资程度。计算公式如下：

拣货人员装备率=拣货设备成本 / 拣货人员数

拣货设备成本产出=出货品材积数 / 拣货设备成本

每人时拣取材积数=出货品材积数 /（拣取人员数×每日拣货时数×工作天数）

（7）批量拣货时间。批量拣货时间衡量每批次平均拣取时间。计算公式如下：

批量拣货时间=（每日拣货时数×工作天数）/ 拣货分批次数

（8）每批量包含订单数、每批量包含品项数、每批量拣取次数、每批量拣取材积数。这四项评价每批次拣取的能力及负担。计算公式如下：

每批量包含订单数=订单数量 / 拣货分批次数

每批量包含品项数=订单总笔数 / 拣货分批次数

每批量拣取次数=出货箱数 / 拣货分批次数

每批量拣取材积数=出货品材积数 / 拣货分批次数

（9）单位时间处理订单数、单位时间拣取品项数、单位时间拣取次数、单位时间拣取材积数。这四项衡量配送中心对订单处理完成的把握度。计算公式如下：

单位时间处理订单数=订单数量 /（每日拣货时数×工作天数）

单位时间拣取品项数=（订单数量×每张订单平均品项数）/（每日拣货时数×工作天数）

单位时间拣取次数=拣货单位累计总件数 /（每日拣货时数×工作天数）

单位时间拣取材积数=出货品材积数 /（每日拣货时数×工作天数）

（10）每订单投入拣货成本、每订单笔数投入拣货成本、每拣取次数投入拣货成本、单位材积投入拣货成本。这四项运用拣货成本与产出的拣货效益做比较，借以控制拣货成本，提高拣取的效益。计算公式如下：

每订单投入拣货成本=拣货成本 / 订单数量

每订单笔数投入拣货成本=拣货成本 / 订单总笔数

每拣取次数投入拣货成本=拣货成本／拣货单位累计总件数

单位材积投入拣货成本=拣货成本／出货品材积数

一般拣货成本包括：① 人工成本，即直接、间接拣货工时成本。② 拣货设备折旧费，即储存、搬运、计算机资讯处理设备的折旧费。③ 资讯处理成本。

（11）拣货差错率。拣货差错率衡量拣货作业的品质，以评估拣货员的细心程度，或自动化设备的正确性功能。计算公式如下：

拣货差错率=拣取错误笔数/订单总笔数

降低拣货差错率的主要措施有：① 选择最合理的拣货方式。② 加强拣货人员的培训。③ 检查拣货的速度。④ 改善拣货单内容表达方式。⑤ 引进条形码、拣货标签或计算机辅助拣货系统等自动化技术，以提高拣货精确度。

荣泰配送中心最近接到的客户投诉越来越多，大多在抱怨收到的货数量要么多，要么少；品种、品质与订单不符……请说明这是什么原因，应采取什么对策？

6. 配送作业

配送是从配送中心将货品送达客户处的活动。适量的配送人员、适合的配送车辆和最佳送货路线相结合才能有效地配送。主要评价指标有如下几种。

（1）平均每人的配送量、配送距离、配送重量、配送车次。这四项评估配送人员的工作分摊及其作业贡献度，以衡量配送人员的能力负荷与作业绩效。计算公式如下：

平均每人的配送量=出货量／配送人员数

平均每人的配送距离=配送总距离／配送人员数

平均每人的配送重量=配送总重量／配送人员数

平均每人的配送车次=配送总车次／配送人员数

（2）平均每台车的吨公里数、平均每台车配送距离和平均每台车配送重量。这三项评估配送车辆的产能负荷。计算公式如下：

平均每台车的吨公里数=配送总距离×配送总重量／（自车数量+外车数量）

平均每台车配送距离=配送总距离／（自车数量+外车数量）

平均每台车配送重量=配送总重量／（自车数量+外车数量）

（3）空车率。空车率衡量车辆的利用率。计算公式如下：

空车率=空车走行距离／配送总距离

减少空车运行状况，关键要做好回程顺载工作。可从回收物流着手，回收物流包括容器的回收（啤酒瓶、牛奶瓶），托盘、笼车、拣货周转箱的回收，原材料的再生利用（碎玻璃、铁屑、废纸），退货等。

（4）配送车移动率、积载率、平均每车次配送重量、平均每车次吨公里数。这四项衡量车辆运用状况。计算公式如下：

配送车移动率=配送总车次／［（自车数量+外车数量）×工作天数］

积载率=出货品材积数／（车辆总材积数×配送车移动率×工作天数）

平均每车次配送重量=配送总重量／配送总车次

平均每车次吨公里数=（配送总距离×配送总重量）／配送总车次

（5）外车比例和季节品比率。这两项评估外车数量是否合理，可以作为选择自车或外车的依据。计算公式如下：

外车比例=外车数量／（自车数量+外车数量）

季节品比率=本月季节品存量／平均库存量

一般使用外雇车辆的原因是应付季节性商品和节日商品与平日形成的淡旺季的需求差。如果季节性商品比例高，表示配送中心淡旺季出货量的差别很大，就应尽量考虑多雇用外车，减少自备车的数量。反之，则使用自备车来提高配送效率。

（6）配送成本比率、每吨重配送成本、每材积配送成本、每车次配送成本和每公里配送成本这五项衡量配送成本花费多少。计算公式如下：

配送成本比率=（自车配送成本+外车配送成本）／物流总费用

每吨重配送成本=（自车配送成本+外车配送成本）／配送总重量

每材积配送成本=（自车配送成本+外车配送成本）／出货品材积数

每车次配送成本=（自车配送成本+外车配送成本）／配送总车次

每公里配送成本=（自车配送成本+外车配送成本）／配送总距离

（7）配送平均速度。配送平均速度用来掌握配送情况、评价配送路线选择及配送车司机管理。计算公式如下：

配送平均速度=配送总距离／配送总时间

（8）配送延迟率。配送延迟率用来掌握交货时间，尽量减少配送延迟情况，以确保公司信用度。计算公式如下：

配送延迟率=配送延迟车次／配送总车次

造成配送延迟率过高的原因是：车辆、设备故障，路况不佳，供应商供货延迟，缺货及拣货作业延迟。

荣昌配送中心在服务承诺书上明确做出这样的保证：本中心承诺在城区范围内自接到订单时起 45 分钟内送达，郊区自接到订单时起 60 分钟内送达。为此，荣昌配送中心应采取的对策是什么？

7. 采购作业

由于出库使库存量减少，当库存量下降到一定点时，应立即进货补充库存。采用何种订购方式、供应商信用、货品品质是采购作业的重要环节。主要评价指标有如下几种。

（1）出货品成本占营业额比率。出货品成本占营业额比率衡量采购成本的合理性。计算公式如下：

出货品成本占营业额比率=出货品采购成本／营业额

降低出货品成本占营业额的比率，可以采取集中采购方式，因采购数量大可获得数量折扣，且统一付款易获得现金折扣，还可以减少采购费用。选择良好的采购条件，如交货日期、付款方式、采购数量等，也会影响采购价格。

（2）货品采购及管理总费用。货品采购及管理总费用衡量采购与库存政策的合理性。计算公式如下：

货品采购及管理总费用=采购作业费用+库存管理费用

对于单价比较高的物品，应尽量增加采购次数，这样费用相对较省；而单价较低的物品，一次采购量大些，费用相对较省。

（3）进货数量误差率、进货不良品率和进货延迟率。这三项用来掌握进货准确度及有效性，以配合调整安全库存。计算公式如下：

进货数量误差率=进货误差量／进货量

进货不良品率=进货不合格数量／进货量

进货延迟率=延迟进货数量／进货量

8. 非作业面

非作业面的重点是配送中心资产运营、财务效益、人员等的评估。主要评价指标有如下几种。

（1）固定资产周转率。固定资产周转率衡量固定资产的运作绩效，评估所投资的资产是否充分发挥效用。计算公式如下：

固定资产周转率=营业额／固定资产总额

（2）产出与投入平衡。产出与投入平衡判断是否维持低库存量，与零库存差距多远。计算公式如下：

产出与投入平衡=出货量／进货量

若以低库存作为最终目标，且不会缺货，则产出与投入平衡的指标数值最好在每个期间都维持在1左右。

（3）每天营运金额。每天营运金额衡量公司营运作业的稳定性。计算公式如下：

每天营运金额=营业额 / 工作天数

（4）营业支出与营业额比率。营业支出与营业额比率测定营业成本费用对该期损益的影响程度。计算公式如下：

营业支出与营业额比率=营业支出 / 营业额

复习思考题

1 若配送中心每人每小时进出货量偏低，进出货时间率也低，试分析原因及改善对策。

2 若配送中心库存周转率低，说明什么？原因是什么？可采取的对策有哪些？

案例分析

家乐福：从 VMI 中受益无穷

VMI 是 QR 系统的一种重要物流运作模式，也是 QR 走向高级阶段的重要标志。VMI 的核心思想在于零售商放弃商品库存控制权，而由供应商掌握供应链上的商品库存动向，即由供应商依据零售商提供的每日商品销售资料和库存情况来集中管理库存，替零售商下订单或连续补货，从而实现对顾客需求变化的快速反应。VMI 不仅可以大幅改进 QR 系统的运作效率，即加快整个供应链面对市场的回应时间，较早地得知市场准确的销售信息，而且可以最大化地降低整个供应链的物流运作成本，即降低供应商与零售商因市场变化带来的不必要的库存，达到挖潜增效、开源节流的目的。

正是看到了 VMI 的上述特殊功效，家乐福在引进 QR 系统后，一直努力寻找合适的战略伙伴，以实施 VMI 计划。经过慎重挑选，家乐福最后选择了其供应商雀巢公司。就家乐福与雀巢公司的既有关系而言，双方只是单纯的买卖关系，唯一特殊的是，家乐福对雀巢来说是一个重要的零售商客户。在双方的业务往来中，家乐福具有足够的决定权，决定购买哪些产品与数量。

两家公司经协商，决定由雀巢公司建立整个 VMI 计划的机制，总目标是增加商品的供应效率，降低家乐福的库存天数，缩短订货前置时间，以及降低双方物流作业的成本率等。

双方各自有独立的内部 ERP 系统，但彼此并不相容，因此家乐福决定与雀巢以 EDI 连线方式实施 VMI 计划。在 VMI 系统的经费投入上，家乐福主要负责 EDI 系统建设的花费，没有其他额外的投入；雀巢公司除了 EDI 建设外，还引进了一套 VMI 系统。经过近半年的 VMI 实际运作，雀巢公司对家乐福配送中心的产品到货率由原来的 80%左右提升至 95%（超越了目标值）。家乐福配送中心对零售店铺的产品到货率也由 70%提升至 90%，并仍在继续改善中；库存天数由原来的 25 天左右下降至 15 天以下，在订单修改方面也由 60%～70%下降至现在的 10%以下，每日商品销售额则上升了 20%左右。总体而言，VMI 使家乐福受益无穷，极大地提升了其市场反应能力和市场竞争能力。

VMI 不仅使家乐福受益，雀巢公司也受益匪浅。其最大的收获便是改善了与家乐福的关系。

过去，雀巢公司与家乐福只是单向买卖关系，所以家乐福要什么就给它什么，甚至尽可能地推销产品，彼此都忽略了真正的市场需求，导致好卖的商品经常缺货，而不畅销的商品却有很多存货。这次合作使双方愿意共同解决问题，有利于从根本上改进供应链的整体运作效率，并使雀巢公司容易掌握家乐福的销售资料和库存动态，以便更好地进行市场需求预测和采取有效的库存补货计划。

问题：以上案例给了你什么样的启示？在引进 VMI 时应注意哪些问题？

实训项目

供应链各环节物流策略比较研究

实训目的：帮助学生掌握供应链上主要环节（制造企业、批发企业、零售企业、物流企业）的物流策略取向，通过实际调研、案例分析、网上信息查询等手段了解这些企业主要的物流策略及各企业间在策略上的不同之处。为了完成这项任务，学生需要收集第二手资料，并对选定的企业进行调研，了解企业的具体物流策略并做出评价和建议。

实训背景：某公司正处于重塑物流系统阶段，要求你去调查该公司目前的物流策略，并分析调查的结果。根据你的调查，记录该公司的物流策略，并对该公司的物流策略进行总体评估，尽可能提出具有可操作性的建议，并将结果呈交总经理。

实训任务：

① 了解本次实训的目的。

② 分组。全班分成若干小组，每组大约 8 个人，每组负责供应链各环节上的一个企业的物流策略的调研与分析。

③ 确定调研的对象。物流活动供应链上的企业可以分成四种类型，即制造企业、批发企业、零售企业和物流企业。每种企业各选择一家进行调研。

④ 起草调查物流策略的计划（包括调查目的、范围、目标、内容和方法）。

⑤ 起草会谈和调查的大纲。

⑥ 上网查找第二手资料。

⑦ 实地调研。

⑧ 准备一份调查原始记录的复印件。

⑨ 分析实际调研的资料，并完成对培训结果的详细报告（报告不超过一页，有关资料可放入附件）。

⑩ 陈述。

第7章 连锁物流服务与质量

引导案例

中外运空运公司为摩托罗拉提供的物流服务

中外运空运公司是中国外运集团所属的全资子公司，是具有较高声誉的大型国际、国内航空货运代理企业之一。

摩托罗拉对物流服务和考核标准提出如下要求。

① 提供24小时的全天候准时服务，主要包括保证摩托罗拉公司中外业务人员、天津机场与北京机场两个办事处及中外双方负责人通信联络24小时畅通；保证运输车辆24小时运转；保证天津与北京机场办事处24小时提货、交货。

② 服务速度快。摩托罗拉公司对提货、操作、航班、派送都有明确的规定，时间以小时计算。服务的安全系数高，要求对运输的全过程负全责，保证航空公司及派送代理处理货物的各个环节都不出问题，一旦某个环节出了问题，将由服务商承担责任并赔偿损失，而且当过失达到一定程度时，做业务的资格将被取消。

③ 信息反馈快。要求公司的计算机与摩托罗拉公司联网，做到对货物的随时跟踪、查询，掌握货物运输的全过程。

④ 服务项目多。根据摩托罗拉公司货物流转的需要，通过发挥中外运系统的网络综合服务优势，提供包括出口运输、进口运输、国内空运、国内陆运、国际快递、国际海运和国内提货的派送等全方位的物流服务。

摩托罗拉公司的货物具有科技含量高、货值高、产品更新换代快、运输风险大、货物周转及仓储要求零库存的特点。为满足摩托罗拉公司的服务要求，中外运空运公司从1996年开始设计并不断完善业务操作规范，将其纳入公司的程序化管理。对所有业务操作都按照服务标准和管理程序设定工作，先后制定了出口、进口、国内空运、陆运、仓储、运输、信息查询、反馈等工作程序，每位员工、每个工作环节都按照设定的工作程序进行工作，使整个操作过程井然有序，提高了服务品质，减少了差错。

针对客户 24 小时服务的需求，中外运空运公司实行全年 365 天的全天候工作制度，周六、周日（包括节假日）均视为正常工作日，厂家随时出货，公司随时有专人、专车提货并进行相关操作。通信方面，从总经理到业务员的所有相关人员实行 24 小时通信畅通制度，保证了对各种突发性事件的迅速处理。

普通货物运输的标准一般是从机场到机场，由货主自己提货，而快件服务的标准是从门到门、桌到桌，而且货物运输的全程在合理的监控之中，因此收费也较高。中外运空运公司虽然对摩托罗拉公司的普通货物按普货标准收费，但提供的却是门到门、库到库的快件服务，这样既提高了摩托罗拉货物运输的及时性，又保证了安全。

为保证摩托罗拉公司的货物在运输中减少被盗，中外运空运公司在运输中增加了打包、加固的环节；为防止货物被雨淋，增加了一项塑料袋包装；为保证急货按时送到货主手中，还增加了手提货的运输方式，解决了客户的急、难的问题，让客户感到在最需要的时候，中外运公司都能及时快速地帮助解决问题。

经过 50 年的建设，中外运公司在全国拥有了比较齐全的海、陆、空运输与仓储、码头设施，形成了遍布国内外的货运行销网络，这是中外运公司发展物流服务的最大优势。通过中外运网络，中外运公司在国内为摩托罗拉公司提供服务的网点已达 98 个城市，实现了提货、发运、对方派送全过程的定点定人和信息跟踪反馈，满足了客户的要求。

作为摩托罗拉公司的主要货运代理之一，中外运公司对运输的每个环节负全责，即从工厂提货到海、陆、空运输及国内外的异地配送等各个环节，中外运公司都要负全责。对于出现的问题，中外运公司积极主动协助客户解决，并承担责任和赔偿损失，确保了货主的利益。

本章学习目标

通过本章的学习，学生应该掌握以下几个方面的内容：

1. 掌握连锁物流服务的特征及内容；
2. 了解几种新兴的物流服务方式；
3. 了解影响服务方式选择的因素；
4. 掌握订货处理的具体流程；
5. 了解客户物流服务的质量与控制；
6. 掌握物流系统控制的具体内容。

学习导航

- 连锁物流服务与质量
  - 连锁物流服务
    - 连锁物流服务的概念
    - 连锁物流服务的特征
    - 连锁物流服务的内容
    - 连锁物流服务的管理
  - 物流服务方式的选择
    - 几种新兴的物流服务方式
    - 连锁企业现代物流经营方式
    - 连锁企业选择服务方式时应考虑的因素
  - 订货处理
    - 订货计划
    - 订单传送
    - 订单加工
    - 订货提取和装配
    - 订货交付
    - 订货周期的重要性
  - 连锁物流服务质量
    - 顾客服务
    - 物流服务的质量和控制
  - 连锁企业物流系统控制
    - 提高员工生产率
    - 产品召回
    - 控制退货
    - 逆向物流

职业指导

物流营销经理应对公司及行业的物流运作系统非常熟悉，能有效解答客户对解决方案的各种疑问。这类职位还要求具备一定的市场营销专业基础，因此建议同学们找一些这方面的资料阅读，还可以找一些物流方面的行业杂志看，里面的实践方案对理解课本上枯燥的理论不无益处。

物流管理、策划人员属于中高级管理人员，主要负责物流系统的运营。在进入管理岗位以前，新人一般都需要在基层岗位积累 2～5 年的经验，熟悉物流操作职位的流程和运作原理。物流策划方面的职位主要是负责物流运作系统的设计与策划。

7.1 连锁物流服务

7.1.1　连锁物流服务的概念

伴随着突飞猛进的科技进步与日益激烈的市场竞争，国际知名企业纷纷将战略重心转移到客户服务上来，客户服务已经成为企业重要的竞争武器。对于连锁企业来说，为客户提供多样化服务是企业不断提升自身竞争能力的必由之路。

随着企业竞争的日趋激烈，越来越多的连锁企业管理人员都意识到物流服务的重要性，但他们对连锁物流服务这一概念的理解却存在着很大的偏颇，其结果或者导致服务范围过于狭窄，或者导致实施时缺乏适当的策略、制度及切实可行的产品或服务设计，这就使物流服务这一重要竞争手段成为空中楼阁、毫无实际意义，因而对连锁物流服务的概念进行清晰的界定就显得尤为重要。就广义的物流服务而言，任何能够提高客户满意程度的连锁企业的物流项目都属于连锁物流服务的范畴。因此，连锁物流服务是由从物流服务的宣传定位到服务流程本身的设计，以及员工行为、服务时的精神状态等一系列要素组成的，有些因素甚至是企业无法控制的。

关于连锁物流服务的狭义概念，不同的学派各自强调不同的侧重点。为了适应企业物流服务决策的需要，我们引用营销大师李维特（Theodore Levitt）的观点。他认为，每种产品或服务都由五个层次组成，即核心产品、一般产品、期望产品、附加产品和潜在产品。核心产品是客户真正所购买的基本服务或利益，对于物流活动来说，这一层次体现为货物在空间上的位移和保存。一般产品是核心利益的体现，即产品的基本形式，如利用运输搬运设施、仓库、站场等实现这一位移所需的具体活动。期望产品是购买者购买产品时通常希望和默认的一组属性和条件，如交货方便、较低的损失及适当的售后支援等。附加产品是添加客户并未期望的利益，它能把公司的提供物与竞争者的提供物区别开来，如物流技术、咨询服务、设备的安装调试服务、较高的安全系数保证等。第五个层次是潜在产品，即该产品最终可能实现的全部附加部分和新转换部分，潜在产品指出了附加产品在未来可能发生的演变。有关李维特的产品或服务的层次可用图 7-1 表示。

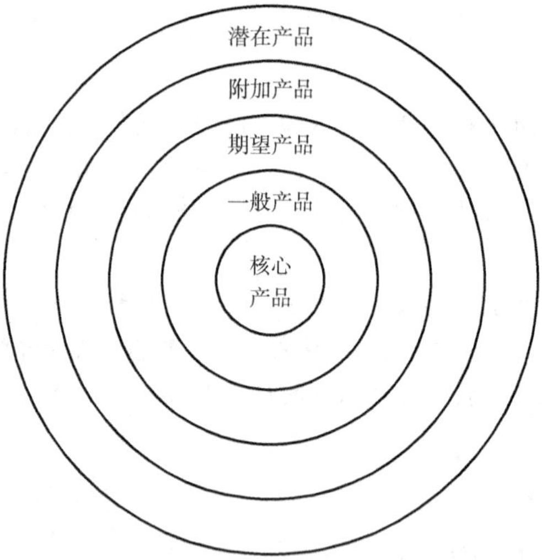

图 7-1　产品或服务的层次

将这种产品观念运用到连锁物流服务上，我们就可以清楚地界定连锁物流服务所应包括的内容。按照莱隆德（La Londe）和金斯哲（Zinszer）的定义，物流客户服务是一种过程，它以费用低廉的方式给供应链提供了巨大的增值利益。这一概念表明物流客户服务从属于附加产品的范畴，并不同于一般传统意义上的服务，而是强调它能够为所有供应链成员实现价值增值的一系列活动。这一概念下的物流客户服务包含了传统的客户服务活动，如处理投诉；也包括很多新服务，如提供对货物行程的追踪查询服务等。因此，这一定义涵盖了一切有关的连锁物流服务，同时，它也排除了与连锁物流服务无关的层面。例如，当连锁企业销售产品时，不缺货只属于客户期望的一般产品的一部分，是企业提供运输服务的核心部分之一，并不属于附加服务，因为任何缺货的发生都将使这项服务变得不完整；而没有延误并不能扩大客户因使用这一物流服务所获得的价值。消除客户的等候时间、简化交易手续则可以有效协助客户扩大自己的利益，提高客户的满意程度，因而属于连锁物流服务的范畴。

该定义的另一个好处是它特别指出连锁物流服务的一个重要特质，即它是一个移动的目标，一旦所有的企业都将交易手续简化到一定程度，它们原来的特色就不再属于连锁物流服务，而成为一般产品中的一部分。因而，试图以客户服务制胜的企业必须不断地开发新方法，使客户了解其价值。目前的企业竞争大多发生在产品的附加层次上。企业必须充分认识附加产品的重要性，利用附加产品提升企业竞争力。正如李维特所说："现代竞争并不在于各家公司在其工厂中生产什么，而在于它们能为其产品增加些什么内容——诸如包装、服务、广告、客户咨询、融资、送货、仓储及人们所重视的其他价值。"而这些恰恰是连锁物流服务所涵盖的内容，是企业树立长期竞争优势和克敌制胜的强有力武器。

7.1.2　连锁物流服务的特征

1．无形性

商品是一种具有某种具体特性和用途的物品，是由某种材料制成的，具有一定的重量、体积、颜色、形色和轮廓的实物。物流服务主要表现在活动形式上，不包含在任何耐久的对象或出售的物品之中，不能作为物而离开消费者并独立存在。在购买服务之前，顾客无法看见、听见、触摸、嗅闻物流服务；物流服务之后，顾客并未获得服务的物质所有权，而只是获得一种消费经历。

2．不可储存性

物流服务容易消失，不可储存。物流企业为顾客服务之后，服务就立即消失。因此，购买劣质服务的顾客通常无货可退，无法要求企业退款，而且企业也不可能像产品生产者那样将淡季生产的产品储存起来在旺季时出售，而必须保持足够的生产能力，以便随时为顾客服务。如果某个时期市场需求量低，物流企业的生产能力就无法得到充分利用；而在市场需求量超过生产能力时，物流企业就无法接待部分顾客，从而丧失一部分营业收入。尽管物流服务容易消失，但物流企业可反复利用其服务设施。因此，要保持持久的销售量，物流企业最好的方法就是维持现有的顾客量。

3．差异性

差异性是指物流服务的构成成分及质量水平经常变化，很难统一界定。物流企业提供的服务不可能完全相同，由于人类个性的存在，同一位第一线员工提供的服务也不可能始终如一。与产品生产相比较，物流企业往往不易制定和执行服务质量标准，不易保证服务质量，尽管物流企业可以在工作手册中明确规定员工在某种服务场合的行为标准，但管理人员却很难预料具有各种不同经历、性格特点和工作态度的员工在这一服务场合的实际行为方式，而且服务质量不仅与员工的服务态度和服务能力有关，也和顾客有关，同样的服务对一部分顾客来说是优质服务，对另一部分顾客来说却可能是劣质服务。

4．不可分离性

有形产品可以在生产和消费之间的一段时间内存在，并可作为产品在这段时间内流通。而物流服务却不同，它具有不可分离性的特征，即物流服务的生产过程与消费过程同时进行，也就是说，企业员工给顾客提供物流服务时，也正是顾客消费服务的时刻，两者在时间上不可分离。由于物流服务本身不是一个具体的物品，而是一系列的活动，或者说是过程，所以物流服务的过程也就是顾客对服务的消费过程。正因为物流服务的不可分离性，它不需要像产品那样经过分销渠道才能送到顾客手中，物流企业往往将生产与消费场所融为一体，顾客必须到服务场所才能接受服务，或者物流企业必须将服务送到顾客手中，这就决定了各个物流服务网点只能为某一地区的消费者服务。所以，物流网络的建设是物流企业管理人员必须做好的一项重要工作。

5．从属性

货主企业的物流需要是伴随着商流的发生而发生的，是以商流为基础的，所以物流服务必须从属于货主企业物流系统，表现在流通货物的种类、流通时间、流通方式、提货配送方式等都由货主选择决定，流通业只是按照货主的需求被动地提供物流服务。

6．移动性和分散性

物流服务以分布广泛、大多数时候不固定的客户为对象，所以具有移动性和面广、分散的特性，这会使产业局部的供需出现不平衡，也会给经营管理带来一定的难度。

7．较强的需求波动性

物流服务以数量多而又不固定的客户为对象，这些客户的需求在方式上和数量上是多变的，具有较强的波动性，这容易造成供需失衡，并成为经营上劳动效率低、费用高的重要原因。

8．可替代性

一般企业都可能具有自营运输、保管等自营物流的能力，使物流服务从供给方面来看具有替代性，这种自营物流的普遍性使物流经营者从量和质上调整物流服务的供给变得相当困难。

7.1.3 连锁物流服务的内容

物流服务的作用，一方面，指从供应商向顾客递送商品与服务的过程中提供“时间和场所效用”；另一方面，除非商品与服务已经递送到顾客或消费者手中，否则就没有实现商品与服务的价值。可得性是一个复杂的概念。从本质上讲，销售的功能就是实现商品或服务的可得性。可得性受物流服务所有因素的影响，这些因素包括递送频率、可靠性、库存水平、订货时间等，物流服务水平是由这些因素的综合作用决定的。连锁企业在制定顾客服务战略的过程中，常常会遇到诸如为哪些顾客服务、是向所有的顾客提供一样的服务还是针对不同的顾客提供不一样的服务之类的问题。为了回答这些问题，有必要先了解物流服务的内容。从物流服务的水平上讲，物流服务包括基本服务、增值服务和零缺陷服务。

1．基本服务

基本服务是指向所有顾客提供的最低服务水准。一旦接受了订货，连锁企业有义务按照基本服务的承诺向各个顾客服务。顾客服务包括可得性、作业绩效和可靠性三个方面的内容。大量的调查研究表明，这三方面的服务属性都很重要，然而，对于特定的服务而言，其重要性的程度或多或少取决于具体的服务情况。

（1）可得性。可得性是指当顾客需要存货时所拥有的库存能力。可得性意味着拥有存货，能始终如一地满足顾客对材料和产品的需求。存货分为两类：一类是取决于需求预测并用于支持基本可得性的基本设备；另一类是满足超过预测数的需求量并适应异常作业变化的安全储备。可得性可通过缺货频率、供应比率和订货完成率这三个物流绩效指标进行衡量。这三个衡量指标结合起来可以确定一个企业满足特定顾客对存货需求的能力，可以识别一个企业的存货战略满足顾客期望的程度。

1）缺货频率。缺货频率是指缺货将会发生的概率，用于衡量一种特定的产品需求超过其可得性的次数，表示一种产品可否按需要装运并交付给顾客。当需求超过产品存货时就会发生缺货。将全部产品发生缺货的所有次数汇总起来，就可以反映一个企业实现其基本服务承诺的状况。

2）供应比率。供应比率用来衡量企业缺货的程度或影响大小。

3）订货完成率。订货完成率是衡量拥有一个顾客所预定的全部存货时间的指标。

（2）作业绩效。作业绩效是处理从订货入库到交付的过程，可以通过速度、一致性、灵活性和故障与恢复等方面具体说明。

1）速度。速度是指从开始订货时起至货物装运实际抵达时止的这段时间。

2）一致性。一致性是指企业在众多的完成周期中按时递送的能力。不能把一致性直接理解为顾客额外需要的以防有可能发生递送延迟的安全储备，可得性与一旦需要就可以进行产品装运的存货能力有关，完成周期的速度与持续按时递送特定订货所必需的作业能力有关，而一致性则是指必须随时按照递送承诺加以履行的处理能力。由此可知，一致性的问题是物流作业最基本的问题。

3）灵活性。作业灵活性是指处理异常的顾客服务需求的能力。企业的物流能力直接关系到在始料不及的环境下如何妥善处理问题的能力。需要厂商灵活作业的典型事件有：修改基本服务安排，如一次性改变装运交付的地点；支持独特的销售和营销方案；新产品引入；产品逐步停产；供给中断；产品回收；特殊市场的定制或顾客的服务层次；在物流系统中履行产品的修订或定制，如定价、组合或包装。一般来说，企业的整体物流能力取决于在适当满足关键顾客需求时所拥有的“随机应变”的能力。

4）故障与恢复。故障是指可能发生的物流表现的失败，如产品损坏、分类不正确、货单证不精确等。当这类故障发生时，企业的表现可以从需要多少时间恢复进行考察。企业应制定一些有关预防或调整特殊情况的方案，防止故障发生；另外，还要有能力预测服务过程中可能发生的故障或服务中断，并备有适当的应急计划以完成恢复任务。

（3）可靠性。物流质量与物流服务的可靠性密切相关。物流活动中最基本的质量问题是如何实现已计划存货的可得性及作业完成能力。实现物流质量的关键是如何对物流活动进行测量。在顾客眼里，存货的可得性和作业绩效至关重要，然而，高水准的作业绩效只能通过严格地对物流活动的成败进行精确的衡量才能维持。对服务质量的衡量主要体现在衡量变量、衡量单位和衡量基础三个方面。

1）衡量变量。表 7-1 中列举了一系列典型的用于衡量物流服务的变量，并注明了这些变量是使用特定的时点进行衡量的还是用特定的时段进行衡量的。按时点进行衡量的变量通常是指静态变量，它对于评估物流系统当前的准备状况是很有用的。例如，观察所发生的延交订货数、缺货量等，就能较早地为潜在的顾客服务问题提出状态预警。按时段进行衡量的变量称为流动变量，它跨越某个时间来跟踪物流系统的表现，如一周、一月或一季等。

表 7-1 衡量变量

变 量	衡 量 期
销售量	时段
订货数	时段
回收数	时段
延交订货数	时段 / 时点
缺货量	时段 / 时点
已取消的订货数	时段
已取消的产品种类	时段
恢复延交订货数	时段
延交订货期限	时段 / 时点
装运短缺数	时段
货损索赔数	时段
畅通无阻的次数	时段

2）衡量单位。通常用于进行物流跟踪的衡量单位有箱、货币、单位、打、品种、破损箱、重量、加仑等。例如，既可以使用单位数，也可以使用销售金额或存货金额数综合报告缺货情况。

3）衡量基础。可供选择的各层次的衡量基础如总系统层次、订货层次、销售领域层次、顾客层次、产品组层次、厂牌层次等，它把整个物流系统归类成某种衡量基础，以期在大系统的规模上概括对顾客服务的表现。

2. 增值服务

增值服务是指在基本服务的基础上为特定顾客提供的额外服务。它是独特或特别的活动，建立在基本服务的基础之上，只有先满足了基本服务，增值服务才会被考虑。增值服务需要更多的成本，所以企业希望通过提高服务收费或获得更多的业务对其进行补偿。企业之所以愿意提供增值服务，是因为增值服务能够巩固业务。

增值服务具体体现在以下几个方面。

（1）增加便利性的服务。一切能够简化手续、简化操作的服务都是增值性服务。简化是对于消费者而言的，并不是指服务的内容简化了，而是指为了获得某种服务，以前需要消费者自己做的一些事情现在由商品或服务提供商以各种方式代替了，从而使消费者获得这种服务变得简单。在提供便利性服务时，企业应该做到推行“一条龙门到门”服务，如提供完备的操作或作业提示、免培训、免维护、省力化设计或安装、代办业务、一张面孔接待客户、24 小时营业、自动订货、自动传递信息和转账（利用 EOS、EDI、EFT）等。

（2）加快反应速度的服务。快速反应（QR）已成为物流发展的动力之一。传统的观点和做法将加快反应速度变成单纯对快速运输的一种要求，而现代物流观点认为有两条途径可以加快反应速度：① 提高运输基础设施和设备的效率，如修建高速公路、铁路提速、制定新的交通管理办法、提高汽车的行驶速度等。② 优化电子商务系统配送中心、物流中心的网络，重新设计适合电子商务的流通渠道，以此来减少物流环节，简化物流过程，提高物流系统的快速反应性能。其中的第二种途径是有重大推广价值的增值性物流服务方案。

（3）降低成本的服务。可以降低物流成本的方案包括：① 采用第三方物流服务商。② 企业间进行联合，采取物流共同化计划。③ 如果有一定的商务规模，可以通过采用合适的物流技术和设施设备，或推行物流管理技术（如运筹学中的管理技术、单品管理技术、条形码技术和信息技术等）来提高物流的效率和效益，降低物流成本。

（4）延伸服务。延伸服务是将供应链集成在一起的服务，它向上可以延伸到市场调查与预测、采购及订单处理，向下可以延伸到配送、物流咨询、物流方案的选择与规划、库存控制决策建议、货款回收与结算、教育与培训、物流系统设计与规划方案的制作等。这些延伸服务最具增值性，但也是最难提供的服务。能否提供此类服务现在已成为衡量一个物流企业是否真正具有竞争力的标准。

3．零缺陷服务

零缺陷服务又称完美订货，它是物流质量的最高标准，就是指从订货开始正确地做每件事，即从收到订单到交付货物的各个方面，连同开票，这期间没有出现任何差错。这意味着存货的可得性和作业绩效得到了完美的履行，每个环节都是严格按照对顾客的承诺进行的。

今天的物流领域之所以会出现零缺陷服务这一概念，是因为越来越多的企业都将物流作为企业的核心战略，以获得顾客的忠诚。连锁企业也不例外，它们投入各种资源，以实现高水准的服务能力，使竞争对手无法效仿。同时，这种情况驱使顾客的期望全面增加。

绝大多数行业都有明确的或暗示的、被普遍接受的服务水准，但是这个服务水准的要求在不断提高，实现的难度也在不断加大。美国 20 世纪 70 年代食品行业普遍接受的服务水准是 7～10 天交货，存货供应比率是 92%；今天这个水准已经上升至 3～5 天交货，供应比率是 95%。

如果顾客期望连锁企业以及时、无差错的方式提供 100%的存货可得性，那么这种服务就是零缺陷服务。在今天的技术条件下，零缺陷服务完全可以实现，但代价很大。所以，连锁企业不会向所有的顾客都提供这种服务，而把它作为一种服务战略。在实现零缺陷服务的过程中，最难解决的问题就是存货方面的支持。零缺陷服务一般要求很高的供应比率，这就要求很高的库存，以满足顾客订货需求和作业变化需要，所以要事先确定各种程序以便快速地适应各种服务需求。

需要注意的是，企业在提供完美订货服务时也与顾客进行协商、签订协议，并进行有效组织，共同完成零缺陷服务。在准备工作中，企业间需要进行良好的沟通，大量交换信息，以便保持对各种物流需求的深刻了解。

连锁企业一般把零缺陷服务的顾客确定为订货数量最大的顾客或首选顾客，承诺在预定的服务时间内对顾客订购的每种商品都给予精确的数量保证。为了兑现这种完美服务的承诺，连锁企业要实行各种意外事故保障措施，以便在主要供货地点缺货时能够获得所需要的存货来完成零缺陷服务。这些保障措施包括从次要的储备地点将存货转移出来、在整个网络内搜寻其他仓库设施中的储备商品，以及一旦上述应急措施就绪，立即利用溢价运输服务安排直接递送。在特殊情况下，连锁企业甚至“借用”早已出售给其他顾客的存货来满足新订货的需要，其目的是做到绝不延迟任何一次订货，以此表明完美服务对关键顾客来说是一种现实。当然，这种完美订货的战略目标就是要建立顾客对连锁企业的忠诚，封死顾客与竞争对手合作的机会。

履行零缺陷服务需要在管理上和作业上做出努力，并要耗费巨大的资金，另外还需要高水平的信息支持。这种卓越的服务要求连锁企业必须能够识别那些对零缺陷服务做出反应，且愿意提高购买忠诚度的关键顾客，这是一种长期的合作关系，要求彼此间以建立供应链联盟的观点看待这种优质服务。连锁企业一旦决定开展零缺陷服务，它就必须充分了解潜在的风险和行情下跌的可能性，因为零缺陷服务的承诺没有错误的余地。对顾客来说，只有当企业的承诺具体、可信，以及连续地实现时，这种物流绩效才能被解释为效率。

综上所述，连锁企业在形成服务战略时，首先要规定一个基本服务平台，其中包括服务的可得性、作业绩效、可靠性这几个基本方面的承诺，即企业至少要提供什么样的具体服务。这是对所有顾客而言的。随着企业的发展，不同顾客、不同商品给企业带来的利润是不同的。为了进一步提高服务水平，企业应该满足某些顾客提出的额外服务要求，这就是在基本服务之外的增值服务。增值服务的内容是针对具体顾客的，所以很难有固定的模式。当这种增值服务发展到极致，即100%满足顾客的要求时，零缺陷服务就产生了。零缺陷服务可以提高顾客的忠诚度，把竞争对手拒之门外。

7.1.4 连锁物流服务的管理

1．连锁物流服务的准则

（1）物流服务水准的确定不能从供给方出发，而应该充分考虑需求方的要求，即从产品导向向市场导向转变。市场导向性的物流服务根据经营部门的信息和竞争企业的服务水准相应制定，这样既可以避免过剩服务的出现，又能对服务及时控制。

（2）企业在决定物流服务要素和制定物流服务水准的过程中，需要注意服务的对象应该向一般消费群转化，确立面向零售业，特别是大型零售业、连锁店的服务系统和服务设施，开展符合零售要求的输送与库存服务（如多频度配送）。

（3）随着顾客业种和业态多样化的发展，顾客的需求不可能完全相同，因此应制定多物流服务组合，在决定物流服务时，根据顾客的不同类型采取相应的物流服务。按顾客类型所开展的物流服务如表7-2所示。

表 7-2　按顾客类型所开展的物流服务

顾客类型 \ 对本企业的贡献度		销售额大	销售额小
全国型企业	专业店	积极支援型策略	现状维持型策略
	综合店		
地域型企业	专业店	准积极支援型策略	受动型策略
	综合店		

（4）企业在决定物流服务要素和制定物流服务水准的同时，应当保证服务的差别化。要实现这一点，企业就必须具有对比性的物流服务观念，集中了解和收集竞争对手的物流服务信息。

（5）顾客服务的变化往往会产生新的物流服务需求，所以在物流服务管理中应当充分重视物流服务的发展方向和趋势。过去的物流服务主要是提供交货日期、库存、再进货、到货日期、脱销等情况和运输中的商品信息与追踪信息，为适应特约商店、零售商店简化业务手续的需要，提供传票样式的统一商品接收总计表等信息服务在今后的物流服务中将更为重要。

（6）物流服务不完全是企业独立的经营行为，它必须与整个社会系统相适应。企业需要认真考虑环保、节能、节约资源以致废弃物回收等问题，企业行为的各个方面都必须符合伦理和环境的要求。为减少交通混乱、道路拥挤等问题，企业应冲破互相竞争的壁垒，推进共同配送的发展。

（7）物流服务水准随着市场形势、竞争企业的状况、商品特性及季节的变化而变化，所以应在物流部门建立能把握市场环境变化的物流服务管理体制。

（8）作为物流服务的基础设施，物流中心的建立和完善对于保障高质量的物流服务是不可少的。

（9）要实现高质量的物流服务，还必须建立完善的信息系统。

（10）物流部门应定期对物流服务进行评估。检查销售部门或顾客是否有索赔行为，是否有误配、晚配、事故、破损等情况；通过征求顾客意见等办法了解服务水平是否达到标准；分析成本的合理化达到何种程度，是否有更合理的办法等。通过对物流服务的绩效进行不断评价来适应顾客需求的变化，及时制定出最佳的顾客服务组合，改善物流系统。

2. 连锁物流服务承诺的制定

从连锁企业的服务对象和自身拥有的能力出发，选取连锁企业的资产专用性和交易批量两个特征，对该企业的物流服务定位模式进行归类。企业的物流服务定位模式可分为综合型、功能型、区域型和网络型四种，如图 7-2 所示。资产专用性是指企业的耐久性投资，包括场地、网络专用性、人力资产专用性、物资资产专用性和专项资产专用性。资产专用性越高，改做他用就越困难。交易批量是指连锁企业与交易对象每次的交易量。交易批量的规模可简单地划分为小批量和人批量。

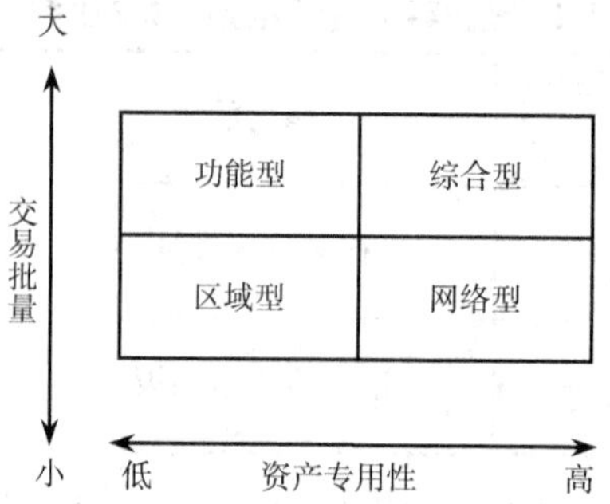

图 7-2　物流服务模式定位

（1）综合型企业的服务承诺——透明性原则。综合型企业是指资产专用性高、交易批量大的企业。综合型企业综合运用多种运输手段，利用跨区域、跨国际的网络设施，为客户提供多种增值服务。这类企业品牌知名度高，市场占有率也高。与这类企业接触时，物流服务需求方一般不会怀疑它们的物流处理能力，而更多地关心货物的在途情况，即什么时间货物到达什么地方。因此，综合型物流企业制定的服务承诺应遵守透明性原则，如可向顾客做出提供随时查询货物在途情况的承诺等。

（2）功能型企业的服务承诺——可靠性原则。功能型企业是指资产专用性低、交易批量大的企业。功能型企业是大量地为生产、零售企业提供物流服务的中小型企业，如我国传统的仓储、运输、货代企业。这类企业的设备相对适合为一些特定行业提供物流服务（如金属加工、建材等），而且服务范围窄、地域局限性较强、企业规模不大、员工素质要求不高、其他物流企业很容易介入相关领域、企业间竞争非常激烈。想在竞争中取胜，一部分企业会加大资产专用性的投资力度，不断改进企业的信息处理能力，以向工商企业提供个性化服务为手段，与工商业结成物流联盟来扩大市场份额，维持和提高企业竞争实力，企业逐步转型为第三方物流企业，如宝供物流、深九物流、精运物流等。这种新的服务形态需要企业具备高度的信息处理能力、健全的服务网络、集成的服务功能和较高的员工技能。服务品质低劣的企业很难在运营中协调好与第四方、第五方企业的关系，导致自身无法为生产、零售企业提供可靠的物流服务。因此，在第三方物流企业中，品质优良的企业制定服务承诺时应遵循可靠性原则，即承诺根据客户的订单要求，按照预定的提前期安全地将货物送达客户指定的地点。

（3）区域型企业的服务承诺——及时性原则。区域型企业是指资产专用性低、交易批量小的企业。区域型企业是电子商务发展过程中大量且快速兴起的中小型企业。与前面两类企业明显不同的是，这类企业的主要顾客是家庭或个人，以顾客的个性化商品为主要服务载体，也有的以企业办公用品、零配件、飞机票、火车票等为服务载体，因为这类服务是不分行业的，几乎所有的企业都可能需要计算机、复印纸、盒饭和文件传输。这类服务的共同特点表现在每次的交易批量都比较小，但交易对象比较广泛，所以物流服务往往以小型货车、狭窄的普通仓库和商业包装为主；服务的时效性较强，企业投资不大，进入壁垒较低。要在竞争中取胜，企业通常集中为特定顾客提供附加服务，因为只有通过拾遗补缺方能立足于市场。企业通常以局部市场为对象，在特定的区域提供特定的物流服务，这决定了企业服务以同城配送为主，而同城配送的顾客对服务的时效性要求较高，因此区域性企业在制定服务承诺时应遵循及时性原则。

（4）网络型企业的服务承诺——快捷性原则。网络型企业是指资产专用性高、交易批量小的企业。网络型企业有自己独立的遍布全国甚至全球的物流网络，有较长的发展历史，对货物能实行一站托运。这类企业与综合型、功能型企业的最大区别在于其物流服务载体主要以企业办公用品、文件、包裹为主，有的也面对家庭和个人；货物实体都较小，相对而言，物流系统中的运载工具、仓储设施、装卸搬运机器没有综合型企业的那么庞大，但信息处理能力较强、速度较快。企业从事国际包裹传输服务多以空运为主要运输手段，由于服务载体往往是企业急需运递的商品，网络型企业的服务承诺就应遵循快捷性原则，如 UPS 承诺的国际快件在 3 个工作日内送达，国内快件保证在第二天上午 8:30 送达。

3. 我国连锁企业开展物流服务的问题及对策

（1）存在的问题。

1）对物流服务的认识不够深刻。决策者往往缺乏战略眼光，把物流服务看做一种成本，认为物流服务是对顾客的贡献，没有看到隐藏在成本之后的巨大商机。

2）不了解顾客的需求，盲目开展物流服务。企业提供的物流服务事先没有与顾客达成共识，造成所提供的服务或超过或低于顾客的实际需求，引起不必要的物流成本开支或达不到预期效果。

3）物流服务中的部分顾客或商品没有起到物流服务的战略性作用。用同一水平的物流服务对待不同的顾客，或者在所有的商品上实现无差别物流，这样势必会挫伤一部分关键顾客的积极性，最终可能导致失去这部分关键顾客，从而削弱物流服务所带来的效果。

4）运输和保管技术还很不成熟。

5）信息传递缓慢，现代化程度不高。信息的滞后、失真不仅增加了物流成本，还降低了顾客满意度。

6）缺乏物流专业人才。我国目前的物流专业人才相当缺乏，这成为我国物流发展的瓶颈。

（2）主要对策。

1）提高企业全体员工的物流服务战略意识。首先，企业的决策者必须转变观念，大胆创新，开展物流服务；其次，通过企业教育，帮助员工树立物流服务观念，以形成共识；最后，制定物流服务标准和物流服务规章制度，合理规划设置物流部门，明确各部门的责权利。

2）从顾客实际需要出发开展物流服务。企业必须深入客户进行调查，收集有关顾客需求的信息，以便对计划、决策等做出调整。

3）按顾客或商品的重要性划分层次，开展有等级的物流服务。

4）加强运输和保管。

7.2 物流服务方式的选择

7.2.1 几种新兴的物流服务方式

对于我国绝大多数连锁企业来说，确定自己在物流体系中的定位尤为重要。物流在我国还不是一种成熟的产业，不同区域客户的条件又有很大不同，所以根据本地特色确定符合当地情况的物流产品是适应市场的首要条件。由于我国的连锁企业长期处于低层次的经营状态，系统组织能力很低，缺乏有效的全国网络，提供全国供应链的管理服务又有一定难度，所以，我国的连锁企业首先要解决的问题是如何融入全球物流体系之中，根据自己的条件开发不同层次的物流服务，最大限度地在物流产业中受益。根据我国物流服务创新的目标，有以下几种服务方式可以选择。

1．以提高服务附加值为目标的基础物流服务

运输、仓储、包装、分拨是物流的基本环节，也是物流产业的基本需求。目前，我国的运输、仓储、包装等产业基本上处于分散经营的状态，还没有得到系统化的整合，可塑性很强，而国外的物流公司一般在中国的基础设施很少。所以，我国的连锁企业应充分发挥区域优势和仓储优势，结合劳动力成本低的便利条件，大力开发以基本的流通服务和劳务附加值为主的基础物流服务，力求和国际接轨，实现物流环节的系统化和标准化，力争达到货物流通的低成本。企业一方面可以为客户直接提供服务，另一方面，立足于国际物流经营者的分包商，为提供全方位的物流打下基础。这是一种资产和劳务性质的经营。

2．以培育新的客户群为目标的个性化物流服务

客户对运输和物流的需求是具有多样性的，特别是中小型客户，其自身的商务功能有限，需求更具有特殊性，这是一个巨大的潜在的客户群。为这些客户提供包括运输、仓储、商务附加服务在内的“量体裁衣”式的灵活物流服务，不但可以有效地支撑物流主业，更可以增加附加收入。

3．以实现产业更新为目标的第三方物流服务——系统物流服务

第三方物流是处于客户和实际物流承担者之间的物流服务。它为生产商提供物流设计、控制和供应链管理，处于物流服务体系的最高层。这种服务完全不同于货代和承运人提供的劳务和基础设施的服务，而是采取虚拟经营的方式，销售专业的物流决策和管理技能，主要职能是总体成本控制和对供应链实施动态监控，代表了物流需求最本质的思想。当我国连锁企业实现这一物流服务时，它实际上已经完成了服务的升级，可以说达到了物流服务的最高境界。需要指出的是，目前国内绝大多数连锁企业都采用第三方物流服务，这就需要物流商拥有全球性网络和专业的物流管理经验，使销售链的管理更加具有实际意义。

4．网络物流

近年来，网络逐渐渗透到社会生活的方方面面，电子商务的发展与日俱增。信息流贯穿于商务活动的始终，引导着商务活动的发展。在紧密联系的网络系统中，每个节点回答上游节点的询问，并向下游节点发出业务请求，系统根据上下游节点的请求和反馈提前安排货物输送过程。在网络物流中，系统不以单个节点为中心，其功能被分散到多个节点处理，各节点间交叉联系，形成网状结构。大规模联合作业降低了系统的整体运行成本，提高了工作效率，也降低了系统对单个节点的依赖性，系统的抗风险能力明显增强。

7.2.2　连锁企业现代物流经营方式

1．连锁企业服务过程的物流经营方式

连锁企业服务过程的物流经营方式包括自我物流服务方式、协作物流服务方式和第三方物流服务方式。

（1）自我物流服务方式。它是指利用已有的物流资源，通过采用先进的物流管理系统和物流技术，不断优化物流运作过程，为生产经营过程提供高效优质服务的基本方式。

（2）协作物流服务方式。它是指在已有的物流资源难以满足生产经营活动需要时，与供应商、其他企业及相关消费者联合起来，为有效解决物流资源问题而开展的物流协作的基本方式，并通过资源互补和合理运作实现企业物流经营过程的顺利进行。

（3）第三方物流服务方式。它是指将经营活动所需的物流服务外包给第三方物流企业完成的基本方式。按照物流供应链的理论，企业将不具备供应能力的物资服务需求交给专门的物流企业，集中经营资源，培养和形成企业核心竞争力。

2．连锁企业管理过程的物流经营方式

连锁企业管理过程的物流经营方式包括功能物流经营方式和集成物流经营方式。

（1）功能物流经营方式。它是指构造适应生产经营过程需要的物流体系，对企业物流经营活动中的各功能、各环节进行分析，采用多种形式在市场范围内进行物流资源配置，以建立一个功能健全、环节配套的物流运作系统的基本方式。这种方式一般注重物流运作中各种基本功能要素的管理，强调物流经营过程中的物流功能系统优化和高效运作。

（2）集成物流经营方式。它是指将企业各种物流资源、各种物流活动及各种相互关系用供应链方法方式集成起来，形成统一、高效的物流运作体系的基本方式。

3．连锁物流经营方式和代理物流经营方式

（1）连锁物流经营方式。它是指为了更好地发挥物流服务的优势，采取连锁形式开展物流经营活动的基本方式。这种方式需要注意连锁经营的地域范围、经营实力、服务水平及连锁经营的规模效益等。

（2）代理物流经营方式。它是指为各种新兴商务活动提供代理而开展的物流经营方式。这

种方式一般应注意根据实际情况合理决定物流经营项目和市场范围，同时注意选择合理的代理方式并兼顾委托方的利益。

7.2.3 连锁企业选择服务方式时应考虑的因素

1. 连锁企业应选择适宜的物流服务领域

选择适宜的服务领域是指重新进行本企业物流服务的市场定位。一方面是由于物流是跨边界的功能和组织活动，另一方面是因为不同货品有不同的服务技术要求，还有一个原因就是客户的需求千差万别。无论如何，仓储和运输是最基本的物流服务活动。仓储和运输的不同形式的整合可以产生配送中心和分拨中心。电子商务的商业环境更为企业供应链的组织提供了技术手段，因此网上物流服务市场（相当于网上物流服务交易所）应运而生。比如，西尔斯–罗巴克公司和家乐福联合创建了一个拥有 50 000 个供应商参与的总价值达 800 亿美元的网上采购市场。在对本企业物流服务重新进行市场定位的时候，连锁企业必须充分认识以下三点：一是现有服务资源通过不同形式的重新配置后，其价值实现可能完全不同；二是同样的服务资源在不同的人手中其价值实现也可能完全不同；三是资源的重新配置必须支付相应的成本。

2. 连锁企业应制定适宜的物流服务战略

确定物流服务领域以后，企业必须制定相应的物流服务战略作为企业运营的纲领性文件。迈克尔·波特教授在他的著作《竞争战略》一书中曾归纳出几种基本的企业竞争战略类型，即成本领先战略、别具一格战略和集中一点战略。这对连锁企业同样具有现实的指导意义。

如果企业选择的是成本领先战略，它的物流服务战略的基本定位应当是向客户提供标准化的服务，包括物流服务品种的相对稳定、服务水平的客户认同及服务程序的简洁规范等。

如果企业选择的是别具一格战略，那就意味着企业选择了创新服务作为企业的发展动力，所以它的物流服务战略的基本定位应当是对不同的客户实行差别化服务，包括服务品种的不断创新、服务手段的不断创新、服务水平的不断创新，以及为满足客户的特殊需求而向顾客提供的量身定制服务。

如果企业选择的是集中一点战略，那就意味着企业选择了专业化服务。这时，它的物流服务基本定位战略应当是为特定的顾客提供专门的服务。

相对而言，在物流服务领域有效地实施差别化服务战略的难度较大。

以京东为例，目前在北京、上海、广州、武汉、成都、沈阳六大城市，京东推出极速达服务，承诺白天货物会在 3 小时内送达。如果没有送到，那么不收快递费。从用户下订单到收货，京东给这些“极速达”的订单开“绿灯”，可以插队拣货、专人包装，最后也不需要拨送到各个拨运中心，而是全部统一装车，单独发送。而享受极速达服务的客户，无论订单金额是多少，都需要支付 49 元的快递费。同时，针对不同的客户需求，京东还提供 211 限时达、次日达、夜间配送、预约配送四种快递服务。

7.3 订货处理

订货处理有几个定义，这几个定义之间唯一的不同之处就是它们在应用时的精确程度。一般来说，订货处理是指一个企业处理未来订单的行为。详细地说，订货处理是一个企业从接受订单到通知仓库运送货物并交付订货这段时间内所发生的所有活动。

订货处理与销售预测之间也存在一种联系。一个企业不能简单地用坐等订单的方式了解所"发生的事情"。预测由销售和必要的存货所组成，企业可以以令人满意的方式完成订货。

从卖方的角度看，订货周期指从接受顾客订货到货物送达顾客提货地点的时间。从买方角度出发，订货周期指的是从订货发出到收到货物的时间。这个时间越短，订货周期的连续性越长，顾客所需要的存货也就越少。几乎所有接触过商业订单处理的人均认为订货周期变得越来越短，接收订单后的处理速度更快，这种处理是在计算机系统的帮助下实现的，并由严格按照规定进度执行的承运人来送货。在整个过程中，顾客也有能力追踪订货，这就是说，顾客可以决定订货现状和地理分布。

绝大多数企业从订货计划、订单传送、订单加工、订货提取和装配、订货交付五个阶段来分析订货处理的顾客服务标准。

7.3.1 订货计划

为了平衡工作量，一些企业提出订货计划，使订货分配更加均衡。高效的订货处理系统所要解决的一个最大的问题是订货扎堆（或者过于集中，或者过于分散）。订货扎堆出现在当较大比例的顾客几乎同时订货的时候。这种订货系统的超负荷工作导致订货处理的延误，当然其结果是整个订货周期拉长，而企业的顾客服务时间缩短。解决订货扎堆问题的关键是对顾客订货进行一定的控制。如果顾客的订货进度受到影响，企业可以对此进行平衡，使订货处理工作量的峰谷降到最低。

通常使用三种技巧来控制顾客的订货模式。第一，利用销售部或其他部门、销售人员上门取回订单。许多顾客对直接从销售人员那里订货感到放心，因为销售人员对生产线颇为了解。因此，当顾客得知一个企业的销售代表会在每周的星期一到来时，他们通常与这个销售代表进行订货。第二，采用电话销售人员（或内部的销售人员）订货。一个企业的代表在每个月规定的一次或多次时间里与消费者通过电话联系，获取订单。这种方式简单易行，因此颇有吸引力。第三，在特定时间内获取订单。例如，在每个星期四上午对消费者的订货提供大幅度的折扣。绝大多数化妆品连锁企业，其销售代表采用这种方式进行上门推销。每个代表每隔两星期在一个规定的时间里提交订单。通过选定每周的订单提交时间，企业可以平衡各个销售代表的工作量，将这些订货合并成一定规模的运货量，以最为合理的花费提供最大可能的服务。

7.3.2 订单传送

订单传送指的是从顾客订货或发送订单到销售方获得订单这一时段内所进行的所有业务活动。近年来，订货周期中的这个方面备受重视。其原因有两个：第一，订货运送时间过于冗长；第二，邮递中出现了一些不可预知的变数，为准时、连续性地提供订单服务带来了难度（买方设想在订货邮出后卖方几乎可以同时收到订货）。

为了矫正订单传送中出现的这些缺陷，许多公司安排销售人员和顾客通过电话或其他的电子方式直接订货。近年来，采用电话订货，特别是采用对方付费的 800 电话号码的数量增长迅猛。接收订单的一些企业具有一个称为 ID 项目的电话接收机，专门接听电话，使订单接收者可以获得来自同一电话号码的其他订单信息记录。此外，其他的发展还包括传真机和 EDI。例如，沃尔玛给全球各门店提供 EDI 软件，还提供培训和其他的技术资助。沃尔玛还计划为此花费 500 万美元，并预期在 3 年内收回投资。电台也被用来传送订单。在一些城市，可口可乐公司经销商通过销售人员使零售商获得订单，然后通过手提无线电装置进行无线电波发送。

正在被日益广泛使用的另一种订单传送方式是扫描仪和条形码系统。药品连锁企业多采用这一方式。企业为每个零售客户提供电子订单机，这个机器比手提计算机略微大一些。例如，这个商店的雇员在一个固定的时间到商店进行巡视，并注意到哪些产品的库存量较低，然后他通过一个与订单机直接相连的铅笔式扫描仪扫过一个货架上所标的标签，当所有较低存货量的产品都被扫描后，雇员拨打供货商电话进行订货，并将电话接通到可传输订货机信息的一个仪器中。订货会在第二天被送到药店。

一些大型的连锁店具有与销售点登记处相连的订货系统。对于一些产品，每个零售商需要确定一个更换的计划。更多的情况是，整个运营过程就是保持销售，当销售量达到一个特定的水平或特定的量时，就需要传送新的订货。

7.3.3 订单加工

订单加工基本上包括以下几项活动：① 核实订单信息以求更加完整和准确。② 信用部门进行信用审核检查。③ 订单“进入”系统，可以算是登记过了，这个过程称为订单登记。④ 营销部门将其计入销售人员的销售额中。⑤ 会计部门登记交易量。⑥ 存货部门对顾客安排最近的仓库，并通知顾客提货，加强企业总的存货管理。⑦ 运输部门负责安排出运仓库的货物运输。

收到的订单可以分为新客户和老客户两个类别。EDI 系统与已有的买主相连，不再使用适用于新客户的常规步骤。订单的分类功能可以依据顾客的特殊需求进行订单分类。一些人可能需要 100%的订货；一些人也许只需要整车装运量；另一些人也许只需要海关标签或条形码。另外，也有一些急用的订货，如维修配件。

出货时，预先装运通知单通过 EDI 发给收货人。收货人将这些货物作为未来的存货而不是订货，并且必须在准备最后的账单之前确定运输费，这样可以将其计入装货清单中。最后一个程序是，装货清单通过信函或 EDI 方式发给顾客。

几乎所有的大型连锁企业都采用计算机化的订货处理系统。无论订货表是打印形式还是计算机格式的，它都必须经过设计，从而推动顾客和卖主对计算机的使用。顾客的账单也越来越多地通过计算机网络进行处理。

还有一种情况是每个企业必须应付的缺货问题。在大多数情况下，最好的做法就是尽快将缺货情况通知客户。如果卖方具有计算机化的存货系统，可以让客户通过 EDI、电话、传真和信函进行订货，那就可以立刻通知顾客。无论如何，在订货装运时应该通知顾客，并让顾客在现有存货中的相类似的产品中进行挑选。

7.3.4　订货提取和装配

订货管理的下一个步骤就是订货提取和装配。要完成这一步的工作，首先要拟订一份单据，通知特定的仓库按客户提交的订单装配。一份真正的订货提取清单会说明所需装配的货物，并直接送给仓库职员。订货提取和装配功能包括从仓库提取订货、装运货物到所有的货物被装载到外运卡车上这段时间内的所有运作过程。

由计算机安排订货提取已成为一种趋势。E. J. 布雷切公司是一家糖果制造商，它对采用计算机进行提货做了进一步的改进。每个提货者持有一台笔记本电脑，其作用相当于一个提货终端，由它告诉提货者提取什么、提取多少及产品所在位置。当某个产品被提取后，提货者就按下完成键，仓库的计算机就会对提货者显示下一个终端的工作。无纸仓库一词用来描述仓库的运作过程，其中计算机代替了书面单据。

订货被提取后，核实组核实订货以确保订货是否被准确地提取。如果一个特殊商品缺货，这一信息会被传回到订货处理部，原始单据就可以加以调整。每个出库订单中包括一份包装清单，说明了提取的货物和装运订货人姓名。收货人按照订货收据核对包装清单，核实所有的货品是否齐全。

7.3.5　订货交付

订货周期的最后阶段就是订货交付。订货交付是指承运人从提取货物到货物送达客户接货地点的时间。它是顾客服务的一个组成部分。

承运人制定了其自身的服务指标，采用这些标准的托运人将承运人估计的交货时间与订货周期的整个估算时间结合起来。订货交付有各种不同的途径。在一些情况下，承运人确保交货进度。如果交货晚于规定的时间，承运人将付给托运人一定的赔偿金。

7.3.6　订货周期的重要性

当订货周期的五个阶段——订货计划、订单传送、订单加工、订货提取和装配、订货交付经过周密运转和灵活协调后，企业就会获得很大的收获。企业可以利用订货周期作为一个潜在的营销和销售工具。

高效率的订货周期是极有价值的内部工具。企业内部的交易中常常会出现许多相同的步骤，一些步骤可以被取消或修改。企业内部的流通也可以在一个非常高的服务水平上得以实现。正如雅芳公司的运输部主管所说："雅芳的策略是销售代表处最多有 7 天的订货周转量，这就是说，星期一递交给雅芳的订单必须在第二天早晨之前交货，而且每次保持在一周的同一天。这一制度允许的订货交付时间为 5 天，其中 1 天用于雅芳分支部门的订单处理，另外的 1～4 天将订货送达销售代表处，送货时间取决于销售代表处的距离。我们的整个营销计划是以服务为导向的，最低的、可接受的准时交货率是 99%。"

7.4 连锁物流服务质量

7.4.1 顾客服务

顾客服务包括完成订货、让顾客满意或使顾客觉得该机构容易打交道所进行的一系列活动。这是一种极好的竞争武器，比价格竞争具有更多特殊的优势。如果一个企业降低销售价格，其竞争者很快就可以相应地降低价格，这样首先降价的企业也就丧失了最初的竞争优势。但顾客服务质量的提高需要花费较长的时间才能实现，而且竞争对手很难模仿。顾客服务内容体现在三个阶段，即一些发生在交易开始之前，一些是交易的一部分，还有一些需要在交易完成之后才会最终实现。

1. 供应链理念

我们可以从两个方面将顾客服务看做一项综合性经营。第一，企业内不同的职能部门必须协调工作才能让顾客感到满意。第二，在一段时期内建立特殊的供应商-用户关系有助于综合物流渠道中的各种关系。顾客服务是以成本效益方式为供应链提供巨大的增值利益的过程。从这个意义上说，增值意味着提供更多的服务，使一家公司的产品和服务优于其竞争对手。例如，纸箱中的条形码标签使物流链上所有各方都可以很容易地处理和清点纸箱；按照用户所希望装货或卸货时的相同次序放置纸箱（或货板、卡车）；具有一个能进入的订货现况系统，使物流链上的所有各方都可以获得迅速、精确的订货现况和订货区位的分布信息。

供应链理念就是加强卖主与顾客之间的关系。供应商需要在新的战略资源世界中改变方式，以使自己成为更受欢迎的卖主。这一点在家乐福、沃尔玛、百安居等国际巨头企业上体现得尤为明显。在消费业中，一家以美国为基地的供应商向亚洲制造业市场发展时，海外基地的供应链一体化要求该供应商从美国的主要物流配送地划出大笔的资金投入国外的配送业务中。这些业务带来了产品的定制化，缩短了交货间隔时间，使该供应商更容易地与顾客采购、技术和物流人员进行交流，这是基于人际关系的商业文化的关键所在。供应商也可以努力将这些互补的能力引入关系中，通过提供与物流信息系统相关的、大量的前沿研究所获得的技术信息和建议来实现它。

例如，按销售额百分比来计算，成品运输所占的比重为 4.96%、仓储为 2.29%、顾客服务及订货管理为 0.4%、配送管理为 0.34%、仓库保管费用为 1.68%，占总和的 9.67%。

2．确定明确的物流目标

在确定顾客服务标准时，一些公司的总体战略与目标是有区别的。战略一般是广泛的，是对企业要实现的总体结果做的一般性的陈述。目标指的是实现战略的手段，具有明确的最低要求。通常情况下，一个公司首先确定实现最低目标所需的要求，然后努力去改进它。

联想公司在前段时期内所执行的公司战略和目标之间的区别是：其基本的战略是在所选的机会市场范围内提供与主要竞争者等同或高于它们的服务水平，而在其他市场区域，对不需要进行有形制度上的改变的部分略做改进。第二个战略（支持第一个战略）指任何时候应该具有足够的库存来及时满足客户需求，在确定的目标和客户所提出的具体日期内提供可靠的装运与送货服务。对任何与规定不符的部分要及时通知顾客。

目标比战略更加具体，如目标是装运的出错率从 3‰下降到 2‰。目标必须是具体的、可度量的、可实现的，并与企业的总体战略相一致。许多措施都可以用来实现特定的目标，下面几个方面应该引起足够的重视：① 从顾客递交订单到顾客获得订货的期限。② 顾客订货可以直接从库存中完成的百分比。③ 收到订货单据到订货装载运往客户的时间。④ 正确提取和送达顾客订货的百分比。管理人员和其他工作人员的奖金应与这些目标的实现紧密挂钩。

7.4.2　物流服务的质量和控制

1．物流服务质量的定义

基于顾客价值的物流服务质量研究是近年来国内外研究的热点。顾客价值就是顾客对服务的期望值与顾客实际感受的服务之间的对比，体现在为顾客带来的收益。当实际服务感受超过期望值时，服务质量被认为是高的；当实际服务感受没有达到期望值，但两者处于协调状态时，服务质量被顾客认为是基本满意的。因此，物流服务质量体现感知价值，是服务期望值与服务实际感受的对比关系。顾客感知服务质量如图 7-3 所示。

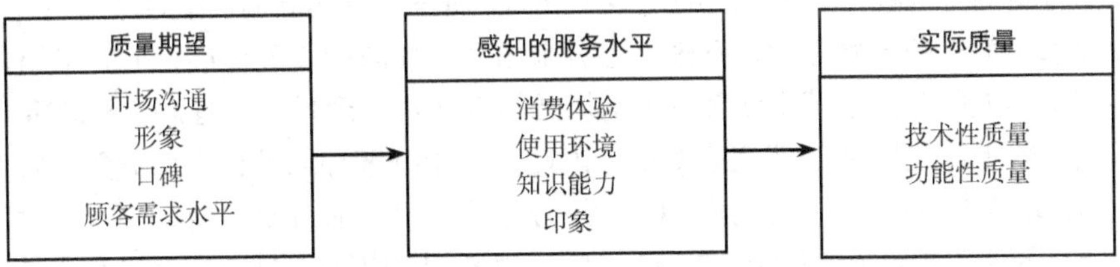

图 7-3　顾客感知服务质量

物流服务质量是顾客感知的对象。物流服务质量发生在物流服务产生和交易的过程中，物流服务质量的提高需要内部形成有效管理和支持系统。一般而言，物流服务质量的衡量标准是时间、成本、数量和质量。

2．物流服务质量的特征

（1）物流服务质量表现主观性。物流服务质量与有形产品的质量存在很大的差异。有形产品的质量可采用许多客观的标准加以度量，但物流服务质量却并非如此，不同的顾客能对同一种物流服务质量产生不同的感知。服务过程中的可靠性常常被视为一个非常重要的服务质量维度。

（2）物流服务质量体现互动性。物流服务质量是在服务提供者与客户互动的过程中形成的，如果没有顾客的紧密配合与响应，或者顾客无法清晰地表达服务要求，那么，服务过程将会失败，服务质量可能降低。

（3）物流服务质量反映过程性。物流服务质量是一种互动质量，所以服务过程在物流服务质量形成过程中起着非常重要的作用。过程质量是物流服务质量的极其重要的组成部分。当然，这种观点并不意味着结果质量不重要，服务结果是顾客购买服务的根本目的所在。如果没有服务结果，或者服务结果很差，那么再好的服务过程也无法弥补。同样，即使服务结果很好，但服务传递过程很糟，最后形成的顾客感知服务质量也可能是低下的。忽视结果或忽视过程在整个物流服务质量管理中都是错误的。

3．基于顾客价值的物流服务标准

（1）物流服务标准的内涵。物流服务标准是物流服务质量标准的简称，是指物流服务提供商用以指导和管理服务行为的规范。物流服务提供商通过服务调研了解顾客的期望或要求后，就需要将这些有价值的信息转变为服务标准，以便按顾客的期望设计和管理自身的服务行为，使服务业绩达到顾客满意的程度。

目前，大多数物流服务提供商都制定了自己的服务标准。然而，许多物流提供商的服务标准并非来自对顾客的期望的理解，而来自内部的期望，是根据运营需要制定的服务标准。这样的服务标准与顾客的期望之间存在差距。缩小这种差距的途径是从顾客期望出发制定服务标准，即制定基于顾客价值的服务标准。物流服务质量差距如图 7-4 所示。

美国著名营销学家科特勒认为，公司导向的服务标准是从服务生产者的利益出发和满足生产者需要而制定的服务标准，它体现的是生产导向，而不是营销导向。作为以满足顾客需要（包括期望或要求）为目的的服务营销管理，不宜采用公司导向的服务标准，适宜采用顾客价值的服务标准。这一方面是由于基于顾客价值的服务标准体现了现代营销理念：按顾客导向标准提供的服务能更好地满足顾客的期望或要求。因此，采用顾客导向的标准服务能给服务组织带来更多的顾客，增强服务组织的营销竞争力。另一方面是由于在制定顾客导向标准的过程中，服务组织按照顾客的期望或要求衡量现有的服务过程，可以从中剔除那些对顾客没有多大价值的服务活动，降低那些过于超出顾客要求的服务标准，这样可以节约机构的服务成本。因此，采用顾客价值的服务标准还能给服务组织带来经济价值。

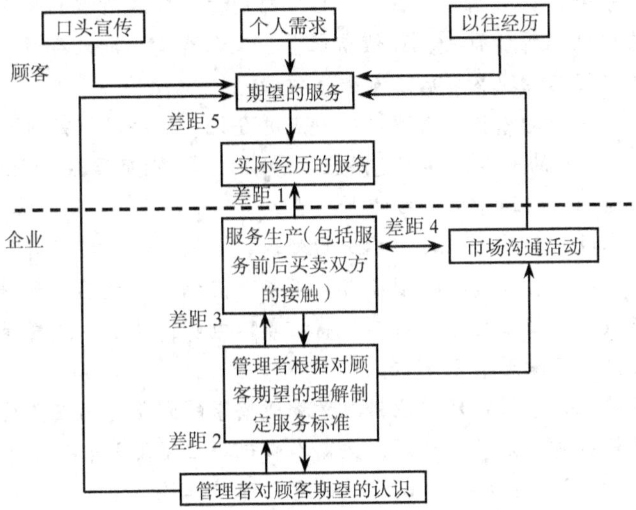

图 7-4　物流服务质量差距分析模型

（2）物流服务标准化。物流服务标准化又称物流标准化，其主要内容包括有形的标准和无形的标准。物流系统的各类固定设施、移动设备、专用工具的技术标准属于有形的标准；物流过程各个环节内部及其之间的工作标准，物流系统各类技术标准之间、技术标准与工作标准之间的配合要求，以及物流系统和其他相关系统的配合要求等，都属于无形的标准。

物流标准化是指以物流系统为对象，围绕运输、储存、装卸、包装及物流信息等物流活动，制定、发布、实施有关工作方面的标准，并按照技术标准和工作标准的配合性要求统一整个物流系统的过程。

随着现代物流业的发展，物流标准化的重要性也逐步凸显出来。现代物流所必需的社会化的分工与协作使合作的接口变得十分重要，只有合乎一定标准的东西才能互相实现无缝衔接。特别是在当今的“地球村”时代，全球商业有了新的发展趋势，现代物流表现出物流、信息流、资金流的统一，物流的社会化、共同化趋势进一步加强，以及物流设施、商品包装逐步走向标准化等新特点。因此，物流服务的质量要想获得本质上的改善，就离不开物流标准化。同时，随着物流社会化程度的不断提高，连锁业态作为一种复合产业要发展为社会化的产业集群，也需要一定的物流实施标准给予保证。因此，国际商业体系比较发达的国家基本上都拥有较为完善的物流标准体系。

肯德基的供应流程是：各餐厅将订货需求报分公司配送中心，后者处理后给供应商下订单，供应商送货至配送中心，配送中心根据线路将货送达各餐厅。

各门店订货经理采用定期补齐式订货，原料分为冻货、干货、湿货（保质期短的面包、蔬菜等），每周订货次数分别是 1 次、1 次、2～4 次，订货量是需求量减去存货量所得的差。需求量是进货周期、订货提前期与安全库存之和。订货经理在综合考虑历史销售数据和天气或推广活动等因素后计算出一个订货周期的营业额，再根据用量换算成所需的原料数量。需求计划以表格形式出现，表格中包括所订原料、预估需求量、未到货量、期末存量、订货量、进货量分配等详细数据，该表格经店经理签名后发至配送中心。

每日下班前，员工对规定原料的库存进行盘点并登记。这个数据是进行订货量计算时不可缺少的，它也可以用于当日的成本核算。受供应方影响的到货时间取决于订单传输和处理时间、供应商对订单的响应时间、配送中心的效率等。

分公司的配送中心收到各餐厅的订单后进行处理，如果发现某餐厅订货数量异常波动，则与该餐厅沟通并确认，接收餐厅订单必须在当天下午 3 点结束。之后，配送中心的订货人员查看现有库存和未出货数据以修正订单，第二天将订单以电邮或传真形式发至供应商，供应商根据数量和日期安排生产和运输至配送中心。

配送中心根据各餐厅订单所指示的原料数量和所要求的到货时间在系统中生成拣货单和出货汇总表，拣货员根据拣货单拣货、包装；运输人员根据出货汇总表安排配送计划，包括运力审批、车辆选择、送货路线和交接。配送车队的考核通过车辆载重利用率、油耗和货物准点率与安全率等指标来进行。

7.5 连锁企业物流系统控制

7.5.1 提高员工生产率

劳动力非常昂贵，劳动力的有效利用是企业赢利必不可少的因素。在物流中，使用劳动力最为频繁的两种活动是仓储和运输。仓储和运输涉及对资本设备进行巨额投资，所以使用雇员和设备必须以最低的成本获得一定的生产量。

事先安排工作进度通常可以使劳动力得到更为有效的利用。在一个仓库中，估算从事某一工作的时间（如打开货车门、对方货盘或提取一箱外运货物），并且采用精确到秒的时间计算单位。仓库中托盘装载位置或离开地面的高度是不同的，提取外运箱子的时间也是不同的，这主要取决于货物在仓库中的位置与重量。我们可以通过计算机程序使提货者所需的提货时间最小化。

每个员工都为一个目标或任务而工作，以此来实现自身的目标或让监管者感到满意。因此，提高员工生产率需要一套完备的衡量和评价体系。否则，员工将不能实现管理者能够接受的生产水平。

7.5.2 产品召回

产品召回制度是指产品的生产商、进口商或经销商得知其生产、进口或经销的产品可能危害消费者的健康或安全时，依法向政府部门报告，及时通知消费者，并从市场和消费者手中收回有问题产品，采取更换、赔偿等积极有效的补救措施，消除缺陷产品的危害风险。它最早出现在 1960 年的美国汽车行业。作为一种国际通行的做法，在产品召回制度成熟的国家，产品召回的程序、监督和赔款等都有明确规定。目前，许多优秀的食品企业也建立了自己的产品召回制度。

当一种制成品进入流通渠道并被发现具有危害性或缺陷时，就会出现产品召回。产品召回的程序如下所述。

1．明确召回的等级

根据危害程度的等级将召回划分为三种类型。

一级召回：召回产品存在的危险或缺陷在可预知的情况下能够导致使用者的严重健康问题或死亡。

二级召回：召回的产品存在的危险或缺陷可能导致使用者临时的健康问题。

三级召回：召回的产品本身不可能引起使用者的不良健康反应，只是违反了本国或进口国相关的政策法规。

2．明确召回产品处理要求

对于一级召回产品，公司必须确保每个存在危险或缺陷的产品均被召回并做报废处理；对于二级召回产品，公司必须确保存在危险或缺陷的产品均被召回且都已修复或处理；对于三级召回产品，公司必须确保产品没有继续在市场上被销售和使用。

3．召回产品并分析原因

（1）一级或二级召回。

1）应立即与该产品的经销商或购买商联系，告之该产品存在的缺陷和危险、本公司实施召回的决定和将采取的召回计划，以及此次召回行动小组简介和负责人姓名，获取对方的支持。

2）要求分销商通过批号或订单号、生产日期和入库日期等信息立即查询该批产品的剩余库存数量和已经订出但未被使用或未使用完的数量。

3）要求分销商立即回收已经卖给顾客而未被使用或未使用完的产品，如不能确定顾客去向，应尽量利用报纸、网络等媒体方式发布召回消息，并详细说明要召回商品的品牌、名称、用途名称、销售地点、批号和生产日期等信息，务必收回每个产品（确定已被使用有空包装或确定已被丢弃也可以理解为被召回），并将其和剩余库存一起封存，等待召回。

4）在实施召回行动的期间，要派遣专员开设专线以解答使用者的疑问和指导补救措施，必要时要取得当地政府的支持。

5）产品召回后，要分析原因，制定可行的预防和纠正措施；措施获得批准后，要向公司内部全体人员和顾客通报；对所有召回的产品要妥善做好报废或修复处理；要重点分析公司内部相同或相近配方的产品，研究其是否存在相同的缺陷或危害，并做出适当的处理措施。

（2）三级召回。

1）应立即与该产品的购买销售点联系，告之该产品违反有关规定、本公司实施召回的决定和将采取的召回计划，以及此次召回行动小组简介和负责人姓名，获取对方的支持。

2）要求零售商通过批号或订单号、生产日期和入库日期等信息立即查询该批产品的剩余库存数量及已分发且正在使用和未使用完的该批产品批量，并立即回收，和剩余库存一起封存，等待集中回收。

3）产品召回后采取适当的修复措施，重新检验合格后才可以重新投放市场。

4）产品召回后，要分析原因，制定可行的预防和纠正措施；措施获得批准后，要向公司内部全体人员和顾客通报。

4．定期进行召回实验

在没有出现召回需要时，每年应进行一次类似的召回实验，并填《产品召回记录表》。

5．确定产品召回紧急联络人员名单

这项工作有利于产品召回时快速行动，提高产品召回工作的效率，减少对消费者造成伤害的机会。

7.5.3 控制退货

1．控制退货的作用

现阶段，我国的零售企业已全面对外开放，国内零售企业面临着更大的竞争和挑战。对于零售企业来说，拥有一个高效的配货系统就等于在激烈的竞争中占有绝对优势。因此，近几年来，在零售企业的发展中，正向物流受到了高度重视。但是，却很少有零售企业把退货管理放在企业发展的战略地位来考虑。

保持渠道内良好关系的最大难度就是次品的退货。顾客在货物未被包装之前即发现次品的情况较易处理。有时候次品未被及时发现，而在使用较长时间后，顾客提出次品问题而要求退货；或者某一门店对一种商品过量订货，但其销售却不景气，因此以质量问题为借口要求退回货品。这两种情况就较难处理。

顾客服务物流部门的管理者应正视退货问题，制定解决这些问题的程序。顾客已经退回货品并提出货物是次品，要求退款，而制造商认为其产品是正品，没有任何质量问题，这通常使零售商两头为难。顾客或零售商在等待问题解决的那段时间里总是很不愉快的，所以这种问题应该很快予以解决。

在当今以客户为中心的市场中，顾客可以在任何时候买到想要的任何商品，也可以自己选择付款方式，因此仅仅在产品的供应和价格上进行竞争已经不再是最有效的策略。想顾客所想，从首次接触到售后服务，时刻关注顾客的体验，这才是有别于其他公司的关键。一个连锁企业要想拥有稳定的顾客群和较低的运营成本，并在激烈的竞争中处于优势地位，就必须拥有一个高效的退货系统。

2．控制退货的途径

一般而言，企业可以通过以下两条途径提高退货管理的效率，降低退货管理的成本。第一

是针对顾客和上游厂商分别制定退货政策；第二是建立逆向物流体系，对退货进行有效管理。

退货管理中最重要的一点就是尽量减少退货量。一个企业不可能完全避免退货，但是它可以通过建立退货制度使退货最小化。对于连锁企业来说，退货制度应分为两种情况，一是对顾客制定一个简单易行的退货制度；二是通过和上游企业建立战略伙伴关系，协商制定能达到双赢局面的退货政策。

（1）针对顾客的退货政策。在当今顾客至上的大环境中，想通过限制顾客退货来减少退货量是不可能的。制定一个简单易行的退货制度，对顾客的退货快速做出反应（如接受退货产品并退回购买产品的资金）、提升企业在顾客心中的形象、降低管理成本，这无疑是一个最好的选择。现在，大部分零售企业都能在规定的时间内为消费者提供全额退货。在制定退货制度时，应当考虑退货的时间期限、办理退换货的地点、在退换货时顾客所应办理的手续等几个方面的内容。

（2）针对上游企业的退货政策。零售企业和供应商之间可以通过协商制定一个合理的退货政策，从退货价格、退货比例及责权利等方面出发，利用一系列的约束条件，使各自的总体利益达到最优，从而取得双赢的效果。该退货政策一般包括以下几个方面的内容。

1）退货价格设计。退货政策有全额和部分退款之分。全额退货是对零售商的退货按照原先的批发价进行全额退款，而部分退货则按批发价去掉一定的折扣。在一定批量的约束下，通过对退货价格的调整，可以使供应商和零售商的总体利益达到最优。

2）退货比率约束。有的企业制定了零退货的策略。零退货意味着生产厂商不接受来自零售商的任何退货，而是在发货时给零售商一定的折扣。这项政策实际上是把退货的责任转移给零售商，从而减少生产商和经销商的费用，但同时生产商失去了对商品的控制权。制定退货政策的初衷就是为了免除或减轻销售风险，鼓励零售商大批量进货和顾客大量购买，以增加产品扩大销售的机会，使厂商和零售企业的成本利益达到最优。因此，厂商及零售商可以协商制定一个合适的退货比率，以平衡由此产生的成本和收益，提高企业的竞争优势。

3）退货中的合同管理。退货过程中商品的权责归属不明确是企业实际运行中常见的一个问题，这是由合同管理的缺失引起的。例如，由于供应商和零售商对退货责任的理解不一，导致产品大量堆积在一家为连锁集团服务的第三方物流公司的仓库，从而引起其运营困难。同时，大量价值庞大的退货由于无人处理而只能在原处等待，直到过期或彻底损坏。平常不为人所注意的退货在合同的签订过程中常常被一笔带过，甚至被彻底忽视，但是它作为加快企业资金周转、重新挖掘剩余价值的方式，以及合理限制客户退货比例的手段，其条款必须详细而明确，并必须在合同过程中得以体现，这样才能避免出现纠纷。

7.5.4　逆向物流

逆向物流是指物资从产品消费点（包括最终用户和供应链上的客户）到产品的来源点的物理性流动。逆向物流主要是指物资的逆向流动，但同时又伴随着信息流、资金流、价值流、商务流，它与正向物流无缝对接而成为整个物流系统的有机组成部分。对退货及回收物资进行管理称为逆向物流，它是指下游客户将不符合订单要求的产品退回给上游供应商，其流程与常规产品流向正好相反。

发展逆向物流需要投资大量的人力、物力和财力，因此很多企业不愿建立专门的逆向物流体系以进行退货管理。但是，从战略的角度看，一个有效的物流体系可以帮助企业快速准确地处理退货、减少资金的积压、和上游供应商建立长期和谐的战略伙伴关系。

1．逆向物流的形式

参照发达国家的经验，结合自身的实际情况，我国连锁企业在发展逆向物流时可以选择自身发展逆向物流和寻求第三方逆向物流等方式。

（1）对分店相对集中的连锁零售企业来说，它们有较雄厚的经济实力、较先进的管理理念和方法，以及有效的管理信息系统，可以考虑自身发展逆向物流。如果企业自身已经拥有正向物流系统，则可以考虑将两者结合起来，使之成为一个完整的体系。在管理得当的条件下，两者的有机结合可以减少运输次数和对运输车辆的需求量，也可以减少对固定资产（如仓储设备、信息设备等）的投资，从而降低企业的物流成本。

（2）对小型连锁企业来说，考虑到自身的经济实力、发展核心竞争力等各方面的因素，自身发展逆向物流可能有些困难，它们可以寻求第三方逆向物流，保证退货顺畅快速地移动，减少资金积压，达到自身对退货管理的目的。同时，企业可以将主要精力放在提高核心竞争能力和经营销售管理等方面，这也能减少物流设备方面的固定资产投资，降低风险，提高企业的经济效益。

2．逆向物流体系所应具备的功能

逆向物流形成过程中会造成部分资金、信息和实物的多次重复流动，它不会给企业经营带来正面效应，如果不实施快速、高效的管理控制，它还会削弱企业正常业务的竞争力，造成企业资源浪费。如今，各种MIS系统已经在企业内部有效实施，逆向物流系统既是逆向物流管理的保证，也是逆向物流业务与其他业务信息共享的需要。我国的零售业无论选择何种方式发展退货物流，其逆向物流系统至少应该具备以下几种功能。

（1）产品信息记录。包括产品生产日期、生命周期、有效生命周期、出厂编号、使用说明等信息，便于零售商即时对过期产品、不符合季节需要的产品、过剩产品及召回产品进行收集、提取、处理等退货管理活动。

（2）顾客不满意退货信息记录。当零售商接收到顾客退货时，应及时录入退货信息，包括退货理由、退货损失等，以便及时掌握退货信息并即时做出相应的处理。

（3）退货集中管理。根据记录的产品信息和退货信息做出相应的处理，如将产品归类后统一进行维修，或者统一进行重新包装，或者与供应商取得联系并根据情况做好运输准备等。

（4）及时向其他部门提供信息。包括及时向财务部门提供财务信息，便于财务部门结算；向订货系统提供退货统计信息，为订货系统制定订货策略提供依据；向上游节点企业提供退货信息，便于上游节点企业掌握产品情况，为下一步决策提供依据或做好接收退货的准备。

（5）对各生产厂家、各类商品的退货状况及产生原因、退货商品的变动趋势等信息进行综合统计分析，并及时向企业管理层提交相关报告。对于连锁零售企业来说，不仅要对总体情况进行管理，对各分店的情况也应进行详细记录、分析、对比并提交报告。

复习思考题

1. 连锁物流服务的特征是如何表现出来的？
2. 几种新兴的物流服务方式各自有什么优缺点？
3. 你认为是否应该把退货管理放在企业发展战略的位置上？请说明理由。

案例分析

美国零售业的逆向物流管理之路

2002 年，美国零售业的返品价值约占商品零售总额的 6.3%，从比例上看，返品占总体的比例虽不太大，但其价值量绝不是一个小数目。美国 2000 年零售业总额约为 10 060 亿美元，按此推算，零售业返品的价值每年至少高达数百亿美元。不菲的返品数量不但占用了巨额的流动资金，增加了商家和厂家的营销成本，而且牵扯各个营销环节管理者的时间和精力。返品的处理实际上也造成了一定的社会生产力的浪费。对返品的物流管理即通常所说的逆向物流管理。

美国是较早将逆向物流管理科学化、系统化的国家。20 世纪 90 年代以前，美国零售业界通常也采取由商家自行向生产厂家退货的较原始的返品处理方式。这种方式不但效率低、浪费大，而且返品处理的费用也相当高。据统计，美国零售业原来每年的返品处理费用约占销售总成本的 4%。

由于美国部分生产厂家不堪返品处理的烦恼，它们宁可在商品购销合同中预先约定扣除一定的返品比例，而不再接受返品。这也就是日后人们所熟知的“零返品”购销方式。世界最大的日化用品生产商宝洁公司就是“零返品”购销方式的积极倡导者。

从 1990 年开始，为了提高返品处理效率，美国的一些大型连锁零售商按照专门化和集约化的原则，仿照正向物流管理中商品调配中心的形式，采用逆向思维，分区域设立“返品中心”，以集中处理返品业务。这成为逆向物流管理的开始。

返品中心对美国零售商具有两大贡献。

① 它提高了返品的流通效率，降低了逆向物流耗费的成本，加速了返品资金的回收。据分析，由于采用了返品的集中配送、返品票据的统一处理、发掘废弃商品残值等方式，逆向物流管理每年可为商家降低销售总成本的 0.1%～0.3%，沃尔玛公司通过逆向物流管理每年平均可以节约资金 7.3 亿多美元。

② 集中处理返品可以大大降低零售店和生产厂家的工作量，充分利用零售店卖场空间，同时也有利于收集掌握与返品相关的商业动态。

问题：美国先进的逆向物流管理理念和技术对我国连锁业界提高逆向物流管理水平具有什么积极意义？

实训项目

物流服务调查

实训目的：根据具体情况选择有一定代表性的物流企业，分析其物流服务的种类和质量标准；期限一周。

实训背景：

客户企业背景包括地理位置、企业性质、主要产品、现有职工、总资产值、物流需求。

管理模式包括组织结构、管理制度、管理方法、管理系统、管理理念、决策程序。

物流企业背景包括地理位置、企业性质、主要业务、现有职工、总资产值、服务水平。

物流服务能力包括以下几项。

① 主要包括基础设施、运输车辆、装卸设备、通信设施、信息管理设备等。

② 服务项目，如整车运输、零担运输、快运专线运输、大件货物运输、商品车运输、提供停车、住宿、仓储、市内配送、取货、装卸、物流信息服务等一系列物流服务业务。

③ 仓储能力。

④ 运输、配送能力。

实训报告：实训报告中应该包括以下内容。

① 物流服务调查对企业制定决策的意义。

② 物流服务在物流管理中的作用。

③ 通过调查分析该如何提供符合本地区要求的物流服务。

第 8 章

连锁配送发展趋势及相关设备

引导案例

上海联华超市股份有限公司的物流配送技术设备

上海联华超市股份有限公司是国内第一家上市的超市连锁企业，目前拥有几千家连锁店，遍及全国 100 余座城市。联华超市的配送中心是目前国内连锁企业最先进的配送中心之一，具有较高的技术含量。

第一，采用高层立体货架和拆零商品拣选货架相结合的仓储系统。

第二，采用前移式蓄电池叉车、电动搬运车、电动拣选车和托盘，实现了装卸搬运作业机械化。

第三，拆零商品配货电子化，采用电子标签拣选系统，使用电子标签设备。门店订单输入计算机后，货位指示灯和品种显示器立刻显示拣选商品在货架的具体位置和数量，作业人员可以方便地取出商品，订单商品配齐后进入理货环节，大幅提高了作业速度，降低了差错率。

第四，采用无线通信计算机终端和条形码技术，从收货、验货、入库到拆零、配货，全面实现物流功能条形码化与配送过程无线化。

第五，具有“穿过式配送”能力，并利用“虚拟配送中心”功能协助完成“店铺直送”。

第六，建立了“自动补货系统”，与上海捷强和宝洁公司建立的“供应商补货”系统已开始运行。

联华超市先进的配送中心在保证店铺正常运营、降低物流成本和商品损耗、加速周转等方面显示出巨大优势，成为联华超市超常规发展的重要保证。

本章学习目标

通过本章的学习，学生应该掌握以下几个方面的内容：

1. 了解连锁企业配送的发展趋势；

2. 了解电子商务下的配送中心发展趋势；
3. 了解什么是绿色物流；
4. 了解配送的技术设备及一些专用物流设备。

学习导航

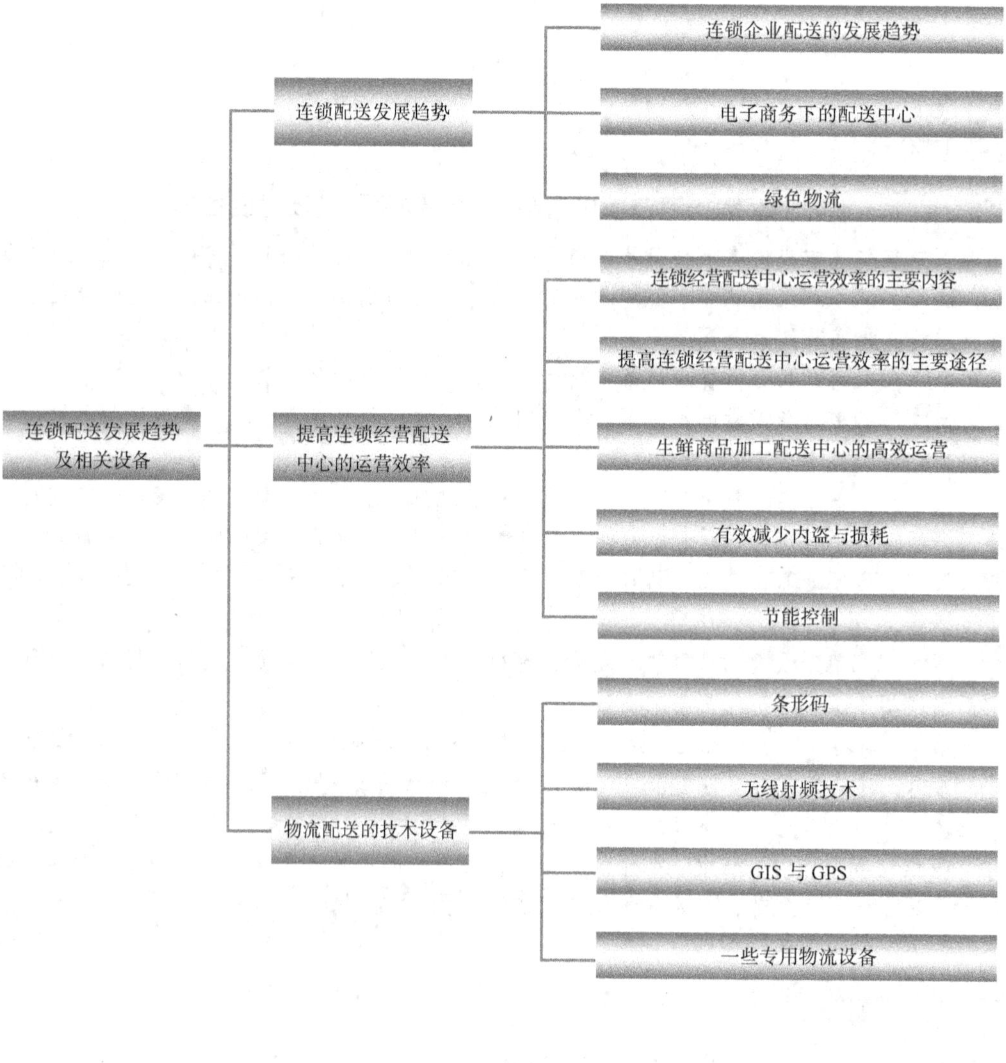

职业指导

有了系统的理论知识和实际操作经验，你可以尝试着挑战下面推荐的三种物流资格认证。

1. 英国皇家物流职业认证

推行部门：英国皇家物流与运输学会

适合人群：第三方物流、公路与铁路运输、邮政、外贸、航运、快递、货代、船代、港口、仓储、配送等企业的操作、业务、策划及中高层经管人员

证书级别：物流人员基础证书、物流部门经理证书、物流运营经理证书、物流战略经理证书

认可度：★★★★

英国皇家物流与运输学会（Institute of Logistics and Transport，ILT）是目前世界上最具权威性的物流专业组织。ILT 体系是基于物流专业人员所应具备的能力模型而设计的，从一级到四级实行阶梯式的培养方式，致力于实践型物流人才的培养。许多外企将 ILT 证书作为物流专业水平的衡量标准。学员经过培训并通过全国统一考试后可获得全球最具专业水准的 ILT 和国际物流与运输学会的物流职业资格证。经济条件比较宽裕的同学可以选择这种认证，因为它的课程设计更加先进和系统。

2. 物流职业经理认证

推行部门：中国物流与采购联合会

适合人群：面对物流和生产企业的各级物流管理人员，大、中专在校生及其他希望进行物流职业培训的人员

证书级别：初、中、高三个级别

认可度：★★★

中国物流与采购联合会是由国务院批准设立的全国性行业组织。为提高物流行业管理层的水平，中国物流与采购联合会在全国范围内统一开展物流职业经理管理认证工作。在联合会统一组织管理下，集中全国各高等院校、企业及科研单位的专家，开展初、中、高三个级别的职业培训。学习者培训结束并考试合格后可分别获得由中国物流与采购联合会颁发的初、中、高三级的物流职业经理管理证书。

3. 物流职业资格认证

推行部门：中国商业技师协会市场营销专业委员会

适合人群：物流及相关专业的大学毕业生，工商企业、从事物流管理工作的在职人员和有志从事物流工作的人员

证书级别：物流管理员、高级物流管理员、物流经理

认可度：★★★

中国商业技师协会市场营销专业委员会是由国家经济贸易委员会主管的全国性社团组织，从 2002 年起开展全国物流职业人员业务技术资格培训认证工作。凡是经过培训并认证合格者可

获得全国物流管理员资格证书或全国物流经理资格证书。

8.1 连锁配送发展趋势

8.1.1 连锁企业配送的发展趋势

连锁企业的快速发展大大提高了流通渠道终端的组织化程度，使业内出现了一些巨型的零售企业，这必然要求整个供应链（包括物流环节）也提高组织化和规模以适应其快速发展，同时也给企业带来了新的发展机遇和挑战。

1．零售企业的配送中心将增加或加强冷冻生鲜食品的配送功能

随着零售市场竞争的加剧和居民生活水平的提高，人们对快速食品、生鲜半成品和冷冻食品的需求增加，大型零售企业设立食品加工中心和配送中心是物流配送发展的一个趋势。以批发为主导型的食品配送中心将出现，有实力的食品批发企业以组织商品、面向独立经营的单体超市门店开展以食品为主的配送服务，这也将是我国专业化物流配送中心建设发展的趋势。专门经营肉类、蛋类、菜类、牛奶、面包、冰激凌等新鲜食品的物流配送企业将伴随消费者生活水平的提高和对这些商品的高质量要求，形成集物流、常温仓储、冷藏、包装、流通加工、配送为一体的多功能物流中心。

2．构造新的物流信息系统

与连锁企业物流有关的信息系统包括企业内部的管理信息系统及与供应商交换信息的数据交换系统或电子订货系统（EOS）。企业内部管理信息系统在 20 世纪 90 年代后期已经相对成熟，连锁企业基本上应用了覆盖进销存的管理信息系统，甚至一些企业为提高管理水平还引入了商业分析智能管理及与供应商进行数据共享的供应链管理系统。但是，这些物流信息系统大多还停留在库存管理的水平。随着电子商务的普及和推广，零售企业，特别是连锁企业开始应用网络进行数据传送和订货，利用互联网与物流配送中心、上游供应商共享商品的销售、库存信息，在电子订货、商品验收、退货、促销、变价、结算、付款等环节提供协同支持，改善企业采购、销售和结算部门与物流配送中心、供应商、客户之间的业务流程和沟通。与供应商、分销商之间实现供需数据即时共享是提升企业竞争力的关键一环。

3．发展新的物流配送模式

连锁企业引入第三方物流将是物流配送社会化的一个发展趋势。在日本，大约有 30%的连锁企业在很大程度上依靠社会化的专业配送企业。随着全社会专业物流企业的兴起和成熟，将商品的配送工作甚至全部的配送工作交给专业物流企业也会成为连锁企业的一种选择。连锁企业物流配送的发展水平明显高于商业企业的平均水平，一些连锁超市企业，如上海华联、杭州家友等具有自己的物流配送中心的连锁企业开始利用自身较强的物流配送能力进行社会化的配送，通过扩大配送服务对象开展商品配销业务。这种配送方式与社会化专业物流服务的最大差

别是，它不仅提供物流服务，还伴随着商品的销售甚至管理的输出。其开展配送服务的目的，除了希望获得由此产生的服务收益外，更主要的是带动企业的销售，扩大企业的销售规模，赚取进销差价。这种物流配送形式的兴起是与社会上存在的大量中小零售企业希望改善商品采购、降低进货成本密切相关的。

4．物流配送模式多品种、小批量，实现零库存

网络化的商务模式使企业间及企业与消费者之间的交易都更加活跃。一方面，企业对消费者网上订购的商品要进行配送，加之随着商业连锁经营的发展和商业企业与生产企业间电子商务的开展，生活资料的配送量增多，并成为电子商务下物流配送的主流。生活资料需求的特点是品种规格繁多、每次需求量小、用户多，这就要求多品种、小批量、多批次的配送。另一方面，由于通过电子商务进行交易，企业间的订货作业变得简单、快捷，成本降低，因而趋于小批量、多批次订货，以实现自身零库存，增强市场应变能力。

5．电子商务促使物流配送电子化、数字化

电子商务就是传统的商业服务借助现代的网络技术和通信技术的改造、升级，开拓出来的一种新的商务运营模式。它集信息流、资金流、物流于一体，其核心的服务内容没有变化，依然是满足消费者的各类层次的需求，包括传统的物质需求、服务需求；同时也出现了由于传统技术的局限，以前不能满足而现在能够满足的需求。作为支持销售的最后功能环节，物流配送对于一个成功的商业运作意义尤为关键，因此，作为电子化运作的一环，电子商务下的物流运作要根据电子商务的特点（如快速响应、统筹规划、规范运营等）进行流程再造，使配送系统实现电子化、数字化。

对于物流配送的电子化，我们要强调的是，物流电子化的对象仍然是传统的物流运作的对象，即各种实体物品；需要完成的功能仍是传统物流运作下的运输、存储、装卸、包装、流通加工、配送、网络设计等功能。不过，这些功能的实现可以借助物流电子化条件下的现代信息技术、网络技术和数据库技术得到实现。

8.1.2　电子商务下的配送中心

中国电子商务研究中心监测数据显示，中国家电网购市场 2010 年销售额近 800 亿元。同期，苏宁、国美年销售额均在 1 100 亿～1 200 亿元，二者占整个市场 25%左右的份额。显然，家电网购渠道已成为同苏宁、国美抗衡的新渠道。事实上，家电渠道网络化是互联网经济时代下实现低成本流通的有效手段，承担着实现供需链深度整合的战略任务。由于网络渠道没有传统渠道中的进场费、促销费等费用，既能保证供货商的利润，又能给消费者留出让利空间。

电子商务技术从本质上讲是一个以电子数据处理、计算机网络、数据交换和资金汇兑等为基础，集订货、发货、运输、保管、商检、保险、资金支付和售后服务等为一体的综合信息处理系统。这个系统管理、处理和使用的对象是企业在生产经营过程中的一系列信息，这些信息的收集、整理、存储、加工和传输，只有在企业实现信息化之后才能实现，因此，企业信息化

是电子商务发展的重要渠道。配送中心的信息化建设规划需要从长远的角度来考虑建立电子商务运营模式。

1．电子商务对传统物流配送的冲击和影响

（1）电子商务为传统的配送观念带来了深刻的革命。传统的物流配送企业需要置备大面积的仓库，而电子商务系统网络化的虚拟企业将散置在各地的分属不同所有者的仓库通过网络系统连接起来，使之成为“虚拟仓库”，进行统一管理和调配使用，服务半径和货物集散空间都相应扩大了。这样的企业在组织资源的速度、规模、效率和资源的合理配置方面都是传统的物流配送所不可比拟的，相应的物流观念也必须是全新的。

（2）电子商务为物流配送带来了全新的配送管理程序。一个先进系统的使用，会给一个企业带来全新的管理方法。传统的物流配送过程是由多个业务流程组成的，受人为因素影响和时间影响很大。网络的应用可以实现整个过程的实时监控和实时决策。新型的物流配送的业务流程都由网络系统连接，当系统的任何一个神经末端收到一个需求信息的时候，该系统都可以在极短的时间内做出反应，并可以拟定详细的配送计划，通知各环节开始工作。这一切工作都是由计算机根据人们事先设计好的程序自动完成的。

（3）电子商务对物流配送速度提出了更高的要求。在传统的物流配送管理中，由于信息交流的限制，完成一个配送过程的时间比较长，但这个时间随着网络系统的介入会变得越来越短，任何一个有关配送的信息和资源都会通过网络管理在几秒钟内传到有关环节。

（4）电子商务简化了物流配送过程。传统物流配送整个环节极为烦琐，但电子商务的新型物流配送中心可以大大缩短这一过程：网络支持下的成组技术可以在网络环境下更加淋漓尽致地发挥作用，物流配送周期会缩短，其组织方式也会发生变化；计算机系统管理可以使整个物流配送管理过程变得简单和容易；网络上的营业推广可以使用户购物和交易过程变得更高效、费用更低；可以提高物流配送企业的竞争力；网络的介入，使人们不再是机器、数字和报表的奴隶，人的潜能得到充分发挥，自我实现的需求成为多数员工的工作动力。

电子商务下的配送中心这种新型的物流配送以一种全新的面貌，成为流通领域革新的先锋，代表了现代市场营销的主方向。新型物流配送能使商品流通较传统的物流配送方式更容易实现信息化、自动化、现代化、社会化、智能化、合理化和简单化，使货畅其流，物尽其用。既减少生产企业库存，加速资金周转，提高物流效率，降低物流成本，又刺激了社会需求，有利于整个社会的宏观调控，也提高了整个社会的经济效益，促进市场经济的健康发展。

2．电子商务下物流配送中心的发展趋势

电子商务时代，由于企业销售范围大，企业和商业销售方式及最终消费者购买方式转变，使得门到门等业务成为一项极为重要的服务业务，促使物流行业的发展。物流配送不仅能完整提供物流机能服务，以及运输配送、仓储保管、分装包装、配送加工等服务，同时信息化、全球化、多功能化和一流的服务水平，已成为电子商务下的物流企业追求的目标。

（1）配送中心功能多元化。在电子商务时代，物流发展到集约化阶段，这种一体化配送中

心，不仅仅提供仓储和运输服务，还必须开展配货、配送和各种提高附加值的配送加工服务项目；也可按客户的需要提供其他服务，实现产品与信息从原料到最终消费者之间的各种增值服务，大大提高了社会的整体生产力和经济效益，使物流业成为整个国民经济活动的中心。在这个阶段有许多新技术，如 JIT、MIS 等方法的运用将会使企业的销售情况及时反馈给配送中心，使配送中心能够按照市场调整配送计划，促使企业整体的经营效益跨上一个新台阶。

（2）配送中心服务一流化。电子商务下，物流业是介于供货方和购货方之间的第三方，以服务为第一宗旨。从当前物流的现状来看，配送中心不仅要为本地区服务，还要做长距离的服务，因为客户不但希望得到很好的服务，而且希望服务点不是一处，而是多处。因此，如何提供优质服务，便成了管理的中心课题。应该看到，配送中心离客户最近，联系最密切，商品都通过它送到客户手中。美国、日本等国物流企业成功的要诀，就在于它们都十分重视客户服务的研究。

如何满足客户的需要，把货物送到客户手中，就要看配送中心的作业水平了。配送中心不仅与供应商保持紧密的伙伴关系，而且直接与客户联系，能及时了解客户的需求信息，并沟通厂商和客户双方，起着桥梁作用。对配送中心而言，服务质量和服务水平正逐渐成为比价格更为重要的选择因素。

（3）信息化是现代配送中心的必由之路。在电子商务时代，要提供最佳的服务，物流系统必须要有良好的信息处理和传输系统。例如，美国洛杉矶西海报关公司与码头、机场、海关信息联网。当货从世界各地起运，客户便可以从该公司获得到达的时间、到泊（岸）的准确位置，使收货人与各仓储、运输公司等做好准备，使商品在几乎不停留的情况下，快速流动，直达目的地。良好的信息系统能提供极好的信息服务，以赢得客户的信赖。

大型配送公司往往建立了 CRM 和 JIT 系统，即有效客户信息反馈。有了它，仓库商品的周转次数大大提高，配送不仅实现了内部的信息网络化，而且增加了配送货物的跟踪信息，从而大大提高了物流企业的服务水平，降低了成本。

（4）全球化是提高配送中心竞争力的必然趋势。20 世纪 90 年代早期，由于电子商务的出现，加速了全球经济的一体化，致使物流企业的发展达到了国际化。全球化战略的趋势，使物流企业和生产企业更紧密地联系在一起，形成了社会大分工。生产厂家集中精力制造产品、降低成本、创造价值；物流企业则花费大量时间、精力从事物流服务。物流企业的满足需求的系统比原来更加进步，例如，在配送中心里，对进口商品的代理报关业务，暂时储存、搬运和配送，必要的配送加工，这些从商品进口到送交消费者手中的服务要实现一条龙。

8.1.3　绿色物流

绿色物流是指以降低对环境的污染和减少资源消耗为目标，利用先进物流技术规划和实施运输、仓储、装卸搬运、流通加工、配送、包装等物流活动。绿色物流强调全局和长远的利益，强调全方位对环境的关注，体现企业的绿色形象，是一种全新的物流形态。绿色物流是一个多层次的概念，它既包括企业的绿色物流活动，又包括社会对绿色物流活动的管理、规范和控制。

欧洲是引进“物流”概念较早的地区之一。欧洲的运输与物流业组织——欧洲货代组织（FFE）非常重视绿色物流的推进和发展，对运输、装卸、管理过程制定相应的绿色标准，加强政府和企业协会对绿色物流的引导和规划作用，同时鼓励企业运用绿色物流的全新理念（重点在于规划和兴建物流设施时应该与环境保护结合起来，限制危害人类生态最严重的公路运输的发展，大力推进铁路电气化运输）经营物流活动，加大对绿色物流新技术的研究和应用，如对运输规划进行研究、积极开发和试验绿色包装材料等。

把物流行业作为本国经济发展生命线的日本从一开始就没有忽视物流绿色化的重要意义，除了在传统的防止交通事故、抑制道路沿线的噪声和振动等问题上加大政府部门的监管和控制作用外，还特别出台了一些实施绿色物流的具体目标值，以降低物流对环境造成的负荷，如货物的托盘使用率、货物在停留场所的滞留时间等。日本在 2001 年出台了《新综合物流实施大纲》，其中的重点之一就是减少大气污染排放，加强地球环境保护，对可利用的资源进行再生利用，实现资源、生态和社会经济良性循环，建立适应环保要求的新型物流体系。

在我国，绿色物流方兴未艾。例如，2008 年北京奥运物流曾是业界非常关注的热点话题，几乎所有的大型物流企业都在对奥运物流可能带来的市场进行研究。有机会为奥运服务的企业一定要拥有与“绿色奥运、科技奥运、人文奥运”相一致的物流理念，也就是一定要了解绿色物流及其操作手段。实现绿色物流需要在以下两个方面下工夫：一是对物流系统污染进行控制，在物流系统和物流活动的规划与决策中尽量采用对环境污染小的方案，如采用排污量小的货车车型、近距离配送、夜间运货（以减少交通阻塞、节省燃料和降低废气排放）等。发达国家政府倡导绿色物流的对策是在污染发生源、交通量、交通流等三个方面制定相关政策。二是建立工业和生活废料处理的物流系统。

8.2 提高连锁经营配送中心的运营效率

从前面的分析和相关数据中我们可以看到，对于连锁企业来说，物流配送的竞争之战已经悄悄来临。在这场战争中，高效率配送是连锁企业成败的关键。

高效率的配送由高效率运营的配送中心来完成。在当今的市场竞争中，配送不是简单地将货物送达收货人的活动，而是需要不断地降低成本，提高服务质量，提高作业效率，达到占领更大的市场份额和使企业获取更多利润的目的。因此，配送中心的各作业活动也必须合理、高效地运作。

8.2.1 连锁经营配送中心运营效率的主要内容

提高连锁经营配送中心的运营效率，必须对配送体系的整个系统进行调查和分析，找到影响配送中心运营的主要因素，再从这些因素出发，以整体的物流运营成本最低和服务质量最优为目标，构筑高效率、高效益的配送中心运作模式。

影响连锁经营配送中心运营效率的因素很多，如人、物、资金、信息等，这些影响因素又处在配送中心运营的各个环节中，会对运营效率产生重要的影响。连锁经营配送中心运营效率的主要内容集中表现在以下几个方面。

1．配送中心的管理体制

连锁经营配送中心管理经营的组织结构与体制形式对配送中心相关内容的管理具有一定的限制作用。如物流成本管理、配送服务质量管理、应对各种配送状况的措施管理、对配送作业的效率化分析等，这些都对配送中心的实际运营和业务操作效率有一定的影响。所以，要提高配送中心的运营效率，必须建设好、管理好运营的体制和组织。

2．配送中心的设计和规划

配送中心设计和规划的一系列内容，如选址、设备配置、施工、验收等，也是实施高效配送的制约因素。因此，高效运营的配送中心必须在设计规划中进行高效的操作。

3．配送中心的设施、设备及商品管理

配送中心的设施设备主要包括仓储设备、装卸搬运设备、包装设备、运输工具、信息处理设备、计量设备等。配送中心要努力提高这些设施设备的利用率，实现高效运作；另外，还要考虑配送中心运营的相关商品特性，如商品的品种数、装卸搬运条件、配送时间、配送量、配送频率、损坏状况等。

4．库存控制

与库存管理控制相关的各项工作主要有库存量控制方法、库存控制策略、库存管理政策、订货方法，以及补货、盘点等方面的有效管理。为了防止全国各地用户的商品脱销或缺货，适时、适量地将商品配送给用户，配送中心将从全国各个供应地采购货物，利用直达单元化的基本运输方式，选择各种运输手段，将商品运达配送中心，以维持适当的库存水平。

5．配送作业流程

制定配送计划，配送的业务都按照配送计划执行；运输、财务等部门下达配送任务，各部门做好配送准备工作，包括人员准备、设备准备和相关信息的准备；组织货源、验收入库、储存、分拣、配货、配装、送货等程序都要方法得当、适宜，不至于出现浪费时间的现象。

6．配送中心信息处理

涉及配送中心信息处理的任何一个环节都要作为提高运营效率的主要内容，如利用信息系统进行的所有业务管理，各种计划的制定，单据的制作，数据的储存、处理、记忆、传输等。

7．运输和配送管理

运输和配送过程中作业流程的工作效率、安全管理、商品管理等也是提高配送中心运营效率的主要内容。

8．物流成本的控制

计算不同形态、不同功能下的物流成本并进行比较分析，制定统一的计算标准，研究切实有效的控制管理方法。

8.2.2 提高连锁经营配送中心运营效率的主要途径

1．改善作业方法

为了实现连锁经营配送中心的高效运营，配送中心的作业方法必须进行改善。在连锁经营企业配送中心，只有对配送中心业务的各个方面进行调研，才能提出更加高效的改善作业的措施，从而找出使整个系统作业更加省力、省资源的方法，提高作业效率。

2．规范作业操作

规范作业操作对于工作合理化和效率化具有重要的作用。它可以提高生产率，降低作业强度与作业难度，消除浪费、效率低等因素，改良工具设备和产品，使作业操作向着新型的人体工程学的方向发展。连锁企业配送中心有很多的范围可以规范作业操作，从而提高生产效率。

3．实现标准化、单纯化、专门化作业

发达国家在连锁配送中也实施行业的标准化。在作业操作、设施设备、流通加工、配送路线等方面实施标准化和规范化可以促进系统合理化的实施。

对于单纯化的问题，通过对作业效率的研究、对作业方式的分析和对作业时间的设定等操作，基本上能够使信息传递、账簿处理、入库、检验、配货、装卸搬运、流通加工、分拣等作业变得单纯化。例如，使用一体化的配送作业，可以节省检验和装卸的时间；利用条形码和声音进行自动识别，使作业具有专业化和单纯化的特点。

4．应用先进的库存控制管理方法

库存管理中的 ABC 分类法、CVA 关键因素分析法、JIT 及 MRP 等先进库存控制方法的使用，对商品的库存控制、在库管理的质量和效率的提高起到至关重要的作用。

5．制定具有灵活性、适应性的规划

随着经济的发展，市场的竞争越来越激烈，商品销售状况不断变化，这要求连锁配送中心对商品的位置要不断做出调整，使商品保管和配货等作业达到高效运行的目的。配送中心采用先进的计算机管理系统及软件技术的不断调整和完善都会对提高配货和送货作业的效率有很大的帮助。

6．全面提高配送中心人员作业能力

配送中心的作业往往处于被动状态，即只有客户下订单，配送中心才能进行配送。要想提高作业效率，必须变被动为主动，在等待期间分析过去的实际操作状况和具体数据，从而在闲暇之余进行入库或商品货物变动作业的准备工作。这就要求配送中心的每位工作人员作业能力全面化，能够胜任不同工作岗位的作业要求。

8.2.3　生鲜商品加工配送中心的高效运营

生鲜商品是连锁业态发展的重点，对提高顾客购买频率、提高销售能力和加强商品竞争力具有重要的意义。随着连锁企业规模的扩大，为了降低运营成本和提高生鲜商品的质量，连锁企业需要考虑发展具有生鲜商品配送能力的配送中心。

我国从 1999 年开始经营生鲜商品，经过几年的探索，逐步建立起自己的生鲜供应链和严格的过程控制体系，不但保证了生鲜商品的质量，而且在生鲜经营上形成了自己的特色，成为超市稳定的经济增长点，增强了超市的竞争力。

1．生鲜商品及生鲜商品经营模式

（1）生鲜商品的分类。生鲜商品一般指的就是生鲜食品。生鲜食品是指种植、采摘、养殖、捕捞形成的、未经加工或经初级加工、可供人类食用的生鲜农产品，包括蔬菜、瓜果（林果）、食用菌、畜禽及其产品、水产品等。目前，生鲜食品一般分为三类。

一是初级产品类，包含蔬果、肉、水产品。这类产品只要做保鲜和简单整理就可以销售，无须经过烹调、制作等加工过程。

二是初级产品经过加工后形成的生鲜产品，包含面包和熟食。

三是指一些保存条件基本相同、销售方式也相似的产品，如散装杂粮、糖果蜜饯、日配品、冷冻冷藏品等。严格地说，这些产品并不属于生鲜商品的范畴，但由于其储存环节或销售环节具备生鲜商品的特点，所以常归生鲜商品管理。

（2）生鲜商品的经营模式。生鲜商品是超市吸引客流、提高顾客光顾频率的品类，同时也是损耗最大和消耗人力最多、销售成本较高的品类。它的特点是：① 具有时令性。② 价格敏感、购买频率高，属于生活必需品。③ 容易刺激消费者，使其冲动购买。④ 促销主题丰富，创意变化多端。⑤ 损耗风险大，管理不善会造成较大损失。⑥ 具有非标准条形码。⑦ 流转过程出现损耗是不可逆转的。⑧ 只有经过盘点才能核算成本。

生鲜商品的损耗和成本控制比较困难，因此其经营具有一定的风险性。生鲜商品经营主要有以下几个模式。

1）加工模式。加工模式属于初级经营模式，生鲜商品全由供应商供货，不设生鲜加工场地。其优点是投资少，人员配置少；缺点是价格和毛利空间小，竞争能力弱。

2）现场加工模式。这种经营模式的优点是加工区域较大，现场气氛活跃，品种变化灵活，鲜度较好；缺点是空间的利用率较大，前期设备投资额较大。

3）加工中心统一加工、配送模式。这是商品由加工中心统一加工后，配送到各门店的一种加工配送方式。该经营模式的优点是通过投资规模效益和标准化作业降低成本，提高商品质量，控制商品损耗；缺点是基础投资规模较大，冷链供应设备投资巨大，且投资的风险较大。

2. 连锁经营生鲜商品加工配送中心的特点

无论是连锁经营专业生鲜商品加工配送中心，还是综合性配送中心，生鲜商品加工配送都具有以下特点。

（1）生鲜商品加工配送中心属于低温物流。生鲜商品易腐易变质，保质期短，所以在整个配送作业流程中要保持低温作业。这是它与其他配送中心的主要区别。

（2）生鲜商品加工配送中心注意流通加工功能的建设。生鲜商品大部分是初级产品，到达配送中心后都需要进行流通加工才能销售给消费者。所以，一般的生鲜商品加工配送中心都配置了比较完善的流通加工环节和设备。

（3）生鲜商品加工配送中心设施设备投资大，专业性强。生鲜商品加工配送中心的设备往往都具有冷藏、冷冻功能，流通加工的设备较多，各类容器需求量大，设备的专业化较强，因此投资比较大。

（4）生鲜商品加工配送中心辐射范围小。由于生鲜商品的特殊性，生鲜商品配送中心不宜有较大的辐射半径，其规模比较小，吞吐量也较小。

无生鲜商品的配送中心和有生鲜商品的配送中心的区别见表 8-1。

表 8-1　无生鲜商品的配送中心和有生鲜商品的配送中心的区别

比较项目	无生鲜商品的配送中心	有生鲜商品的配送中心
供应渠道	供应商环节较多，价格缺乏竞争力	直接从产地进货，供应商环节较少
货源与价格	按地区采购，供应商分散，经常出现货源和价格不稳定的情况	控制采购货源，价格相对稳定
质量与鲜美度	商品的质量和鲜度控制较为困难，难以统一管理促销	可以提高生鲜商品的鲜度，促进销售，同时可以组织有吸引力的促销活动
损耗	存储加工作业缺乏专业性，损耗较大	通过专业存储加工作业减少商品损耗
运作管理成本	生鲜加工的作业量大，人员需求较多，增加了商店的运作管理成本	降低商店的作业量和销售成本

3. 生鲜商品配送中心的高效运营

（1）连锁经营生鲜商品配送中心的定位。连锁经营生鲜商品配送中心位于生鲜商品供应链的末端，经营规模比一般的配送中心小，经营的商品类型是小批量、多品种、多批次。这要求配送中心快速反应，另外，部分生鲜商品属于一体化配送，对配送中心的专业性要求比较严格。

（2）连锁经营生鲜商品配送的组织结构。连锁经营生鲜商品配送中心的结构和其他配送中心相似，由信息系统和作业区两部分构成。信息系统汇集信息并对配送中心进行管理，作业区主要是进行实际操作的区域。

1）信息系统。信息系统是配送中心的中枢，负责信息的汇集和存储。其主要功能是收集外界信息，包括连锁经营店铺信息、订货信息及与供应商的联网信息，并根据信息做出相应决策。

另外，它还负责内部协调工作，组织各种活动，指挥调度各部门人员、设备，共同完成配送任务。

2）作业区。连锁经营生鲜商品配送中心的经营业态不同，其布局作业区状态也不同。作业区一般分为进货区、存储区、理货区、发货区、流通加工区等几个区域。

（3）连锁经营生鲜商品配送中心的作业流程。产品的工序不同，其作业流程也不同。

1）保质期短，保鲜要求高的食品。其作业流程为：订货→进货→配装→送货。

2）保质期较长的商品，一般需要存储。其作业流程为：订货→进货→存储→配货→配装→送货。

3） 需要流通加工的生鲜商品，一般先进行加工，再进行存储。其具体流程为：订货→进货→流通加工→存储→配货→配装→送货。

4）有些商品由配送中心统一订货，由供应商直接将商品送到各连锁经营门店。其流程为：配送中心订货→店铺进货。

另外，产品的品类不同，其加工作业流程也不同。

1）畜产品与配菜的加工配送流程。畜产品与配菜的加工要通过严格的作业时间表来控制，需要供应商密切配合，采用集中加工处理的方式，发挥配送中心的作用。其加工作业流程如图 8-1 所示。

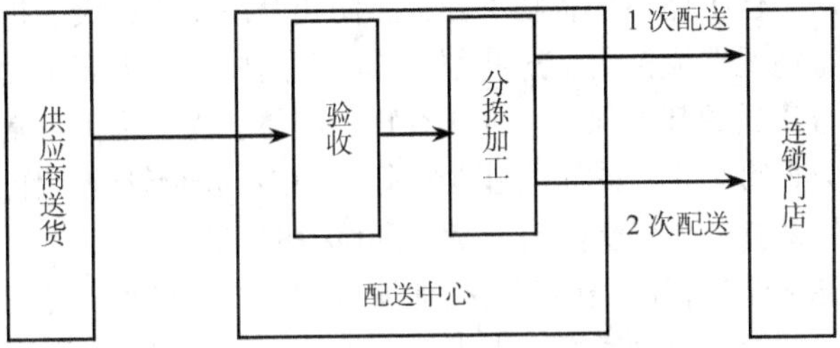

图 8-1　畜产品与配菜的加工配送流程

2）水产采购和配送。运送鲜活水产的车辆需要配置各种保鲜设备，并采取相应的措施保证水产的鲜活度。鲜度管理可以采用保鲜袋和充氧机；对水产使用冰块进行保鲜处理，这种方法叫冰块降温；用专门的分拣工具和容器实现快速作业；在环境卫生问题上，可用专门容器保持良好的环境卫生。其配送流程如图 8-2 所示。

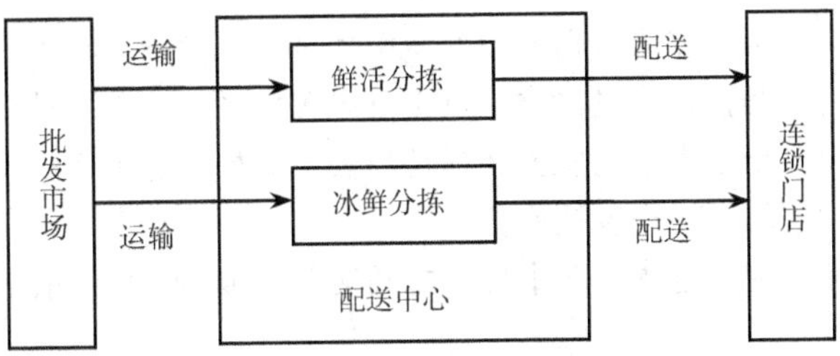

图 8-2　鲜活水产配送流程

3）农产品配送。这有两种情况：一是无配送中心，农产品供应渠道较长，环节较多。由于进货渠道较为分散，因此进货的价格较高，货源难以保证，商品质量也难以保证。二是有配送中心，农产品供应渠道较短，环节较少。由于进货渠道集中，在保证货源和商品质量控制方面具有较大的优势。图 8-3 为农产品的配送流程。

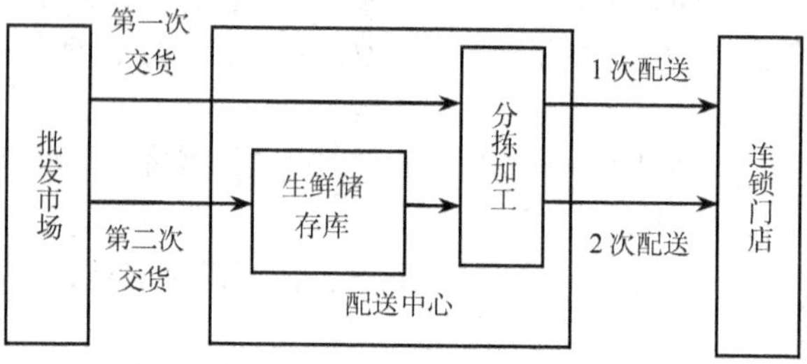

图 8-3　农产品配送流程

8.2.4　有效减少内盗与损耗

物流配送中心是货物高度集中的地方，也是广大职工进行各种物流活动的作业场所。保证职工的生命安全和健康，保护储存的货物不受损，防止仓库发生火灾、被盗、商品霉烂变质、虫蛀鼠咬或自然灾害等情况造成损失，这些都是物流配送中心广大职工的基本职责，也是物流配送中心的货物能正常流通的基本保证。为了客户的利益，为了维护正常的社会秩序、生产秩序和生活秩序，为了企业的信誉，要做好连锁企业配送中心安全管理工作，以消防工作为核心，认真贯彻“预防为主”的方针，确保人身、货物和设备的安全。

另外，据佛罗里达大学进行的美国零售行业安全调查报告显示，零售行业的年库存损耗超过 310 亿美元。防损部门经理认为巨额损失中的 31%是由外盗引起的，而 48%是由企业内部员工偷盗造成的。很明显，减少内部损失是降低连锁企业运营成本与提高利润的关键部分。减少配送中心内部货物损失的方法有以下五种。

（1）采取一些措施让全体员工知道公司开除内盗人员的决心。例如，防损部门经理可以利用休息时间进行突击性的盘点审核，或者对收银员的收银箱进行平账，“清理”配送中心可能被用来藏匿偷窃商品的所有死角等。总之，只要做一些能够让潜在的内盗员工处于一种紧张状态的事情即可。

（2）将内外盗的减少幅度列入公司的内部竞争和员工的激励方案中。许多内盗员工都认为配送中心每天都在销售、赚钱，自己偷拿一点没有多大关系。对于这种想法，一方面，配送中心要让所有员工都明白，配送中心的服务和损耗与公司的盈利是紧密联系的；另一方面，员工的奖励、奖金都要与公司的损耗程度挂钩。

（3）防损人员要经常在配送中心各个部门之间交流和传播防止偷盗的方法，加强各个部门的货物防损管理。

（4）许多相关的调查都显示，大部分员工偷盗的原因并不是因为钱，而造成他们偷盗的真正原因主要是情绪上的因素，如厌烦、受挫、孤独等。所以，管理人员可以通过改变配送中心的有关管理环境和企业文化，改变或减少给配送中心制造损耗的员工。

（5）配送中心和门店经理通常都被内盗问题搞得进退两难。结果，要么内盗员工辞职，要么不了了之。这样就导致了一个颇具讽刺意味的局面：既然被经理抓住是肯定的，员工对自己的偷盗行为反而无所顾忌，因为对于他们来说，这只不过是从这一家偷到另一家的问题。针对这种情况，配送中心要针对员工的心理采取相应的应对措施。

解决连锁企业配送中心和门店的内盗、货损问题还有很多方法，如严格制定并执行员工的管理制度，加强货物盘点、查验的准确性，增加查验次数等。另外，企业文化的建立和员工素质的培养也是十分重要的。

8.2.5　节能控制

随着经济的发展，社会发展中面临的制约因素越来越多，其中能源问题和环保问题成为影响社会发展的主要瓶颈因素。因此，人类社会每个系统的发展都要重视节能和环保问题，配送中心的建设和运营也不例外。

盖世理于 1987 年成立于英国，是沃尔玛的全资子公司。其业务已经发展至全球 7 个国家，开发了超过 460 万平方米的仓储空间，为知名跨国公司及第三方物流服务企业提供可持续的配送仓储和工业用空间。盖世理致力于成为全球化可持续发展物流空间的供应商，公司业务遍及英国、法国、比利时、西班牙、德国、意大利及中国。盖世理于 2007 年在墨西哥和印度设立了分支机构，并打算将业务范围继续扩展到巴西和俄罗斯。盖世理公司早先提出了可持续性设计理念，如今已将其历时两年、耗资百万欧元的研究成果成功地应用于所有客户的仓储设施中。盖世理为客户提供一整套环保措施及标准，显示了公司有效的成本控制和对可持续发展的长期承诺。

2007 年 10 月 8 日正式投入使用的沃尔玛天津配送中心日处理能力最高可达 33 万箱，为原配送中心的 4 倍。高效运作将有助于进一步降低供应商的配送与仓储成本，提高商场经营效率，降低营运成本，从而进一步降低商品价格，同时也大大改善员工的工作环境。

沃尔玛天津配送中心最大的亮点是采用了多项先进的可持续性措施及标准，包括减少二氧化碳的排放、减少能源和水的消耗、使用可回收利用材料等，在节省运营成本的同时使配送更加环保。配送中心全部采用 T5 节能灯，比普通灯节约 20%～30%的能源。仓库自然采光，节能取暖，并安装空调热能循环利用系统。另外，配送中心利用可再生能源节能降耗，如安装了 20 平方米太阳能采光板，以及两台 10 千瓦风力发电机，每年可发电约 7 300 千瓦时。配送中心还配备了 10 套太阳能热水器，每天可提供 1.7 吨热水，每年可省电 25 550 千瓦时。通过这些节能设施，沃尔玛天津配送中心每年可减少 31 吨二氧化碳的排放，相当于一个普通家庭 138 个月的排放量。

从上面的案例中我们可以看到，一个配送中心要实现节能和环保的控制，必须从以下几个方面入手。

（1）配送中心规划建设初期就要坚持可持续发展的原则进行设计和建设，从而降低能耗，节约成本。

（2）设施设备的配置要采用环保节能的配置，尽量减少噪声及环境污染，尽量节约能源。

（3）采用一体化配送和共同配送等集约化、规模化的配送模式，降低运营成本。

（4）合理规划设计配送作业流程，避免迂回、车辆空载等浪费现象的发生，尽量使整个作业流程实现节能和节时。

8.3 物流配送的技术设备

8.3.1 条形码

1．条形码概述

条形码（Bar Code）是商品上普遍印有的标识之一，由美国的 NT.Woodland 在 1949 年发明。随着计算机应用的不断普及，条形码的应用得到了很大的发展。条形码可以标出商品的生产国、制造厂家、商品名称、生产日期、图书分类号、邮件起止地点、类别、日期等信息，因而在商品流通、图书管理、邮电管理、银行系统等许多领域都得到了广泛的应用。条形码是由宽度不同、反射率不同的条和空按照一定的编码规则（码制）编制成的、用以表达一组数字或字母符号信息的图形标识符。也就是说，条形码是一组粗细不同、按照一定的规则安排间距的平行线条图形，一般由反射率相差很大的黑条（简称条）和白条（简称空）组成。条形码识别系统由条形码扫描器、放大整形电路、译码接口电路和计算机系统等部分组成。

2．条形码在连锁企业中的应用

货物的条形码是建立整个供应链最基本的条件，它是实现仓储自动化的第一步，也是用 POS 系统快速准确收集销售数据的手段。借助条形码，POS 系统可以实现商品的订购、送货、内部配送、销售、盘货等零售业循环的一元化管理，使商业的管理模式实现两个转变。这两个转变是：① 从传统的依靠经验管理转变为依靠精确的数字分析管理。② 从事后管理（隔一段时间进行结算、盘点）转变为“实时”管理（对每个商品项目进行细账的管理，如品种、规格、包装样式等）。这样，销售商可以随时掌握商品的销售情况，以调整进货计划、组织适销货源，从而减少脱销、滞销带来的损失，并可以加速资金周转，有利于货架安排的合理化和提高销售额。

3．条形码在连锁企业配送活动中的应用

（1）订货（以便利店为例）。连锁总部定期将订货簿发给各便利店，订货簿上有商品名称、商品货号、商品条形码、订货点、订货单位、订货量等，工作人员带着订货簿巡视各商品，以确认所剩陈列数并记入订货量；巡视结束后，用条形码扫描器扫描预定商品的条形码并输入订货量，再用调制器传出订货数据。

（2）进货验收作业。整箱进货的商品包装箱上有条形码，它们被放在输送带上经过固定式条形码扫描器的自动识别，接受指令并被传送到存放位置附近。对整个托盘进货的商品，叉车驾驶员用手持式条形码扫描器扫描外包装箱上的条形码标签，利用计算机与射频数据通信系统，将存放指令下载到叉车的终端机上。

（3）补货作业。基于条形码进行补货可确保补货作业的正确性。有些拣货错误源于前项的补货作业错误。商品进货验收后移到保管区，捡货区需要适时、适量地进行补货；为避免补货错误，可在储位卡上印上商品条形码与储位码的条形码，当商品移动到位后，以手持式条形码扫描器读取商品条形码和储位码条形码，由计算机核对是否正确，这样就可以保证补货作业的正确性。

（4）拣货作业。拣货有两种方式，一种是按客户进行拣取的摘取式拣货，另一种是先将所有客户对各商品的订货进行汇总，一次拣出，再按客户分配各商品量，即整批拣取、二次分拣，称为播种式拣货。对于摘取式拣货作业，用条形码扫描器读取刚拣取商品上的条形码，即可确认拣货的正确性。对于播种式拣货作业，可使用自动分货机，当商品在输送带上移动时，由固定条形码扫描器判别商品货号，指示移动路线与位置。

（5）交货时的交点作业。交货时的交点作业通常分为两种形式，一种由配送中心出货前复点数量，另一种是交由客户当面或事后确认。对于配送中心出货前的复点式作业，由于在拣货的同时已经经过条形码确认，所以无须进行此复点作业。对于客户的当面或事后确认，由于拣货时已经进行了条形码确认，所以交货时无须双方逐一核对。

（6）仓储配送作业。商品的自动辨识方法还可以采用磁卡、IC 卡等方式来达成。但是对于物流仓储配送作业而言，大多数储存货品都具备条形码，所以用条形码进行自动识别与资料收集是最经济、最方便的方式。商品条形码上的资料经条形码读取设备读取后可迅速、正确、简单地将商品资料自动输入，从而达到自动化登录、控制、传递、沟通的目的。商品条形码在提高储存管理效益上的作用有：① 登录快速，节省人力。② 提高物流作业效率。③ 减少管理成本。④ 降低错误率，提高作业质量。⑤ 更精确地控制储位的指派与货品的拣取。⑥ 可方便有效地盘点货品，准确地掌握库存、控制存货。⑦ 可做到实时数据收集、实时显示，并经计算机快速处理而达到实时分析与实时控制的目的。

8.3.2　无线射频技术

1. 什么是 RFID

无线射频技术（Radio Frequency Identification，RFID）是一种非接触式的自动识别技术，它通过射频信号自动识别目标对象并获取相关数据，识别工作无须人工干预。同时，RFID 技术可识别运动物体，还可同时识别多个标签，不怕油渍、灰尘污染等。它具有条形码所不具备的防水、防磁、耐高温、使用寿命长、读取距离大、标签上数据可以加密、存储数据容量更大、存储信息可更改等优点。RFID 在物流领域的应用并不仅仅涉及 RFID 技术本身，而且是一个庞大的应用系统，涉及包括技术、管理、硬件、软件、网络、系统安全、无线电频率等的许多方面。从目前现状看，RFID 取代条形码还需要解决很多问题，如标准问题、应用系统的跟进及价格、安全、隐私保护问题等。

RFID 能实现对供应链上每件单品的识别和跟踪，其关键是每个 RFID 标签中都有一个唯一的识别码。目前在流通领域中存在各种物品的编码体系，如在条形码中所使用的 JAN 码、EAN 码、UPC 码和书籍中的 ISBN 码，但这些都是针对产品种类的编码，而不是针对每件物品的编码。RFID 标签如图 8-4 所示。

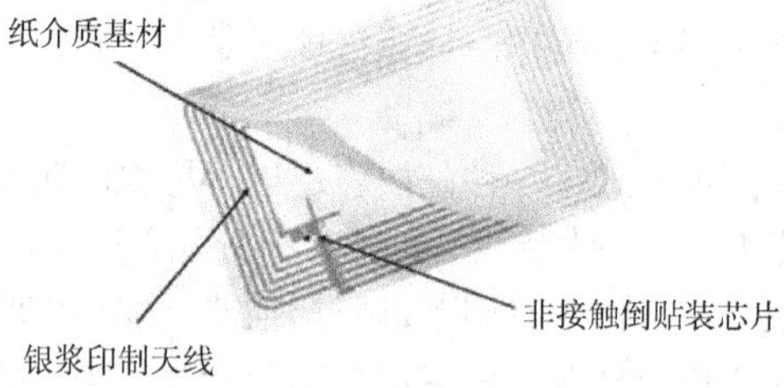

图 8-4　RFID 标签

2．RFID 在连锁企业配送活动中的应用价值

（1）减少库存。在仓库里，使用 RFID 最广泛的是存取货物与库存盘点，因为 RFID 能实现自动化的存货和取货等操作。在整个仓库管理中，将供应链计划系统制定的收货计划、取货计划、装运计划等与 RFID 相结合，能够高效地完成各种业务操作，如指定堆放区域、商家取货与补货等。应用 RFID 技术的供应链系统可将库存管理准确率提升至 100%，还可以改进零售商的库存管理，实现适时补货。据统计，采用 RFID 的零售商其库存水平平均降低 25%以上。

（2）减少物品脱销和损耗（因盗窃和供应链被搅乱而损失的产品）。一批牛奶，不管保质期限是哪天，它们在商场的条形码都是一样的，商场无法通过条形码判断每件产品的准确库存周期，而 RFID 内部芯片的数据量可高达 2^{96} 以上，也就是说它能对供应链中每件单品进行识别和跟踪。因此，RFID 能对某些时效性强的商品的有效期限进行监控。例如，英国的 Marks & Spencer 超市应用 TI 的 RFID 电子标签对新鲜食品进行供应链的管理，使用该技术的成本是应用条形码成本的 1/10，而且大大提高了供应链管理的效率。

（3）减少人力成本。现阶段，我国零售业中人力成本占总成本的 30%以上。RFID 的设计就是让商品的登记自动化，盘点时不需要人工的检查或扫描条形码，使盘点工作更加快速准确。世界第三大零售业巨头麦德龙位于德国杜伊斯堡市的未来商店可以说是 RFID 技术应用的典范。在这家商店里，智能货架都配有电子价格标签，可以不断更新出最新的价格，同时能够通过无线电信号实现集中控制补货；货架旁的智能秤则能自动识别水果和蔬菜的类别，称取重量，最后还体贴周到地为顾客打印出条形码标签；另外，在商场出口处，扫描器可将带有 RFID 商标的整车货物一次性扫描，并能从顾客的结算卡上自动扣除相应的金额，顾客根本不用排着长龙等待结账。

（4）加强对运输货物的监控。在途运输的货物和车辆贴上 RFID 标签，运输线的一些检查点上安装 RFID 接收转发装置，这样，接收装置收到 RFID 标签信息后，连同接收地的位置信息上传至通信卫星，再由卫星传送给运输调度中心，然后送入数据库中。RFID 技术帮助物流管理人员及时根据车辆信息发出调度命令，实现运输车辆与路线的最优配置，同时也加强了对运输人员与车辆的控制和追踪。

（5）提高服务质量。由于 RFID 能实现对供应链上每件单品的识别和跟踪，且 RFID 标签在视线范围之外还能被继续识别，所以企业几乎可以对多种多样的商品信息做到 100%的准确，并及时掌握有关顾客消费习惯的信息。有了这些信息，企业就可以总结出譬如“××喜欢买高热量食品”这样的单项结论，或者统计出“买尿布的男士也喜欢买啤酒”这样的群体消费结论。

3. RFID 的应用瓶颈

（1）标准不统一。标准（特别是关于数据格式定义的标准）的不统一是制约 RFID 发展的首要因素。因为每个 RFID 标签中都有一个唯一的识别码，如果它的数据格式有很多种且互不兼容，那么使用不同标准的 RFID 产品就不能通用，这对经济全球化下的物品流通是十分不利的。数据格式的标准问题涉及各个国家自身的利益和安全。目前的现状是日本和美国的两大标准组织出现互不兼容的对抗局面，而我国也开始制定自己的 RFID 标准，预计其他许多国家也会陆续制定自己的标准。如何让这些标准相互兼容，让一个 RFID 产品能顺利地在世界范围中流通，这是当前重要而迫切需要解决的问题。关于标准的另一个问题是，目前还没有正式的关于 RFID 产品（包括各个频段）的国际标准，目前各个厂家推出的 RFID 产品互不兼容，造成了 RFID 产品在不同市场和应用上的混乱和不兼容。这势必对未来 RFID 产品的互通和发展形成障碍。目前我国电子标签国家标准工作组正在考虑制定中国的 RFID 标准，包括 RFID 技术本身的标准，如芯片、天线、频率等方面，以及 RFID 的各种应用标准和 RFID 在物流、身份识别、交通收费等各领域的应用标准。

（2）技术实现有困难。RFID 是一项正在兴起的技术，不少客户认为该技术将完全替代条形码。但是，如何将这项昂贵的、崭露头角的专有技术转化为有利的供应链工具，具有很强的挑战性。RFID 库存跟踪系统是一个供应链群体的项目，为使这项技术能够顺利运用，一个公司的整体供应链必须全部参与。目前国内很多厂商都将注意力放在 RFID 芯片技术上，而对 RFID 的后端应用软件及对电子标签在流通中的管理关注还比较少。对于使用 RFID 技术的企业而言，如何有效处理应用 RFID 技术带来的巨大数据以降低成本、提高生产效率是至关重要的问题。因此，企业需要一个数据管理平台，包括后端数据库、应用程序及正确的分析能力，用来处理由 RFID 系统生成的大量数据。否则，企业可能会被大量的数据淹没而得不到 RFID 技术带来的好处。目前，国外许多大应用系统开发商，如 Sun、SAP、Oracle、IBM 等公司已经看到了这个问题或商机，并纷纷开始在其产品中集成 RFID 技术，以满足未来这方面的巨大需求。

（3）缺乏安全防护。RFID 标签已经被很多欧洲企业普遍用做追踪存货的方式，但当用来读取和改编无线电标签的这类工具广泛传播后，小偷不仅可以借此改变商品的项目名称、欺骗商家，消费者隐私也将面临巨大的威胁；黑客和那些动机不良的人可利用掌上型装置和这项软件将昂贵的商品改成便宜的商品，并经由自助柜台带走。对于可读可写标签，还存在电子标签上的信息被恶意更改的隐患。如果电子标签中的信息被窃取甚至被恶意更改，将可能给消费者和商家带来无法估量的损失。

（4）成本过高。目前，每个 RFID 的条形码需要花费 20 美分，即使这个价格能降到国外用户能接受的 5 美分，它还是比一个传统条形码只需几分钱的价格高出很多。RFID 在单体低价物品上的使用会导致成本陡涨。此外，不仅仅是 RFID 条形码本身，零售商还需要为应用 RFID 而采购大量的配套设备，如读码器、软件、网络、计算机等，这将是很大一笔费用。因此，从成本方面考虑，国内零售商只有等到置换旧条形码的花费降至他们可以接受的程度时才会行动起来。

（5）物流管理应用少。从目前的现状看，RFID 的应用还局限于企业内部，而对 RFID 在物流中如何进行管理还关注得比较少，因为这要涉及供应链的整个环节，包括物流配送单位、海关、工商、税务等各个环节。而 RFID 的应用是一个生态环境，仅有标签本身是无法应用的，必须有相应的应用环境和管理手段，这样才能推动电子标签大规模普及。

8.3.3 GIS 与 GPS

1. GIS 的定义及应用价值

地理信息系统（Geographic Information System，GIS）是一种基于计算机的工具，它可以对在地球上存在的东西和发生的事件进行成图和分析。GIS 技术能把地图这种独特的视觉化效果和地理分析功能与一般的数据库操作（如查询和统计分析等）集成在一起，这种能力使 GIS 与其他信息系统相区别，从而使其在解释事件、预测结果和规划战略等工作中具有实用价值。

GIS 线路优化系统对连锁企业物流部门具有以下六大应用功能。

（1）配送线路优化。选择订单日期和配送区域后，系统自动完成订单数据的抽取，根据送货车辆的装载量、客户分布、配送订单、送货线路交通状况、司机对送货区域的熟悉程度等因素设定计算条件，并进行送货线路的自动优化处理，形成最佳送货路线，保证送货成本及送货效率最佳。线路优化后，允许业务人员根据业务具体情况进行临时线路的合并和调整，以适应送货管理的实际需要。

（2）综合地图查询。综合地图查询是指能够基于电子地图实现客户分布的模糊查询、行政区域查询和任意区域查询，查询结果实时标注在电子地图上，可以通过使用图形操作工具（如放大、缩小、漫游、测距等）具体查看每个客户的详细情况。

（3）业务地图数据远程维护。业务地图数据远程维护是指提供基于地图方式的业务地图数据维护功能，还可以根据采集的有新变化的道路等地理数据及时更新地图。同时，还包括对门店的增、删、改，对路段和客户数据的综合初始化，对地图图层的维护操作，以及地图服务器系统的运行故障修复和负载均衡等功能。

（4）业务分析。该功能包括实现选定区域、选定时间段的订单访销区域的分布，进行复合条件查询；实现在选定时间段内各种商品的销量统计和地理、访销区域分布；提供配送车组送货区域的地图分布；通过在各种查询统计和分析现有客户分布规律的基础上，通过空间数据密度计算，挖掘潜在客户；通过对配送业务的互动分析扩展配送业务（如第三方物流）。

（5）物流 GIS 车辆监控管理。物流 GIS 车辆监控管理是指通过对送货车辆的导航跟踪，提高车辆运作效率、降低车辆管理费用、抵抗风险。其中的车辆跟踪功能是对任一车辆进行实时的动态跟踪监控，提供车辆的准确位置及运行状态、车组编号及当天的行车线路查询等；报警功能是当司机在送货途中遇到被抢被盗或其他紧急情况时，按下车上的 GIS 报警装置，就能向公司的信息中心报警；轨迹回放功能是根据所保存的数据，将车辆在某一历史时间段的实际行车过程重现于电子地图上，随时查看行车速度、行驶时间、位置信息等，为事后处理客户投诉、路上事故、被抢被盗提供有力证据。

（6）配送车辆信息维护。配送车辆信息维护是指根据车组和配送人员的变动及时在这一模块中进行车辆、司机、送货员信息的维护操作，包括添加车辆和对现有车辆信息的编辑。经过 GIS 计算自动生成的优化配送线路图可指导送货员提高送货效率、节约配送成本。

2．GPS 的定义及应用价值

卫星测时测距导航或全球定位系统（Navigation Satellite Timing and Ranging / Global Position System）简称 GPS 系统。该系统是以卫星为基础的无线电导航定位系统。它是美国继阿波罗登月飞船和航天飞机以后的第三大航天工程。这个系统从 20 世纪 70 年代开始研制，历时 20 年，耗资 200 亿美元，于 1994 年全面建成。

GPS 系统包括三大部分内容：空间部分——GPS 卫星星座；地面控制部分——地面监控系统；用户设备部分——GPS 信号接收机。

物流配送是连锁企业发展必不可少的基础环节。各类连锁企业虽然在长期发展历程中积累了丰富的物流运输仓储实践经验，但由于没有实行车辆动态信息的实时监控，信息反馈不及时、不精确、不全面等问题常有发生，这导致运力的大量浪费与运作成本的居高不下。在物流系统中使用 GPS 系统，具有以下四大功能。

（1）实时监控功能。实时监控功能是指在任意时刻通过发出指令查询运输工具所在的地理位置（经度、纬度、速度等信息），并在电子地图上将查询结果直观地显示出来。

（2）双向通信功能。双向通信功能是指网络 GPS 的用户可使用 GSM 的语音功能与司机进行通话，或者使用该系统安装在运输工具上的移动设备的汉字液晶显示终端进行汉字消息收发对话。

驾驶员通过按下相应的服务或动作键，可将信息反馈到网络 GPS，质量监督员可在网络 GPS 工作站的显示屏上确认其工作是否正确，了解并控制整个运输作业的准确性（发车时间、到货时间、卸货时间、返回时间等）。

（3）动态调度功能。动态调度功能是指调度人员能在任意时刻通过调度中心发出文字调度指令，并得到确认信息。这一功能包括可进行运输工具待命计划管理和提高运能等内容。

1）可进行运输工具待命计划管理。即操作人员通过在途信息的反馈，在运输工具未返回车队前即做好待命计划，可提前下达运输任务、减少等待时间、加快运输工具的周转速度。

2）提高运能。将运输工具的运能信息、维修记录信息、车辆运行状况登记、司机人员信息、运输工具的在途信息等多种信息提供给调度部门供其决策，以提高重车率，尽量减少空车时间和空车距离，充分利用运输工具的运能。

（4）数据存储与分析功能。数据存储与分析功能是指实现路线规划及路线优化，事先规划车辆的运行路线、运行区域，何时应该到达什么地方等，并将这些信息记录在数据库中，以备日后查询、分析使用。

该功能包括汇报运输工具的运行状态，了解运输工具是否需要较大的修理，预先做好修理计划，计算运输工具平均天差错时间，动态衡量该型号车辆的性能价格比，进行可靠性分析；跟踪服务质量，在中心设立服务器，并让有权限获知车辆有关信息（运行状况、在途信息、运能信息、位置信息等用户关心的信息）的用户能在异地方便地获取自己需要的信息。同时，还可将客户索取的信息中的位置信息用相对应的地图传送给客户，并将运输工具的历史轨迹印在上面，使该信息更加形象化。另外，依据资料库存储的信息，可随时调阅每台运输工具以前的工作资料，并可根据各管理部门的不同要求制作各种不同形式的报表，使各管理部门能更快速、更准确地做出判断及做出新的指示。

8.3.4 一些专用物流设备

1. 物流台车

空车可折叠存放以节约空间的使用，可作为商场展示用陈列架、车间现场或暂存区存放架，也可用于物流业中局部搬运产品。物流台车脚轮为橡胶材质并配有刹车装置，充分适应使用现场的需要，如图 8-5 所示。

2. 手推车

手推车具有三大特点：① 走行静音。除了车板、脚轮采用高性能树脂外，手推车的脚轮采用静音设计，使其在走行中达到了静音化。② 走行轻快。手推车脚轮采用了特殊设计，减轻了始动抵抗和走行抵抗，使其达到了走行轻快化。③ 自重减轻。车板、脚轮采用高性能树脂（塑料），使其的自重达到了轻量化，如图 8-6 所示。

图 8-5 物流台车

图 8-6 手推车

3．皮带输送机

皮带输送机运用输送带的连续或间歇运动来输送各种轻重不同的物品，既可输送各种散料，也可输送各种纸箱、包装袋等单件重量不大的件货，用途广泛。皮带输送机输送平稳，物料与输送带没有相对运动，能够避免对输送物的损坏；噪声较小，适合工作环境要求比较安静的场合；结构简单，便于维护；能耗较小，使用成本低。输送带的材质有橡胶、橡塑、PVC、PU 等多种材质，除用于普通物料的输送外，还可满足耐油、耐腐蚀、防静电等有特殊要求物料的输送。采用专用的食品级输送带可以满足食品、制药、日用化工等行业的要求。皮带输送机如图 8-7 所示。

4．固定式重型托盘货架

固定式重型托盘货架是使用最普遍的一种货架，具有很好的拣取效率。固定架的储存密度较低、储存物品较重，须配合栈板和堆高机使用，所以又称为栈板式货架（Pallet Rack）。

在选用固定式重型托盘货架时，须考虑栈板的尺寸、重量及叠放的层数，以决定适当的支柱及横梁尺寸。此外，为提高空间利用率，可将通道宽度缩小，配合特殊堆高机循轨道行驶，使储存空间垂直化，称为窄巷式料架（Very Narrow Aisle Racking System）。固定式重型托盘货架如图 8-8 所示。

图 8-7　皮带输送机

图 8-8　固定式重型托盘货架

5．驶入式货架

驶入式货架的设计原理是把数排传统式货架连接起来，不设专用走道。其配置方式可以为两组驶入式货架背对背安装或单一组靠墙，叉车的进出皆使用相同的走道。存放时先由内部存放，再依次向外存放，而出货时则先由外部取出货物，再向内依次取货，储存密度非常好，但不能先进先出。此外，亦可设计为货架末端无支撑杆封闭，即所谓驶过式货架（Drive-through Racking System），前后均可作为存取的通道，因此可达到先进先出的管理。它适合成本较高、周期性批量作业及存取物料频率高的原料仓库或转运仓库。驶入式货架如图 8-9 所示。

图 8-9　驶入式货架

6．周转箱

周转箱是一种符合现代连锁企业推行环保要求及零库存计划的新型产品。空箱折叠后节省存放空间，使企业提升生产面积、压缩仓储面积，间接性地提高企业效率；转运到客户处并且使用完毕后，空箱折叠方便回笼，还可降低运输成本；抵抗外冲击给产品带来的伤害能力强。周转箱如图 8-10 所示。

7．液压升降机

液压升降机可以满足不同作业高度的升降需求，同时可配装各类台面形式（如滚珠、滚筒、转盘、转向、倾翻、伸缩），还可配合各种控制方式（分动、联动），具有升降平稳准确、频繁启动、载重量大等特点，能有效解决物流部门中各类升降作业难的问题，使作业轻松自如。液压升降机如图 8-11 所示。

8．手动液压托盘车

手动液压托盘车是对成件托盘货物进行装卸、堆垛和短距离运输作业的搬运车辆，是适用于平面点到点搬运的工具。它体型小巧灵活，几乎适用于任何场合，通常用于 15 米左右的短距离频繁作业，尤其是装卸货区域。在未来的物流各环节中，手动托盘液压车也将起到各个运输环节之间的衔接作用。在每辆集卡或货车上都配备一辆手动液压托盘搬运车，将使装卸作业更加快捷方便，并且不受场地限制。手动液压托盘搬运车如图 8-12 所示。

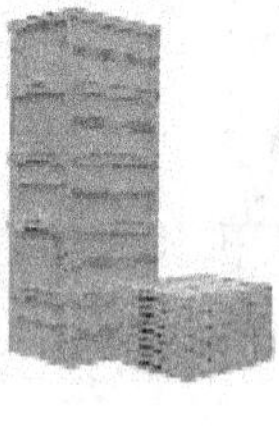

图 8-10　周转箱

图 8-11　液压升降机

图 8-12　手动液压托盘车

9．叉车

叉车是一种无轨、轮胎行走式装卸搬运车辆。叉车外形尺寸小、重量轻，能在作业区域任意调动，适应货物数量及货流方向的改变，可以机动地与其他起重运输机械配合工作，提高机械的使用率。在配备与使用各种工具（如货叉、铲斗、臂架、串杆、货夹、抓取器、倾翻叉等）以后，它可以适应各种形状和大小货物的装卸作业、扩大对特定物料的装卸范围、提高装卸效率。叉车堆码高度一般可达 3～5 米，能提高仓库容积的利用率，有利于开展托盘成组运输和集装箱运输。它主要用于厂矿、仓库、车站、港口、机场、货场、流通中心和配送中心等场所，并可进入船仓、车厢和集装箱内，对成件、包装件及托盘、集装箱等集装件进行装卸、堆码、拆垛、短途运输搬运等作业。叉车如图 8-13 所示。

10．牵引车

牵引车是具有牵引一组无动力台车能力的搬运车辆。牵引车作业时，台车的物料装卸时间与牵引车的运输时间可交叉进行，从而提高工作效率。根据作业场所的不同，牵引车可分为两种类型：① 室内牵引车。操作平台离地较低，实心车轮直径较小，适用于室内平坦路面。② 室外牵引车。车轮为充气轮胎，直径较大，可在室外不平的路面上行驶。牵引车如图 8-14 所示。

图 8-13　叉车

图 8-14　牵引车

11．无轨堆垛机

无轨堆垛机又称高架叉车，是专门用于窄巷道自动化仓库的堆垛设备。它是在前移式叉车基础上发展起来的，是一种变型叉车。其最大堆放高度可达 12m，主要用于高度小于 12m，作业不太频繁的仓库，既保留了叉车的一些特性，又发展了适用于在高货架巷道中工作的性能。无轨堆垛机如图 8-15 所示。

图 8-15　无轨堆垛机

12．数据采集器

数据采集器是离线采集条形码的设备。按传输方式可将数据采集器分为批处理方式和无线方式。批处理方式是数据采集器采集好条形码后，利用和计算机连接的通信座，把采集的条形码信息用文件的方式传输到计算机。无线方式是数据采集器以 802.11b 和 GPRS 等方式无线实时和 PC 交换数据。无线方式的数据采集器由电池供电，有自己的内部储存器，可以存储一定量的数据，并能在适当的时候将这些

图 8-16　数据采集器

数据传输给计算机。几乎所有的便携式数据采集器都有一定的编程能力，再配上应用程序，它们便可成为功能很强的专用设备，从而满足不同场合的需要。越来越多的物流企业将目光投向便携式数据采集器，国内已经有一些物流企业将便携式数据采集器用于仓库管理、运输管理及物品的实施跟踪。数据采集器如图8-16所示。

复习思考题

1 VMI是如何处理库存和服务水平的矛盾的？

2 绿色物流对连锁物流有什么重要意义？

案例分析

海福发展（深圳）有限公司的配送体系

海福发展（深圳）有限公司坐落在深圳福田保税区，是一家为高科技电子产品生产企业提供物流配送服务的第三方物流企业，该公司承接了IBM公司在我国境内生产厂的电子料件的配送业务。他们将IBM分布在全球各地共140余家供应商的料件通过海、陆、空物流网络有机地联系在一起，料件集装箱运达香港机场或码头后，由公司配送中心进行报关、接运、质检、分拆、选货、配套、集成、结算、制单、信息传递、运输、装卸等作业，在24小时内安全、准确地完成上千种电子料件在香港—保税区—IBM工厂生产线的物流过程，保证IBM生产厂在料件零库存状态下生产；另外，还要把不合格的料件在规定时间内，准确无误地退还给IBM的各地供应商，与此同时，还要完成IBM、海福、供应商三者之间的费用结算。

问题：海福发展（深圳）有限公司的配送体系属于哪种配送模式？该种配送模式有何特点？配送在物流管理中有何作用？

实训项目

超市配送中心的设计

实训目的：让学生了解配送中心设计的步骤及方法。

实训背景：日本某公司需要建立一个配送中心，要求你去调查目前该超市的基本情况，并根据给定的资料，按照操作步骤设计确定配送中心运作目标、配送中心的功能并初步设计配送中心的内部布局，并计算配送中心的成本。

实训任务：

① 了解实训目的。

② 分组，分成4个小组，由组长安排具体工作，这一项很重要，直接影响到最后工作完成的质量与效率。

③ 收集超市的基本资料，了解配送中心建设的步骤，根据资料确定建设配送中心的基本目标。

④ 根据资料确定设计年度并估计配送中心未来的物流量，画出草图，纵坐标是销售额，横坐标是年度的门店数，并在每个点上标出日物流量是多少车、多少箱。

⑤ 根据资料确定配送中心的功能，包括配送中心配送的商品类别，以及各类商品的配送频率，并说明理由。

⑥ 了解配送中心内部的主要设施区域，根据资料列出配送中心的主要区域，分析各设施之间的相关性，画出商品流程与设施配置相关的线路图。

⑦ 根据配送中心设计的原则以及给定的资料绘制配送中心平面图。

⑧ 每小组提交包括基本目标、物流量预算图、配送中心设施相关线路图、配送中心平面设计图在内的项目报告，报告不超过一页，有关资料可放入附件。

⑨ 陈述。

配送业务流程实训指导书

实训目的：通过配送业务流程模拟，让学生明确在一个企业中销售、采购、库存、配送、财务的基本业务流程，将以前所学的物流知识、财务管理知识联系起来，明确配送业务在整个企业业务流程中的定位，了解与配送业务相关联的其他各个业务环节。

实训背景：模拟一个商场（或多个商场）向若干配送中心订货，配送中心接到订单后，向商场负责配送。商场可以通过普通采购方式向配送中心下订单，也可以采用招标采购方式下订单。配送中心可以向另一个配送中心购买或置换所缺货物。

实训要求：在模拟实训之前，必须在之前的课堂教学中用 2～4 学时介绍配送中心的基本业务流程，从采购、销售、库存到配送及财务的基本业务流程，必须介绍每个业务环节所用到的单据，以及业务完成后双方必须进行的对账的业务单据。有计算机和打印机最好。

实训任务：

① 实训分成两个大组：商场组、配送中心组，每大组又分成若干小组，但是商场小组数应少于配送中心小组数。每小组人员以 5～6 人为宜。

② 各个配送中心小组准备 2～3 副扑克牌，作为配送的货物。每个小组必须事先准备好各自所需要的单据、发票和各种账册。

③ 教师用计算机随机生成不同花色数字的扑克牌，作为订单需求，实训前发给商场组。实训前，必须进行 1～2 课时的讨论，讨论实训的细节问题。

④ 实训中，必须设定一个模拟时钟，不同组在下订单时，必须按照模拟时间，在相应日期下达订单。各个小组按照自己的业务流程对订单进行处理、分拣、发货、完成结算，并记录相应的财务账和库存账。

实训报告：实训结束后，学生对模拟操作进行总结，编写出实训报告。实训报告包括如下内容：模拟的业务流程图、模拟的各种单据、各种凭证、自资产负债表，以及本次实训取得的主要收获和体会。

条形码标签生成打印系统实训指导

实训目的：通过实训，使学生进一步理解条形码技术的理论知识；加深学生对条形码构成、生成、应用的直观认识；使学生真切地体会到条形码的优越性，提升学生对物流管理现代化的认识。

实训背景：要求学生（条形码管理人员）根据验货清单检索出商品的编码，运用条形码技术基础生成并打印出条形码标签，贴到商品上。

实训任务：

① 接收收货单。实训开始后，按照企业的业务流程，验货人员对供应商发送来的商品进行检验，开出收货单，条形码管理人员以此为依据开始作业。

② 给物品编码。条形码管理人员根据收货单的信息，结合本企业的物品编码规则，对入库的货物进行编码。该编码是货物的唯一标识。

③ 查找已编代码。如果货物已有编码，则运用各种查询条件的组合在初始设定的货物字典数据库中检索此货物的编号。

④ 记录货物编码。将货物的新编码或已有编码输入补充收货单。

⑤ 生成条形码。调用条形码生成模块，用货物编码生成该货物的条形码代号及图形符号。

⑥ 打印条形码标签。条形码员依照条形码打印机的使用说明，将上一步得到的条形码符号提交条形码打印机，得到条形码的不干胶标签。

⑦ 贴条形码标签。条形码员将打印出来的条形码贴到商品合适的位置上。

实训报告：实训结束后，学生对模拟操作进行总结，编写实训报告。实训报告包括如下内容。

① 实训的目的和要求。

② 实训的步骤。

③ 本次实训取得的主要收获和体会。

参考文献

[1] 陈远高. 现代物流与经济发展[M]. 北京：中国物资出版社，2007.
[2] 王耀球，施先亮. 供应链管理[M]. 北京：机械工业出版社，2006.
[3] 王槐林，刘明菲. 物流管理学[M]. 武汉：武汉大学出版社，2002.
[4] 王婷，陆岚，薛威. 物流操作实务[M]. 北京：机械工业出版社，2004.
[5] 夏文汇. 现代物流管理[M]. 重庆：重庆大学出版社，2002.
[6] 金娟，王颖，毕春辉. 连锁超市经营管理实务[M]. 深圳：海天出版社，2003.
[7] 张金寿. 电子商务物流管理[M]. 武汉：武汉理工大学出版社，2006.
[8] 朱占峰. 物流企业管理[M]. 武汉：武汉理工大学出版社，2007.
[9] 桂寿平. 物流学基础理论[M]. 广州：华南理工大学出版社 ，2004.
[10] 李克娜，蒋笑梅，蔡南珊. 物流基础知识[M]. 北京：机械工业出版社，2004.
[11] 詹姆斯·C·约翰逊，等. 张敏，译. 现代物流学（第七版）[M]. 北京：社会科学文献出版社，2003.
[12] 刘伟，刘国宁. 现代物流[M]. 北京：中国言实出版社，2005.
[13] 刘斌. 连锁物流[M]. 北京：高等教育出版社，2004.
[14] 周蕾. 连锁技术与设备[M]. 北京：电子工业出版社，2009.
[15] 孙宏岭. 连锁经营企业的物流效率及效益[M]. 北京：中国物资出版社，2005.
[16] 张远昌. 仓储管理与库存控制[M]. 北京：中国纺织出版社，2004.
[17] 刘莉. 仓储管理实务[M]. 北京：中国物资出版社，2006.
[18] 蔡改成. 仓储与库存管理实务[M]. 武汉：武汉理工大学出版社，2007.
[19] 郑光财. 连锁企业物流管理[M]. 北京：电子工业出版社，2005.
[20] 徐杰，田源. 采购与仓储管理[M]. 北京：北方交通大学出版社，2004.
[21] 谢声. 现代物流配送中心运营与管理[M]. 广州：暨南大学出版社，2006.
[22] 朱强，阎子刚. 运输管理实务[M]. 北京：中国物资出版社，2006.
[23] 喻小贤. 物流运输管理[M]. 北京：高等教育出版社，2005.
[24] 王焰. 配送中心规划与管理[M]. 长沙：湖南人民出版社，2006.
[25] 孙红. 物流配送中心管理[M]. 北京：高等教育出版社，2005.